U0444662

"艺术与科学"译丛
丛书主编 李敏敏

媒体中的科学
流行形象与公众认知

[美] 保罗·R. 布鲁尔（Paul R. Brewer）
[美] 芭芭拉·L. 莱伊（Barbara L. Ley） ◎ 著

李敏敏 罗媛 ◎ 译

中国纺织出版社有限公司

Science in the Media：Popular Images and Public Perceptions, 1st edition
By Paul R. Brewer, Barbara L. Ley / 9781032033990
© 2022 Paul R. Brewer and Barbara L. Ley
Authorized translation from the English language edition published by Routledge, a member of the Taylor & Francis Group, LLC
All Rights Reserved

本书原版由 Taylor & Francis 出版集团旗下 Routledge 出版公司出版，并经其授权翻译出版。版权所有，侵权必究。

China Textile & Apparel Press is authorized to publish and distribute exclusively the Chinese (Simplified Characters) language edition. This edition is authorized for sale throughout Mainland of China. No part of the publication may be reproduced or distributed by any means, or stored in a database or retrieval system, without the prior written permission of the publisher.

本书中文简体翻译版授权由中国纺织出版社有限公司独家出版并限在中国大陆地区销售。未经出版者书面许可，不得以任何方式复制或发行本书的任何部分。

Copies of this book sold without a Taylor & Francis sticker on the cover are unauthorized and illegal.
本书封底贴有 Taylor & Francis 公司防伪标签，无标签者不得销售。

著作权合同登记号：图字：01-2024-2257

图书在版编目（CIP）数据

媒体中的科学　：流行形象与公众认知／（美）保罗·R. 布鲁尔，（美）芭芭拉·L. 莱伊著；李敏敏，罗媛译. -- 北京：中国纺织出版社有限公司，2024.11
（"艺术与科学"译丛／李敏敏主编）
书名原文：Science in the Media：Popular Images and Public Perceptions
ISBN 978-7-5229-1664-4

Ⅰ. ①媒… Ⅱ. ①保… ②芭… ③李… ④罗… Ⅲ. ①传播媒介－研究　Ⅳ. ① G206.2

中国国家版本馆 CIP 数据核字（2024）第 074398 号

责任编辑：华长印　石鑫鑫　　责任校对：高　涵
责任印制：王艳丽

中国纺织出版社有限公司出版发行
地址：北京市朝阳区百子湾东里 A407 号楼　邮政编码：100124
销售电话：010—67004322　传真：010—87155801
http://www.c-textilep.com
中国纺织出版社天猫旗舰店
官方微博 http://weibo.com/2119887771
北京华联印刷有限公司印刷　各地新华书店经销
2024 年 11 月第 1 版第 1 次印刷
开本：787×1092　1/16　印张：14.75
字数：305 千字　定价：168.00 元

凡购本书，如有缺页、倒页、脱页，由本社图书营销中心调换

媒体中的科学

本书文字浅显易懂，及时地向读者展示了大众媒体（包括电视、电影和社交媒体）如何通过对科学的描述影响公众对科学信息的态度、获得资助的研究类型，并告知人们谁可以成为科学家。

本书在借鉴了多年的内容分析、全国调查和实验数据的同时，以培养理论、启动理论、框架理论和媒体模型理论为基础，对各种媒体类型——从好莱坞大片和黄金时段的电视节目到有线新闻频道和讽刺喜剧节目、从科学纪录片和儿童卡通片到脸书（Facebook）帖文和油管（YouTube）视频——都进行了严格的社会科学研究和探索，文字读来引人入胜、浅显易懂。本书不仅呈现了有关气候变化、疫苗、转基因食品、进化论、太空探索和法医DNA检测的案例研究，也反思了媒体对性别、种族和其他社会身份等方面的刻板印象和态度差异。《媒体中的科学》阐明了科学家和媒体制作人如何弥合科学界和公众之间的鸿沟，促进公众对科学的参与，推进科学包容性的愿景，同时也强调读者如何更积极并批判性地消费媒体中的科学信息。

《媒体中的科学》是对科学传播和媒体研究课程的补充，对于关注公众参与科学话题的读者而言，也不失为一本有趣的读物。

保罗·R.布鲁尔（Paul R. Brewer），美国特拉华大学传播学和政治学以及国际关系学教授。

芭芭拉·L.莱伊（Barbara L. Ley），美国特拉华大学妇女与性别研究和传播学副教授。

谨以此书献给Xander和Jingjing

目录

第 1 章　科学和科学家的形象 ·· 1
第 2 章　电影中的科学 ·· 25
第 3 章　黄金时段的科学 ··· 47
第 4 章　纪录片中的科学 ··· 69
第 5 章　科学新闻 ·· 89
第 6 章　深夜科学 ·· 116
第 7 章　社交媒体上的科学 ·· 135
第 8 章　法医学 ··· 154
第 9 章　边缘科学 ·· 173
第 10 章　儿童科学 ·· 191
第 11 章　重塑流行形象和公众认知 ·· 211
附录 ·· 226
致谢 ·· 227

第1章
科学和科学家的形象

让我们先来画一幅图吧（图1-1）。

在翻到下一页之前，请你先找一支钢笔或铅笔，然后画出一位科学家的形象（你可以使用下面的空白处或另找一张白纸）。

画完后，请翻页。

图1-1　读者笔下的科学家画像

恭喜你！你刚刚完成了一项测试。这被极为合理地称为"科学家形象绘画测验"，它在半个多世纪以来一直被研究人员用来研究人们对科学家的看法。这一测验的创立者大卫·韦德·钱伯斯（David Wade Chambers）收集了1966~1977年近5000名小学生笔下的科学家画像。[1]自此以后，研究人员对从幼儿园到大学各个教育阶段的学生以及教师和岗培教师进行了这一测验。[2]

现在，让我们来仔细观察你的图。请回答第一个问题：你画的图囊括了以下几个特点？

- 戴着眼镜
- 发型狂野或古怪
- 穿着实验室外套
- 口袋插着铅笔或钢笔，或带有口袋防护套
- 身旁摆满烧杯、试管或其他实验室设备

年轻人画的科学家都具有这些共同特征。[3]你添加到图片中的这些内容越多，就越接近科学家的"标准形象"——或流行的刻板印象。[4]孩子们会随着时间的推移，不断加深对科学家这种形象的认知，年龄较大的学生的图画包含的刻板印象比年龄较小的学生更多。[5]

请回答第二个问题：你画的是女人还是男人？参与钱伯斯的"科学家形象绘画测验"的女孩中，只有1%画的是女科学家，而参与这一实验的每个男孩画的都是男科学家。自20世纪70年代以来，画女科学家的学生比例有所增加；即便如此，儿童画男科学家的比例仍然高于他们画女科学家。[6]这一总体趋势的背后存在着巨大的性别差距：大约一半的女孩现在会画女科学家，但会这么做的男孩却远不及一半。[7]而年龄较大的学生比年龄较小的学生更容易画男科学家，这表明随着孩子的成长，他们倾向于内化科学家的性别刻板印象。[8]

请回答下一个问题：你画的科学家是什么种族？绝大多数白人儿童倾向于画白人科学家。[9]有色人种的学生更可能画有色人种的科学家，但他们许多人也画了白人科学家。[10]就像年轻人的图画有时反映了性别的刻板印象，这些图画也可以反映关于种族和科学的刻板印象。

请再回答以下三个问题：你画的科学家年龄多大？是像现实生活中的人还是虚构的人？你画的科学家有无明显的身体残疾？许多学生画的是年长的科学家。有些人以特定的人为原型来画科学家，如阿尔伯特·爱因斯坦就是一个特别受欢迎的原型。[11]很少有人画身有残疾的科学家。[12]

图1-2也是学生画的科学家，包含了在长达半个世纪的研究中收集到的大众关于科学家的刻板印象的方方面面的特征。图中的男人头发狂野、戴着眼镜、穿着配上口袋防护套的实验室白袍，站在放有烧杯的实验台旁，他看起来是白人，相对年长（从他的发际线来判断），有点像阿尔伯特·爱因斯坦（从胡子和头发来判断），没有明显的身体残疾。对于

许多年轻人来说，这就是科学家的样子。

那么，到底是谁告诉了学生这种科学家的刻板印象——或者，在某些情况下，并非刻板印象？谁塑造了儿童和成人对科学的所有其他看法？要弄明白这些问题，你得先花点时间考虑一下你对以下陈述的看法以及原因：

- 科学家往往是怪异的人。
- 科学工作很危险。
- 到2050年，科学家们可能会复活一个灭绝的物种。
- 大多数科学家都认为人类活动使地球正在变暖。
- 从事科学工作的女性可能会因性别而遭受偏见。
- 法医DNA检测是刑事调查中可靠的证据形式。
- 超自然现象调查员是讲科学的。

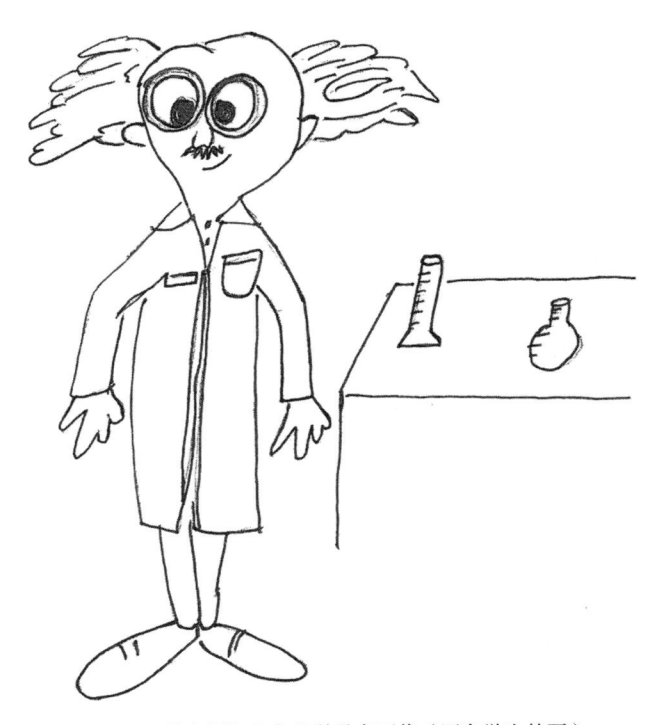

图1-2　带有刻板印象的科学家画像（匿名学生的画）

包括父母、学校、同龄人、政治家、宗教领袖和科学家本身在内的众多信息传播者，可能会影响我们对这些话题的看法。然而，鉴于我们大多数人花费大量时间消费媒体，我们对科学的看法也可能反映在好莱坞电影和黄金时段的电视节目、有线电视新闻和讽刺喜剧节目、科学纪录片和儿童卡通片中，以及照片墙（Instagram）自拍和油管（YouTube）视频对科学的描述中。

皮尤研究中心（Pew Research Center）在2017年进行的一项全国调查中，显示了美国人对通过媒体来获取任何科学信息的依赖程度。[13]大多数受访者（54%）表示大众新闻是他们了解科学的途径，其中近一半（45%）的人认为纪录片科学节目或视频是主要途径。此外，约一半（49%）的受访者观看科幻电影或收看电视节目。相比之下，只有三分之一（33%）的受访者从家人、朋友或熟人那里了解科学，而鲜少有人从博物馆（11%）、政府调查（10%）或宣传组织（6%）等渠道了解科学。这些模式突出了源自各种媒体资源的信息在形成公众认知科学的途径方面的潜力。

图1-2就是一个恰当的例子，媒体的影响可以很好地解释为什么这么多年轻人会画出白人、男性、穿着实验室外套的科学家。毕竟，我们在电影中就能找到同样的刻板印象，从早期的经典电影《科学怪人》（*Frankenstein*，讲述了误入歧途的亨利·弗兰肯斯坦博士的故事）开始，到20世纪后期的大片《回到未来》（*Back to the Future*，讲述了滑稽的埃米特·布朗博士的故事），再到最近的票房大热影片《美国队长：复仇者先锋》（*Captain America：The First Avenger*，讲述了狡猾的阿尼姆·佐拉博士的故事）等。我们还可以在科幻电视节目中找到它，例如，《危机边缘》（*Fringe*，讲述了身陷困境的沃尔特·毕晓普博士的故事）。我们甚至可以在儿童电视卡通片中找到它，例如，《飞天小女警》（*The Powerpuff Girls*，讲述了善良的尤教授的故事）和《飞哥与小佛》（*Phineas and Ferb*，讲述了倒霉的海因茨·杜芬什米尔茨博士的故事）。

本书中，我们探讨了媒体对科学的描述及公众的科学认知二者之间的联系。除着重探讨了电影、电视和社交媒体等21世纪初最受欢迎的媒体外，我们也会兼顾多种类型的媒体。此外，我们还研究了广泛的看法，从对天文学中性别平衡的评估到对"边缘"科学话题的看法，如超感官知觉（ESP）和猎鬼。为了理解媒体为何能塑造以及如何塑造公众的科学认知，我们借鉴了4种主要的媒介效应理论。为了获取媒体呈现的具体科学信息，我们将案例研究与"全局"数据相结合。为了测试人们的观点是否反映了这些媒体的描述，我们采用了民意调查和实验结合的方法。在此过程中，我们考虑了媒体信息的转变如何重塑公众的科学认知和对科学家的认知，以及观众如何评估他们接收的信息。

公众的科学认知和科学家认知为何重要

回答这个问题之前，我们首先应该解释为什么了解人们对科学和科学家的认知如此重要。简言之，这些认知能为科学研究项目的展开、由谁进行、由谁参与以及如何影响公共政策和个人行为奠定基础。

首先，人们对科学的信念决定了他们支持科学事业的意愿，包括对科学的公共资助。[14]许多以大学为主的科学项目依赖于政府机构的资助，例如，美国国家科学基金会（NSF）和美国国家健康研究院（NIH）。许多联邦机构，包括美国环境保护署（EPA）、美国疾病控制和预防中心（CDC）以及美国国家海洋和大气管理局（NOAA），也都独立进行着广泛研究。有鉴于此，科学家和所有重视科学的人都应该关心公众对科学的支持——尤其是考虑到一些政治领导人努力削减联邦对科学研究的资助的情况。为了捍卫科学，忧思科学家联盟（Union of Concerned Scientists, UCS）等组织和"科学大游行"（March for Science）等激进运动已将他们的项目直接公之于众。联邦机构也是如此，例如，美国国家航空航天局（NASA）的公共关系部门展开了包括从担任好莱坞电影顾问到在照片墙（Instagram）上发布照片等方面的工作。

除了资金之外，科学的形象还会影响公众对一系列重要政策问题的看法。例如，对科学家产生信任（或缺乏信任）塑造了人们对全球变暖是否正在发生、疫苗对健康是否利大于弊、人类是否从其他生命形式进化而来、转基因食品是否可以安全食用、大流行病暴发期间保持社交距离是否有必要等一系列问题的看法。[15]继而，当民选官员和其他决策者就是否对气候变化采取行动、是否要求儿童接种疫苗、是否允许学校讲授进化论、是否要求为转基因食品贴上标签，或要求民众戴口罩以防止疫症的传播等问题做出决策时，时而（尽管并非总是）会考虑到公众舆论的影响。[16]

从更为个人的层面上来看，普罗大众的科学认知对他们在日常生活中是否依赖它——如果是，又将如何依赖它很重要。美国人对科学的看法影响了他们在许多领域的行为，包括是否选择为孩子接种疫苗、是否购买节能汽车以及是否在疫情期间戴口罩。[17]同样，美国人对科学的看法指导他们参与了从保护当地供水到选择核反应堆的地点等一系列涉及他们自己社区的问题的活动。[18]

日益高涨的"公众科学"运动的成功还取决于公众对科学界的认知。近年来，科学模式不断推进，使得普通人也投身产出科学知识，并与科学家一起参与公众行动。[19]相信科学家关心正义并倾听普罗大众的声音的公众可能会希望有机会参与科学研究和制定科学的决策。[20]相比之下，认为科学家很疏远或居高临下的人则可能会回避参与科学的机会。

最后要强调的是，科学的公众形象可以影响学生是否选择接受理工类专业（STEM）教育和从事相关职业的决定。将科学视为社会公益力量的年轻人可能会立志长大成为科学家；与此同时，那些认为科学工作很危险和孤立——科学家很陌生且疏远——的年轻人可能会避开与科学接轨的人生。[21]此外，公众对科学的认知可能会影响谁会成为科学家。例如，关于科学的性别刻板印象可能会阻碍年轻女性将自己视为潜在的科学家，并加剧科学职位招聘和晋升中的性别歧视。[22]同样，其他类型的刻板印象可能会给想要追求科学教育和从事科学职业的有色人种、性少数群体和残障人士造成障碍。[23]

公众对科学和科学家的看法

在这种背景下，许多科学界人士担心科学存在"形象问题"——这可能会削弱公众对科学资助的支持,削弱公众对科学结论的信任,阻碍公众参与科学,并阻碍科学界招募多样化的科学家。可以肯定的是,对科学的批判性怀疑对科学和社会不无益处。正如营养和心理学等领域最近的"复制危机"所表明的那样,科学方法要求研究人员质疑研究结果并反复验证研究假设。[24]此外,个别研究人员和众多科学机构的不道德和欺诈行为凸显了监督的必要性:例如,种族主义的塔斯基吉梅毒研究(Tuskegee syphilis study,医学调查人员欺骗黑人参与这一研究)和安德鲁·韦克菲尔德(Andrew Wakefield)撤回的《柳叶刀》论文(作者在欺诈和不道德研究的基础上,错误地声称自闭症和疫苗接种之间存在联系)。[25]在更深层面上,政治、文化和经济力量决定了科学家选择哪个主题、使用何种方法、如何解释研究结果,以及哪类项目能获得资助和哪些业内人士的意见可以发表。[26]

深思熟虑的怀疑主义固然值得赞赏,可公众对科学的疏远或冷嘲热讽却有可能对科学和社会产生破坏性影响。2009年,科学作家克里斯·穆尼(Chris Mooney)和雪莉尔·克申鲍姆(Sheril Kirshenbaum)在他们的《不科学的美国》(*Unscientific America*)一书中指出,在普罗大众看来"科学世界……可能显得令人困惑、惧怕,甚至是彻头彻尾的不友好"。[27]今天,一些观察者认为公众对科学的敌意日益增长。例如,汤姆·尼科尔斯(Tom Nichols)在2017年发表在《科学美国人》(*Scientific American*)杂志的一篇文章中,开篇就自问自答:"美国人讨厌科学吗?""他们似乎比以前更讨厌它,因为他们对各个领域的专家都感到愤怒。"[28]

那么,人们究竟如何看待科学和科学家?事实证明,至少在一般情况下,人们的看法是非常积极的。美国国家科学基金会(NSF)和美国民意研究中心(NORC)从1979~2018年进行的调查显示,大约70%的美国人一直认为科学研究利大于弊。[29]自20世纪70年代以来,尽管公众对大多数机构的信心已经下降,但对科学的信心一直保持稳定。[30]美国民意研究中心2018年的调查表明,44%的人表示他们对科学界非常有信心,另有47%的人对科学界有一定的信心。与之相比,有组织的宗教、大企业、新闻界和政府的3个部门的这项得分都低得多。

当谈到科学的公共资助时,人们的看法同样是积极的。从20世纪80年代至今,美国国家科学基金会和美国民意研究中心的民意调查表明,大约3/4的受访者一致同意政府应该资助基础科学研究。在同一时期内,认为科学研究支出"勉强足够"或"太少"的受访者比例已从大多数(78%)上升到绝大多数(83%)。美国人确实将教育、健康和执法等其他优先支出排在了更高的位置,但鲜有人愿意削减科学研究资金。

公众对科学家的整体认知也绝大多数是积极的,而且越来越积极。美国国家科学基金会2001年调查的受访者中,86%的人同意科学家为人类的利益而工作,11%的人对此强烈赞同。15年后,美国民意研究中心的一项调查显示,89%的公众对这一观点持同意的态度,而对此观点表示强烈赞同的比例已跃升至26%。我们在2016年7月、10月和2018年10月进行了3项具有全国代表性的民意调查,得出了几乎相同的结果。每项调查中约有90%的受访者认为科学家在为善而工作。[31]

然而，却有越来越多的美国人认为科学家即使不是彻头彻尾的傲慢，也是很奇怪的。在2001年美国国家科学基金会调查中，近1/4受访者（24%）同意科学家往往很怪异的观点。到2016年，这一比例翻了一番，在全国民意研究中心的调查中，约一半的受访者（52%）都持这一观点。我们自己的调查结果都很相似。在我们2016年7月的民意调查中，认为科学家往往很怪异的受访者比例为42%，在2016年10月的民意调查中为47%，在2018年10月的民意调查中为39%。此外，在2016年10月的调查中，近1/3的受访者（32%）表示科学家倾向于轻视其他人。

许多人还对科学工作的性质带有扭曲的认知。在我们的调查中，大约一半受访者——2016年7月调查中的47%、2016年10月调查中的50%和2018年10月调查中的45%——都认为科学工作是危险的。此外，相当大比例的受访者（2016年7月为30%，2016年10月为30%，2018年10月为22%）认为科学家通常独立工作。这样的结果可能会让绝大多数科学家大跌眼镜，因为他们在无害的任务上相互合作，而不是在与世隔绝的偏远城堡或秘密岛屿上建造杀手机器人，或通过基因工程制造极具破坏力的危险的新生命形式。

所有调查都表明，公众对科学的看法与其说是消极的，不如说是在很大程度上是积极的，但又存有疑虑。大多数人认为科学对社会有益，科学家的工作是帮助他人，但许多人认为科学家是古怪的，科学工作是一种可怕的、孤独的事业。第一种态度可以促进对科学事业的支持，但第二种态度可能会阻止一些美国人投身科学事业。

作为这些认知的根源，媒体信息既可以塑造积极的认知，又可以塑造不那么积极的认知。电影、电视节目和其他媒体经常将科学家描绘成富有同情心甚至英雄的形象。想想马克·沃特尼（Mark Watney），由马特·达蒙（Matt Damon）在2015年的电影《火星救援》（*The Martian*）中扮演的勇敢的植物学家，或者黄金时段电视剧《犯罪现场调查》（*CSI*）和《识骨寻踪》（*Bones*）中的破案法医。与此同时，流行媒体还带来了电视情景喜剧《生活大爆炸》（*The Big Bang Theory*）中的谢尔顿·库珀（Sheldon Cooper）等古怪科学家的刻板印象，以及科幻电视连续剧《迷失》（*Lost*）和《神盾局特工》（*Marvel's Agents of S.H.I.E.L.D.*）中科学家被超级反派、外星人和怪物伤害或杀死的故事。

弥合分歧与促进参与

令科学界担忧的还有美国公众现在比以往任何时候都更加抗拒科学家对重要问题做出的结论。2017年4月19日，天体物理学家尼尔·德格拉斯·泰森（Neil deGrasse Tyson）在他的《星谈计划》（*StarTalk*）节目中感叹道，"人们已经失去了判断真伪是非的能力……那不是我记忆中自己土生土长的国家。我不记得曾几何时，人们否认过科学到底是什么。"同样，科普教育家"科学人"比尔·奈（Bill Nye）在2018年的一部名为《观点》（*POV*）的纪录片中警告说："如果我们养育了一代孩子……不能科学地思考，我们就会遇到麻烦……这些人否认科学，否认进化论，否认疫苗的功效，更有甚者的是，否认气候变化是人为造成的——我们绝对不能接受这事儿。"

尽管美国人总体而言信任科学，但科学家和公众在美国面对的一些最关键的科学话题上，分歧很大。皮尤研究中心在2014年对美国公众和美国科学促进会（AAAS）成员进行了调查，结果显示受访者双方在一系列问题上存在巨大分歧。[32]科学家们就以下问题具有压倒性的共识：人类随着时间的推移而演变（98%）、食用转基因食品是安全的（88%）、气候变化主要是由于人类活动造成的（87%）以及儿童应该需要麻腮风（MMR）三联疫苗免疫接种（86%）。相比之下，只有2/3的公众认为儿童应该需要疫苗（68%，科学家与公众之间的差距为18个百分点）、人类已经进化了（65%，差距为33个百分点）。只有一半的公众认为气候变化主要是人为造成的（50%，差距为37个百分点），只有不到1/3的公众认为转基因食品是安全的（37%，差距为51个百分点）。

这并不是说科学家和公众在任何事情上都存在分歧。例如，在皮尤调查中，大多数科学家和大多数公众都认为国际空间站对美国来说是一项很好的投资（比例分别为68%和64%），并且应该增加对生物工程燃料的使用（78%和68%）。同时，两组受访者（只有39%的科学家和31%的公众赞成）都不赞成增加使用水力压裂来提取石油。尽管如此，皮尤研究中心的研究结果还是凸显了科学家和公众在一系列关键话题上的明显分歧。

造成这种差距的一个可能的原因是，对科学的无知使公众无法理解科学家的结论。这个前提构成了研究人员所谓的科学传播的"缺失模型"（deficit model）的基础。[33]乍一看，该模型似乎与流行测验的结果相吻合，显示了普通人了解科学的程度有多深入，或者在许多情况下，有多粗浅。要看看您的知识和公众的知识的差距，请尝试回答2016年皮尤研究中心的调查中的以下问题：

- 哪种气体构成了地球大气层的最大部分——二氧化碳、氢气、氮气或氧气？
- 这些术语中的哪一个是指群体中的大多数人接种疫苗时产生的健康益处——群体免疫、人口控制或疫苗接种率？
- 人类和小鼠具有相同的基因组成的比例：少于10%，介于11%和49%之间，还是大约50%或更多？[34]

正确答案是"氮气""群体免疫"和"大约50%或更多。"如果你答错其中任何一个，不要难过，因为每个问题只有大约1/3的公众给出了正确答案。人们看到这样的知识缺失时，总会辩解说，因为很多人根本不了解关于气候变化、疫苗、进化和转基因食品等问题所涉及的科学，所以他们不接受这些科学共识。

"缺失模型"为科学家和公众之间的分歧提供了一个看似直截了当的解释，可它同时也提出了一种弥合分歧的方法：即更加努力地将科学界的信息传递给普罗大众。如果对科学的无知是问题的症结所在，那么更好的科学教育和科学家更多地启蒙公众则是显而易见的解决方案。换句话说，让公众认同科学家的最好方法是让后者更频繁、更响亮地对前者进行"科普教育"。因此，科学界基于"缺失模型"的对外宣传工作通常遵循自上而下的单向交流形式，即科学家假设观众是空无一物的容器，等着被事实和研究结果填满，于是他们采用或明确或隐含的手段向观众解释他们的发现。[35]

这种方法的逻辑是：科学知识可以影响公众看待科学相关话题的方式。[36]然而，它的影响往往是有限的。例如，皮尤研究中心2016年的调查显示，受访者在其科学测验中的得分与他们对气候变化是人为造成的这一观点"只是适度且不一致"的相关联。在许多情况下，科学家自己对科学的看法可能不如包括媒体在内的其他信息传播者对科学的看法那么重要。[37]

更复杂的是，不同的媒体可能会通过他们报道科学话题的方法以林林总总的方式影响他们的受众。就气候变化问题来看，它不仅已成为备受瞩目的科学话题，而且已成为美国两党政治的主要分歧。在这个问题上，福克斯新闻频道（Fox News Channel）等保守派有线电视新闻网络对观众的影响可能与自由派微软全国广播公司（MSNBC）有线电视网络、喜剧中心频道（Comedy Central）的讽刺电视新闻节目《每日秀》（The Daily Show），或者好莱坞电影《后天》（The Day After Tomorrow）等媒介的影响大相径庭。

当我们考虑到受众在选择媒体来源和解释媒体信息方面所扮演的积极角色时，"缺失模型"会进一步崩溃。事实上，"公众理解科学模型"凸显了人们根据自己的经历、价值观、兴趣和生活阶段来理解媒体信息的方式。[38]因此，这个模型作为科学家和普罗大众之间建设性交流的基础，强调的是双向对话，而不是自上而下的信息传递。按照这个模型，我们认为科学家和其他科学传播者应该根据他们受众成员的背景和他们持有的世界观，有意识地和战略性地处理信息。这一模型是以公民参与科学研究和决策对社会和科学本身都有益为前提而提出的。[39]我们还特别探讨了媒体信息如何促进公众广泛和批判性地参与科学。

科学中的偏见和代表性不足

科学界要面对弥合与普罗大众的分歧和促进他们参与科学的挑战，同时还要担起另一项重要任务：吸引和留住更多元化的业界劳动力。近年来，科学协会（如AAAS）、权威期刊（如《科学美国人》和《自然》），以及美国国家航空航天局和美国国立卫生研究院（NIH）等联邦机构都呼吁，加大力度从代表性不足的群体中招募科学家。[40]这些组织的领导人对此做出如下解释：第一，促进科学领域的平等机会是公平和正确的事情；第二，确保来自不同背景的人在科学界受到欢迎和重视，将使我们不会错失大量才华横溢的潜在的科学家；第三，将不同背景的人聚在一起合作，可以培养更大的创造力、更多的革新和更好地解决问题的能力,这些都是科学研究获得成功的关键要素。

科学界在多样性方面历来留有很大的改进空间。长期以来,理工类专业中都存在女性、有色人种、性少数群体和残疾人的代表性不足的问题。举一个例子:在诺贝尔物理学奖的前117年,总共有2名女性获得了该奖项——1903年的居里夫人和1963年的玛丽亚·戈佩特-梅耶尔(Maria Goeppert-Mayer)。[41]再举个例子:1955~2012年,只有40名黑人学生获得了天文学或天体物理学的博士学位,年均不足1人。这40人中还包括后来成为海登天文馆(Hayden Planetarium)馆长的尼尔·德格拉斯·泰森(Neil deGrasse Tyson),他还领导了将冥王星从行星地位中降级的运动。[42]

尽管这些模式在某些领域取得了进步,但它们整体在21世纪前10年都顿足不前。对此,美国国家科学委员会2017年的数据给出了说明:

- 占人口一半以上的女性仅占美国科学和工程劳动力构成比例的29%(仅比1993年增加了6个百分点)。
- 黑人和西班牙裔在科学和工程劳动力中分别只占6%和8%(相比之下,黑人和西班牙裔分别占2010年美国人口的13%和16%)。[43]

同样,2013年对联邦员工的一项调查发现,按人口数据,性少数群体仅在80%的理工类专业工作。而2015年的数据显示,按人口数据,残疾人仅在2/3的科学和工程职业中供职。[44]

此外,许多从事理工类职业的女性、有色人种、性少数群体和残疾人在缺乏支持机构、照顾政策、住宿和导师的情况下遭遇过敌意、忽视、被套上刻板印象和受到隐性偏见。2017年皮尤研究中心的一项调查发现,从事理工类工作的所有女性中,有一半人在工作中经历过性别歧视,超过三成(36%)的人表示,她们在工作场所遇到性骚扰的问题。[45]同一项调查发现,理工类从业者中62%的黑人、44%的亚裔和42%的西班牙裔经历过种族歧视。[46]同样,其他研究表明,性少数群体和残疾人在科学职业中面临多重障碍。[47]

这些障碍也可以相互叠加。美国科学促进会研究人员雪莉·马哈利·马尔科姆(Shirley Mahaley Malcom)、保拉·奎克·哈尔(Paula Quick Hall)、珍妮特·威尔士·布朗(Janet Welsh Brown)在1976年的一份具有里程碑意义的报告中指出理工类工作中的女性有色人种面临性别歧视和种族歧视的"双重束缚"。[48]尽管距报告发布已经过去了近半个世纪,但这些相互叠加的障碍仍然存在。[49]性少数群体的有色人种或残疾有色人种面临类似的双重束缚,[50]甚至有可能是三重束缚。例如,既是性少数群体又是残疾有色人种的女性在理工类工作中面临多重交叉障碍。[51]

然而,并不是每个人都能意识到这些障碍的存在。在性别偏见这一点上,我们2016年7月的调查在广大公众是否将科学领域视为女性友好型环境或女性敌对型环境这一点上产生了分歧。一方面，我们调查的大部分人（62%）同意，从事科学工作的女性可能会因性别而受到偏见；另一方面，大约相同比例（65%）的人表示女性与男性在创造科学成就上拥有相同的机会（这意味着一些受访者认为这两种说法都是正确的）。我们在每个问题上也发现了相当大的性别差距。女性感受到科学领域性别偏见的可能性比男性高11%，感知平等机会的可能性则比男性低14%。

所有这些调查结果都提出了一个问题：科学家和普罗大众是否支持使科学更加多样化的努力？当我们在2018年10月的调查中询问受访者是否同意"我们应该做更多的工作来促进"科学多样性的4个不同方面时，我们发现发展科学多样性受到高度支持。在受访者中，89%赞成促进"女性从事科学工作的机会"，89%赞成促进"残疾人从事科学工作的机会"，82%赞成促进"科学工作人员的种族和民族多样性"，76%的人赞成促进"性少数群体从事科学工作的机会。"但是，重要的是要记住，这些问题是以抽象的形式而不是具体的措施或案例来衡量公众支持度的。

值得一提的是，对促进科学多样性的支持因受访者而异。例如，女性比男性受访者更有可能同意促进女性从事科学工作的机会（93%和83%）。同样，有色人种与白人受访者相比，他们更有可能同意促进科学领域的种族和民族多样性（87%和81%），而性少数群体受访者比非性少数群体受访者更可能同意为性少数群体提供科学工作的机会（81%和75%）。

使科学多样化的成功虽然部分取决于科学家和广大公众的观点，但也取决于潜在的科学家的看法。年轻人是否追求科学教育机会和从事科学职业反映了他们自己对科学和科学工作者的看法，因此，这些认知的群体差异可能导致科学领域长期存在的人口差异。以科学劳动力中的性别差距为例，与年轻男性相比，年轻女性倾向于对科学表现出较低兴趣和更大焦虑以及更多地感知科学中的性别偏见。这种"信仰差距"可能成为进入该行业的障碍。[52]

媒体的刻画可以塑造观众对科学和科学家的认知，或是加强现有的偏见和代表性不足，或是助于促进更大的多样性。例如，《生活大爆炸》最初关注4名男物理学家或工程师和1名女餐厅服务员/有抱负的女演员，这可能传达了理工类工作是"男孩俱乐部"的隐含信息，而剧集随后引入的2位女生物学家可能使这一信息传达更为温和。诸如《神奇校车》（*The Magic Schoolbus*）和《不可阻挡的任务》（*Mission Unstoppable*）之类的儿童教育节目以及《飞哥与小佛》之类的儿童娱乐节目中对科学家的描述同样可能暗示或挑战科学家是白人的刻板印象。与此同时，油管（YouTube）上的艾米莉·格拉斯利（Emily Graslie）开办的《大脑独家新闻》（*The Brain Scoop*）节目可能会直接指出科学中的偏见，从而影响社交媒体用户对科学的认知。

解释媒介效应

媒介效应的4种主要理论指出了媒体可以影响公众对科学和科学家的认知的特定途径。

第一个是培养理论（cultivation theory），最初由传播学者乔治·格布纳（George Gerbner）提出。他认为，人们的社会认知反映了支配媒体的社会情况，人们消费的媒体信息越多，他们就越有可能认为现实世界与媒体世界相似。[53]根据他的理论逻辑，媒体源源不断地刻画植物学家或地质学家的英勇事迹，可能会培养公众对科学家的积极看法；而媒体频繁描绘天文学家被外星人杀死或古生物学家被恐龙吃掉的画面，可能会让人们将科学视为一种危险的职业。格布纳本人强调电视在培养现实认知中的作用，因为这种媒体从20世纪中叶开始成为文化形象的主要来源，并延续至今。[54]然而，培养理论的逻辑可以适用于从电影到社交媒体的任何媒体。

培养理论解决了受众因长期接触整个媒体系统中的主导信息而受到影响的问题，而启动理论（priming theory），一种由香托·艾扬格（Shanto Iyengar）和唐纳德·金德（Donald Kinder）等学者从心理学引入媒介效果研究的理论，解释了人们将新信息的单个片段加工的心理过程。启动背后的核心前提是，我们作为人类，倾尽全力，一次也只能思考这么多事情。[55]因此，我们倾向于将印象建立在最容易产生的想法上。就媒介效果而言，这意味着人们往往会受到他们最常和最近收到的任何信息的影响。例如，观看探索频道关于鲨鱼袭击人类的电视节目，可以让观众在形成对鲨鱼保护工作的看法时，细想被袭的恐惧。[56]同样，向观众提及犯罪电视剧《犯罪现场调查》（CSI）可以让他们在考虑DNA证据的可靠性时，做好思考剧中对法医学的描述的准备。[57]

正如启动理论涉及媒体信息影响受众成员的想法一样，框架理论涉及这些信息影响受众成员如何看待一个主题的方式。框架理论（Framing Theory）建立在欧文·戈夫曼（Erving Goffman）和威廉·加姆森（William Gamson）等社会学家以及丹尼尔·卡尼曼（Daniel Kahneman）和阿莫斯·特沃斯基（Amos Tversky）等心理学家的工作基础之上。它表明媒体讲述故事的方式会影响观众对故事的理解。[58]在构建一个人、一件事或一个问题的框架时，任何信息传递者，无论是电影制片人、记者、喜剧演员，还是普通公民——都决定这是一个"什么"故事：强调哪些方面，省略哪些方面；使用何种语言、图像、符号和隐喻；应该归功或归咎于谁。[59]例如，一则关于转基因食品的新闻报道既可以将其塑造为科学进步的例证，也可以是危险的"科学怪食"。[60]同样，关于气候变化的电视喜剧小品可以将其描述为一场势均力敌的辩论或一方压倒性胜出的一种科学共识，而关于超自然现象调查员的真人秀节目可以将他们塑造成科学家或伪科学家。[61]选择讲述这些故事的方式反过来可能会影响观众认为转基因食品是否能安全食用、全球变暖是否是人为造成的、猎鬼者是否可信。

最后，我们的媒介效应理论（media effects theory），一种社会认知理论，可用来解释人们关于他们想成为什么样的人的决定。该理论由心理学家阿尔伯特·班杜拉（Albert Bandura）首先提出，并由乔斯林·斯坦克（Jocelyn Steinke）和玛丽莉·朗（Marilee Long）等学者应用于科学传播，它假设人们通过观察和认同包括他们在媒体上看到的文化模式来学习。[62]特别是儿童（他们平均每天花几个小时盯着屏幕），可以通过与他们在电影、电视节目或网络视频中看到的人"间接接触"而形成一系列态度，包括他们的职业抱负和他们对性别角色的看法。[63]因此，认同媒体中真人科学家和科学教育者〔如《宇宙》（Cosmos）节目主持人尼尔·德格拉斯·泰森（Neil deGrasse Tyson）、《大脑独家新闻》主持人艾米莉·格拉斯利或《比尔·奈教科学》的同名主持人〕的年轻人，可能最终将自己想象成潜在的科学家。同样，儿童和青少年从电影《雷神》（Thor）中的简·福斯特（Jane Foster）或儿童动画节目《探险活宝》（Adventure Time）中的泡泡糖公主这些虚构科学家身上，也会因看到"可能的自我"从而产生这样的念头。[64]

在关注有关科学的媒体信息的影响时，我们并非要建议观众像一块白板一样接受此类信息。远非如此：人们在形成科学认知和科学家认知时借鉴了各种经验和价值观，例如，高等教育可以培养人们对科学更积极的态度。[65]或者以政治保守主义和宗教信仰来看，二者都与人们对科学产生更强烈的质疑有关。[66]公众通常会非常重视这些因素，程度甚至超过他们从媒体收到的信息。

观众也不会被动地将他们在电视、电影和社交媒体中看到的一切照单全收。相反，他们可以利用他们的先验信念来选择接受还是拒绝媒体信息。例如，共和党观众可能会忽略由具有进步倾向的有线新闻网络微软全国广播公司提供的全球变暖证据，而民主党观众则可能会对保守派福克斯新闻频道对气候变化不屑一顾的报道采取同样的做法。[67]以此类推，观看深夜脱口秀主持人斯蒂芬·科尔伯特（Stephen Colbert）嘲笑全球变暖的自由派观众可能会将他的评论视为具有讽刺意味的笑话，而保守派观众可能会将相同的陈述理解为"有趣，因为全都是大实话。"[68]考虑到这一点，我们有时不仅探讨媒体是否以及如何影响公众对科学的看法，还要探讨哪些媒体来源为谁这样做。

研究媒体信息和媒介效果

我们的研究着眼于有关科学的媒体信息的本质以及这些信息对观众的影响，并就此展开了一系列案例研究。例如，我们讨论电影时，集中讨论了两部好莱坞大片：《侏罗纪世界》（Jurassic World）和《火星救援》（The Martian）。同样，我们分析黄金时段的电视时，以《X档案》（The X-Files）和《生活大爆炸》为重心。而研究科学纪录片时，则围绕《鲨鱼周》（Shark Week）、《新星》（NOVA）、《流言终结者》（MythBusters）和2个版本的《宇宙》（Cosmos）展开。我们讨论有关边缘科学的媒体信息时，关注了《猎鬼者》（Ghost Hunters）、《远古外星人》（Ancient Aliens）和《寻找大脚怪》（Finding Bigfoot）。我们谈论儿童媒体时，则关注了《比尔·奈教科学》（Bill Nye the Science Guy）、《神奇校车》和《飞哥与小佛》。

除了这些案例，我们还描述了对媒体内容的更广泛研究，包括探索黄金时段电视如何描绘科学家，与科学相关的脸书（Facebook）页面如何构建他们的帖子，以及犯罪剧如何描绘法医分析DNA的过程。本书列举的证据来自我们和其他学者通过内容分析进行的研究，这种方法涉及对大量媒体信息进行分类——例如，虚构电视节目中的角色描绘、有线电视新闻片段或深夜喜剧节目中的笑话等。[69]使用这种方法的研究人员通常会指派多人对一组给定的信息编码，然后严格检查编码人员之间的一致性，以确保分类过程是可靠的。

在研究媒体信息的影响时，我们主要依靠两种手段：民意调查和随机实验。民意调查法的关键优势在于它能够获取代表公众想法的描述。只要民意调查的受访者是通过科学手段（例如，概率抽样）选出的，并且只要民意调查的样本量足够大，其结果就应该与我们对所有人口进行调查时会产生的结果一致。[70]在本书中，我们参考了来自美国公众民意调查的许多不同的数据，一些由我们进行（如我们在附录中所述），一些由其他组织进行；一些通过电话进行，另一些通过互联网在全国具有代表性的受访者群体中进行。

尽管民意调查是我们衡量公众的科学认知和科学家认知的主要方法，但要使用它来测试是什么塑造了这种认知也有难度。研究媒介效果的一种方法是，简单地询问人们的观点是否受到以及如何受到媒体信息的影响。例如，皮尤研究中心2017年的一项调查就询问了受访者对于观看3种不同类型的节目和电影到底是有益于还是有害于他们对科学、技术和医学的理解。[71]在观看有关刑事调查的节目和电影的观众中，30%的人表示"有助于理解"，11%的人说"妨碍理解"。对于专注医院和医疗环境节目的观众来说，这一比例分别为23%和12%。与此同时，观看科幻节目的观众，这一比例均为13%。

然而，我们有充分的理由谨慎地解释这些反应。首先，一些公众可能不愿意向民意调查者（甚至他们自己）承认媒体信息影响了他们的信念。[72]此外，许多受访者可能并未完全意识到他们对科学的认知是怎样形成的。[73]如果人们从电视、电影和社交媒体中吸收想法，却不记得他们这样做过，那么他们自己对塑造他们认知的因素的评估就只是一隅之说。

鉴于观众自述媒介效果的局限性，研究人员通常依赖于第二种方法：相关性分析，这涉及测试受访者所消费的媒体内容与他们所相信的内容之间的关系。假设我们想了解有关气候变化的有线新闻报道是否会影响观众的看法，那么，我们可以询问受访者一组关于他们看新闻的习惯的问题和另一组关于气候变化的问题，然后寻找第一组答案和第二组答案之间的模式。具体来说，我们可以分析美国有线电视新闻网（CNN）或微软全国广播公司的收视情况是否与全球变暖是人为造成的看法紧密关联，以及福克斯新闻的观众是否特别倾向于对气候变化表示怀疑。

然而，这种方法用于测试媒介效应时，有其自身的局限性。使用某种形式的媒介与持有某种看法相关的证据并不一定能证明前者导致了后者。在某些情况下，第三方因素——或一系列因素——可以形成媒体使用习惯并塑造认知。例如，如果仅仅因为保守派比自由派更有可能既收看福克斯新闻又不相信人为造成了气候变化，而假设这两件事看似相关，那么我们就"福克斯新闻效应"造成了全球变暖怀疑论提出的证据将是站不住脚的。

一项涉及对媒体使用以外的因素的影响进行统计控制的保障措施能部分防止从调查数据中得出错误推论，例如，政治意识形态和人口统计数据，这些因素可能会影响人们对科学和科学家的认知。但这仍然留下了另一个潜在问题：如果在考虑了其他"可能的嫌疑因素"之后，我们仍发现使用特定形式的媒体和持有特定观念之间存在关系，那么我们怎么知道哪个影响了哪个？在某些情况下，认为媒体使用会影响科学认知可能比认为科学认知会影响媒体使用更合理。例如，可能没有太多人将他们收看综合类电视的程度建立在他们对科学家的印象上。因此，两者之间的任何关系都可能反映了媒体影响而不是选择收看。在其他情况下，解释媒体使用和观众认知之间的关系可能更棘手。假设我们发现观看超自然现象真人秀节目的人非常有可能相信房子会发生灵异事件。这个结果是否表明节目影响了人们的信念，或者信念导致人们观看节目（或者甚至可能是两者的结合）？

在这种情况下，我们可能需要更有力的因果证据——我们研究媒体影响的第二种手段可以帮助提供证据。我们和其他媒体研究人员有时会进行实验以发现特定信息的影响。我们将参与者随机分组，并为每个组提供不同的信息（或不提供信息），通过比较每个组（或每种条件下）的参与者如何回答事后测验调查中的问题，我们就可以确定我们处理方式（即信息）的影响。[74]我们研究媒体信息如何影响受众对科学的看法时，利用了各种随机实验的结果，包括测试《生活大爆炸》片段对科学家刻板印象的影响、油管视频对科学中性别偏见认知的影响，以及新闻报道对关于超感知信念的影响。

使用这种方法研究媒介效果的主要困难在于，实现从实验之内到实验之外的飞跃。如果我们的参与者是大学生，那么我们在使用实验结果得出关于更广泛公众的结论时应该考虑周密一些。如果我们只测试几条信息的影响，那么我们应该记住，其他信息可能会产生不同的效果。最重要的是，人们在实验的人为环境中的行为方式可能并不总是与他们在现实世界中的日常生活行为方式相同。

这里最重要的一点是，没有单一的理想方法能够研究媒体信息或媒介效果，这就是我们使用组合研究工具的原因。案例研究为我们详细描绘了特定媒体渠道如何描述科学，而内容分析为我们提供了了解更广泛的媒体信息景观的窗口。民意调查获取了公众舆论的代表性观点，而实验则对媒介效果进行了更强有力的测试。通过收集所有这些方法的证据，我们可以更深入地了解媒体信息、公众认知以及两者之间的联系。

重塑媒体信息和公众认知

我们已经要求你自己画出科学家画像，并向你展示了一幅反映刻板印象的科学家画像，他是一个戴着眼镜、身穿实验室外套的、头发凌乱的、身旁环绕着试管和烧杯的白人男性。现在，让我们看第三张图。图1-3是一位学生画的科学家，描绘出一些刻板印象，如实验室外套和烧瓶，但在其他方面则偏离了"标准形象"：这位科学家是一位既没戴眼镜，头发也不凌乱的女性。虽然很多孩子（和成人）仍然把科学家想象成阿尔伯特·爱因斯坦、弗兰肯斯坦博士或布朗博士的样子，但现在的学生（尤其是女孩和年轻女性）越来越可能画出反映另一种想象的科学家。当谈到我们如何将科学家这个概念可视化时，图画可能会有所不同——真正的不同。

媒体形象同样可以演变。一些电视节目和电影仍然强化流行的科学家的刻板印象，但并非所有媒体都根据这一历史模式来刻画他们。最近的电影，如《隐藏人物》（*Hidden Figures*）和《黑豹》（*Black Panther*）对这一职业提供了一种不那么刻板、更多样化的描述，还有电视节目《宇宙时空之旅》（*Cosmos：A Space Time Odyssey*）也是如此。如果媒体信息可以影响人们对科学的看法，那么信息的变化将有助于重塑科学家在观众中的心理形象。

图1-3　另一幅科学家的画像（一位匿名学生的画）

同理，这一原则也适用于其他类型的关于科学的信息和认知。我们通过观察媒体如何描绘科学以及这些描绘如何影响观众，还可以着手了解不同描绘如何导致不同的结果。归根结底，我们希望为媒介能更有建设性地与公众互动带来一些启发。对科学家和科学教育者来说，更好地理解媒介效果有助于弥合与普罗大众的分歧、促进全民科学的发展、促进这一职业的多样性——所有这些都是科学界的重要目标。对于媒体制作人来说，与科学界的共识可以为他们在做出如何构建有关科学的新闻报道、笑话和社交媒体帖子的框架以及如何娱乐观众又避免传播有害的刻板印象的决策时，提供信息参考。

研究媒体信息如何以及何时影响观众对科学的看法也可以阐明哪些策略可以有效地鼓励人们成为这些信息的更积极、更深思熟虑的消费者。电视公益广告和社交媒体的事实核查是否会削弱或加强科学不实信息的影响？媒体素养培训是否让学生准备好抵制对科学的刻板印象？纳入质疑的声音，或者使用幽默的方式，会抵消对科学权威的虚假主张吗？如果我们想培养公众批判性地参与科学，回答这些问题是一项至关重要的任务。

最后想到的一点：纵观全局，我们认为研究有关科学的媒体信息很重要，但我们也认为它本身很有趣——好玩就更不用说了。在过去的15年里，我们一直在研究这个话题，很大程度上是因为我们自小就喜欢看《捉鬼敢死队》(Ghostbusters)、《星际迷航》(Star Trek)和《宇宙》(Cosmos)迷你剧，因为我们在2005年的拉斯维加斯之旅中观看了超长剧集《犯罪现场调查》(这一经历激发我们首次合著文章)，因为我们很喜欢和自己的孩子一起看《海底小纵队》(The Octonauts)和《动物兄弟》(Wild Kratts)，也因为我们很享受在孩子们入睡后追看《神盾局特工》(Marvel's Agents of S.H.I.E.L.D.)和《怪奇物语》(Stranger Things)。本书谈的是媒体理论和研究发现，但它也聊恐龙和鲨鱼，侦探和时间旅行者，大脚猎人和火星人。说到恐龙和火星人，我们得转向我们感兴趣的第一个媒介：好莱坞电影。

注释

[1] Chambers, David Wade, "Stereotypic images of the scientist: The Draw-A-Scientist Test," *Science Education* 67, no. 2 (1983): 255–265.

[2] Finson, Kevin D., "Drawing a scientist: What we do and do not know after fifty years of drawings," *School Science and Mathematics* 102, no. 7 (2002): 335–345; Miller, David I., Kyle M. Nolla, Alice H. Eagly, and David H. Uttal, "The development of children's gender-science stereotypes: A meta-analysis of 5 decades of US Draw-a-Scientist stud-ies," *Child Development* 89, no. 6 (2018): 1943–1955.

[3] Chambers, "Stereotypic images"; Finson, "Drawing a scientist"; Miele, Eleanor, "Using the Draw-A-Scientist Test for inquiry and evaluation," *Journal of College Science Teaching* 43, no. 4 (2014): 36–40; Steinke, Jocelyn, Maria Knight Lapinski, Nikki Crocker, Aletta Zietsman-Thomas, Yaschica Williams, Stephanie Higdon Evergreen, and Sarvani Kuchibhotla, "Assessing media influences on middle school—aged children's perceptions of women in science using the Draw-A-Scientist Test (DAST)," *Science Communication* 29, no. 1 (2007): 35–64.

[4] Chambers, "Stereotypic images." 256.

[5] Chambers, "Stereotypic images."

[6] Miller et al., "Gender-science stereotypes."

[7] 同[6]。

[8] 同[6]。

[9] Finson, "Drawing a scientist."

[10] 同[9]。

[11] Miele, "Using the draw-a-scientist test."

[12] 我们查阅的所有文章都没有包含任何描绘有明显残疾的科学家的图画，也没有任何关于此类图画的讨论。

[13] Funk, Cary, Jeffrey Gottfied, and Amy Mitchell, "Science news and information today," 3Pew Research Center, Sept. 20, 2017.

[14] Besley, John C., "The National Science Foundation's science and technology survey and support for science funding, 2006–2014," *Public Understanding of Science* 27, no. 1 (2018): 94–109; National Science Board, "The state of U.S. science and engineering 2020," National Science Foundation/National Science Board, 2020.

[15] Barry, Colleen, Hahrie Han, and Beth McGinty, "Trust in science and COVID-19," Johns Hopkins Bloomberg School of Public Health, June 17, 2020; Hamilton, Lawrence C., Joel Hartter, and Kei Saito, "Trust in scientists on climate change and vaccines," *Sage Open* 5, no. 3 (2015): 2158244015602752; Hmielowski, Jay D., Lauren Feldman, Teresa A. Myers, Anthony Leiserowitz, and Edward Maibach, "An attack on science? Media use, trust in scientists, and perceptions of global warming," *Public Understanding of Science* 23, no. 7 (2014): 866–883; Lang, John T., and William K. Hallman, "Who does the public trust? The case of genetically modified food in the United States," *Risk Analysis* 25, no. 5 (2005): 1241–1252; Nadelson, Louis S., and Kimberly K. Hardy, "Trust in science and scientists and the acceptance of evolution," *Evolution: Education and Outreach* 8, no. 1 (2015): 9.

[16] Berkman, Michael B., and Eric Plutzer, "Scientific expertise and the culture war: Public opinion and the teaching of evolution in the American states," *Perspectives on Politics* 7, no. 3 (2009): 485–499; Bord, Richard J., Robert E. O'Connor, and Ann Fisher, "In what sense does the public need to understand global climate change?" *Public Understanding of Science* 9, no. 3 (2000): 205–218; Motta, Matthew, Timothy Callaghan, and Steven Sylvester, "Knowing less but presuming more: Dunning-Kruger effects and the endorse- ment of anti-vaccine policy attitudes," *Social Science & Medicine* 211 (2018): 274–281; Weiss, Barry D., and Michael K. Paasche-Orlow, "Disparities in adherence to COVID- 19 public health recommendations," *HLRP: Health Literacy Research and Practice* 4, no. 3 (2020): e171–e173; Wohlers, Anton E., "Labeling of genetically modified food: Closer to reality in the United States?" Politics and the Life Sciences 32, no. 1 (2013): 73–84.

[17] Gilkey, Melissa B., William A. Calo, Macary W. Marciniak, and Noel T. Brewer, "Parents who refuse or delay HPV vaccine: Differences in vaccination behavior, beliefs, and clinical communication preferences," *Human Vaccines & Immunotherapeutics* 13, no. 3 (2017): 680–686; Padilla, Maria, "Who's wearing a mask? Women, Democrats, and city dwellers,"

New York Times, June 2, 2020; O'Connor, Robert E., Richard J. Bord, and Ann Fisher, "Risk perceptions, general environmental beliefs, and willingness to address climate change," *Risk Analysis* 19, no. 3 (1999): 461–471.

[18] Besley, John C., "Public engagement and the impact of fairness perceptions on decision favorability and acceptance," *Science Communication* 32, no. 2 (2010): 256–280; Haywood, Benjamin K., and John C. Besley, "Education, outreach, and inclusive engagement: Towards integrated indicators of successful program outcomes in participatory science," *Public Understanding of Science* 23, no. 1 (2014): 92–106; VanDyke, Matthew S., and Andy J. King, "Using the CAUSE model to understand public communication about water risks: Perspectives from Texas groundwater district officials on drought and availability," *Risk Analysis* 38, no. 7 (2018): 1378–1389.

[19] Bonney, Rick, Tina B. Phillips, Heidi L. Ballard, and Jody W. Enck, "Can citizen science enhance public understanding of science?" *Public Understanding of Science* 25, no. 1 (2016): 2–16; Brossard, Dominique, Bruce Lewenstein, and Rick Bonney, "Scientific knowledge and attitude change: The impact of a citizen science project," *International Journal of Science Education* 27, no. 9 (2005): 1099–1121.

[20] Dudo, Anthony, and John C. Besley, "Scientists' prioritization of communication objectives for public engagement," *PloS One* 11, no. 2 (2016): e0148867; McComas, Katherine A., John C. Besley, and Zheng Yang, "Risky business: Perceived behavior of local scientists and community support for their research," *Risk Analysis* 28, no. 6 (2008): 1539–1552.

[21] Besley, John C., "Predictors of perceptions of scientists: Comparing 2001 and 2012," *Bulletin of Science, Technology & Society* 35, no. 1–2 (2015): 3–15; Losh, Susan Carol, "Stereotypes about scientists over time among US adults: 1983 and 2001," *Public Understanding of Science* 19, no. 3 (2010): 372–382; National Science Board, "State of U.S. science."

[22] Funk, Cary, and Kim Parker, "Women and men in STEM often at odds over workplace equity," Pew Research Center, Jan. 18, 2019; Wyer, Mary, "Intend-ing to stay: Images of scientists, attitudes toward women, and gender as influences on persistence among science and engineering majors," *Journal of Women and Minorities in Science and Engineering* 9, no. 1 (2003): 1–16; Wyer, Mary, Jennifer Schneider, Sylvia Nassar-McMillan, and Maria Oliver-Hoyo, "Capturing stereotypes: Developing a scale to explore US college students' images of science and scientists," *International Journal of Gender, Science and Technology* 2, no. 3 (2010): 382–415.

[23] Booksh, Karl S., and Lynnette D. Madsen, "Academic pipeline for scientists with disabilities," MRS Bulletin 43, no. 8 (2018): 625–632; Cech, Erin A., "LGBT professionals'

workplace experiences in STEM-related federal agencies," paper presented at the 2015 ASEE Annual Conference & Exposition, Seattle,Washington, June 2015; Eaton, Asia A., Jessica F. Saunders, Ryan K. Jacobson, and Keon West,"How gender and race stereotypes impact the advancement of scholars in STEM: Professors' biased evaluations of physics and biology post-doctoral candidates," *Sex Roles* 82, no. 3–4 (2020): 127–141; Moran, Barbara,"Is science too straight? LGBTQ+ issues in STEM diversity," *The Brink: Pioneer- ing Research from Boston University*, June 15, 2017; O'Brien, Laurie T., Alison Blodorn, Glenn Adams, Donna M. Garcia, and Elliott Hammer,"Ethnic variation in gender-STEM stereotypes and STEM participation: An intersectional approach," *Cultural Diversity and Ethnic Minority Psychology* 21, no. 2 (2015): 169–180;Yoder, Jeremy B., and Allison Mattheis,"Queer in STEM: Workplace experiences reported in a national survey of LGBTQA individuals in science, technology, engineering, and mathematics careers," *Journal of Homosexuality* 63, no. 1 (2016): 1–27.

[24] Belluz, Julia, and Brian Resnick, "Meat is unhealthy, meat is okay: Why science keeps overturning what we thought we knew," Vox, Oct. 4, 2019.

[25] Brandt, Allan M.,"Racism and research:The case of the Tuskegee Syphilis Study," *Hastings Center Report* (1978): 21–29; Flaherty, Dennis K.,"The vaccine-autism connection: A public health crisis caused by unethical medical practices and fraudulent science," Annals of Pharmacotherapy 45, no. 10 (2011): 1302–1304.

[26] Felt, Ulrike, Rayvon Fouché, Clark A. Miller, and Laurel Smith-Doerr, eds., *The handbook of science and technology studies*, MIT Press, 2017; Harding, Sandra, ed., *The postcolonial science and technology studies reader*, Duke University Press, 2011; Wyer, Mary, Mary Barbercheck, Donna Cookmeyer, Hatice Hatice Örün Öztürk, and Marta L. Wayne, eds., Women, science and technology: A reader in feminist science studies, Routledge, 2013.

[27] Mooney, Chris, and Sheril Kirshenbaum, *Unscientific America: How scientific illiteracy threatens our future*, Basic Books, 2009, 4.

[28] Nichols,Tom,"How does the public's view of science go so wrong?" *Scientific American*, Mar. 2, 2017.

[29] National Science Board,"State of U.S. science."

[30] Funk, Cary, and Brian Kennedy, "Public confidence in scientists has remained stable for decades," Pew Research Center, Mar. 22, 2019; National Science Board,"State of U.S. science."

[31] 详见附录。

[32] Pew Research Center,"Public and scientists' views on science and society," Pew Research Center, Jan. 29, 2015.

[33] Simis, Molly J., Haley Madden, Michael A. Cacciatore, and Sara K. Yeo, "The lure of rationality:Why does the deficit model persist in science communication?" *Public understanding of Science* 25, no. 4 (2016): 400–414.

[34] Funk, Cary, "How much does science knowledge influence people's views on climate change and energy issues?" Pew Research Center, Mar. 22, 2017.

[35] National Academies of Sciences, Engineering, and Medicine,"Communicating science effectively: A research agenda,"The National Academies, 2017.

[36] Dudo, Anthony, Dominique Brossard, James Shanahan, Dietram A. Scheufele, Michael Morgan, and Nancy Signorielli, "Science on television in the 21st century: Recent trends in portrayals and their contributions to public attitudes toward science," *Communication Research* 38, no. 6 (2011): 754–777; Nisbet, Matthew C., Dietram A. Scheufele, James Shanahan, Patricia Moy, Dominique Brossard, and Bruce V. Lewenstein,"Knowledge, reservations, or promise? A media effects model for public perceptions of science and technology," *Communication Research* 29, no. 5 (2002): 584–608.

[37] Brossard, Dominique, and Matthew C. Nisbet,"Deference to scientific authority among a low information public: Understanding US opinion on agricultural biotechnology," *International Journal of Public Opinion Research* 19, no. 1 (2007): 24–52; Ho, Shirley S., Dominique Brossard, and Dietram A. Scheufele, "Effects of value predispositions, mass media use, and knowledge on public attitudes toward embryonic stem cell research," *International Journal of Public Opinion Research* 20, no. 2 (2008): 171–192.

[38] Brossard, Dominique, and Bruce V. Lewenstein, "A critical appraisal of models of pub- lic understanding of science," in *Communicating science: New agendas in communication*, eds. LeeAnn Kahlor and Patricia Stout, Routledge, 2010: 11–39; Irwin, Alan, and Brian Wynn, eds., *Misunderstanding science? The public reconstruction of science and technology*, Cambridge University Press, 2003.

[39] Brossard and Lewenstein,"A critical appraisal"; Ley, Barbara L., *From pink to green: Disease prevention and the environmental breast cancer movement*, Rutgers University Press, 2009.

[40] Editorial, "Science benefits from diversity," *Nature* 558, no. 5 (2018); Gibbs, Kenneth, "Diversity in STEM: What it is and why it matters," *Scientific American*, Sept. 10, 2014; Hoy, Anne Q., "Leaders urged to support diversity in STEM ranks," American Association for the Advancement of Science, Jan. 9, 2017, www.aaas.org/news/leaders-urged-support-diversity-stem-ranks; Phillips, Katherine W.,"How diversity works," *Scientific American* 311, no. 4 (2014): 42–47.

[41] Helton, Mary, "100 Women:Where are the female Nobel Prize winners?" BBC News, Oct. 5, 2017.

[42] Holbrook, Jarita C., "Survival strategies for African American astronomers and astrophysicists," 2012.

[43] National Science Board,"State of U.S. science."

[44] Cech, "LGBT professionals' workplace experiences"; National Science Foundation, "Women, minorities, and persons with disabilities in science and engineering," National Science Foundation/National Science Board, 2017.

[45] Funk and Parker,"Women and men in STEM."对于男性来说，这样说的百分比分别为28%和7%。

[46] 与此同时，13%的白人受访者也这么说。

[47] Booksh and Madsen, "Academic pipeline"; Cech, "LGBT professionals' workplace experiences"; Moran,"Is science too straight?";Yoder & Mattheis,"Queer in STEM."

[48] Malcom, Shirley Mahaley, Paula Quick Hall, and Janet Welsh Brown, *The double bind: The price of being a minority woman in science*, American Association for the Advancement of Science, 1976.

[49] Ong, Maria, Carol Wright, Lorelle Espinosa, and Gary Orfield,"Inside the double bind: A synthesis of empirical research on undergraduate and graduate women of color in science, technology, engineering, and mathematics," *Harvard Educational Review* 81, no. 2 (2011): 172–209.

[50] Moran,"Is science too straight?";Thurston, Linda P., Cindy Shuman, B. Jan Middendorf, and Cassandra Johnson,"Postsecondary STEM education for students with disabilities: Lessons learned from a decade of NSF funding," *Journal of Postsecondary Education and Disability* 30, no. 1 (2017): 49–60.

[51] Moran,"Is science too straight?"

[52] Desy, Elizabeth A., Scott A. Peterson, and Vicky Brockman,"Gender differences in science-related attitudes and interests among middle school and high school students," *Science Educator* 20, no. 2 (2011): 23–30; Gilmartin, Shannon K., Erika Li, and Pamela Aschbacher, "The relationship between interest in physical science/engineering, science class experiences, and family contexts: Variations by gender and race/ethnicity among secondary students," *Journal of Women and Minorities in Science and Engineering* 12, no. 2–3 (2006): 179–207; Gokhale, Anu A., Cara Rabe-Hemp, Lori Woeste, and Kenton Machina, "Gender differences in attitudes toward science and technology among majors," *Journal of Science Education and Technology* 24, no. 4 (2015): 509–516; Mallow, Jef- fry, Helge Kastrup, Fred B. Bryant, Nelda Hislop, Rachel Shefner, and Maria Udo,"Science anxiety, science attitudes, and gender: Interviews from a binational study," *Journal of Science Education and Technology* 19, no. 4 (2010): 356–369; Riegle-Crumb, Catherine, Chelsea Moore, and Aida Ramos-

Wada, "Who wants to have a career in science or math? Exploring adolescents' future aspirations by gender and race/ethnicity," *Science Education* 95, no. 3 (2011): 458–476.

[53] Gerbner, George, "Science on television: How it affects public conceptions," Issues in Science and Technology 3, no. 3 (1987): 109–115.

[54] Morgan, Michael, and James Shanahan, "The state of cultivation," *Journal of Broadcasting & Electronic Media* 54, no. 2 (2010): 337–355.

[55] Iyengar, Shanto, and Donald R. Kinder, *News that matters: Television and American opinion*, University of Chicago Press, 2010; Scheufele, Dietram A., and David Tewksbury, "Framing, agenda setting, and priming: The evolution of three media effects models," *Journal of Communication* 57, no. 1 (2007): 9–20.

[56] Myrick, Jessica Gall, and Suzannah D. Evans, "Do PSAs take a bite out of shark week? The effects of juxtaposing environmental messages with violent images of shark attacks," *Science Communication* 36, no. 5 (2014): 544–569.

[57] Brewer, Paul R., and Barbara L. Ley, "Media use and public perceptions of DNA evidence," *Science Communication* 32, no. 1 (2010): 93–117; Pettey, Gary R., and Cheryl Campanella Bracken, "The CSI effect: Scientists and priming on prime time television," in *Common sense: Intelligence as presented on television*, ed. Lisa Holderman, Lexington Books, 2008: 233–247.

[58] Gamson, William A., *Talking politics*, Cambridge University Press, 1992; Goffman, Erving, *Frame analysis: An essay on the organization of experience*, Harvard University Press, 1974; Tversky, Amos, and Daniel Kahneman, "The framing of decisions and the psychology of choice," Science 211, no. 4481 (1981): 453–458.

[59] Druckman, James N., "What's it all about? Framing in political science," in *Perspectives on framing*, ed. Gideon Keren, Psychology Press, 2011, 279–302; Gamson, William A., and Andre Modigliani, "Media discourse and public opinion on nuclear power: A construc-tionist approach," *American Journal of Sociology* 95, no. 1 (1989): 1–37; Iyengar, Shanto, *Is anyone responsible? How television frames political issues*, University of Chicago Press, 1994.

[60] Nisbet, Matthew C., and Mike Huge, "Attention cycles and frames in the plant biotechnology debate: Managing power and participation through the press/policy connection," *Harvard International Journal of Press/Politics* 11, no. 2 (2006): 3–40.

[61] Brewer, Paul R., "The trappings of science: Media messages, scientific authority, and beliefs about paranormal investigators," *Science Communication* 35, no. 3 (2013): 311–333; Brewer, Paul R., and Jessica McKnight, "'A statistically representative climate change debate': Satirical television news, scientific consensus, and public perceptions of global warming," *Atlantic Journal of Communication* 25, no. 3 (2017): 166–180.

[62] Bandura, Albert, "Human agency in social cognitive theory," *American Psychologist* 44, no. 9 (1989): 1175–1184; Bandura, Albert, "Social cognitive theory of mass communication," Media Psychology 3, no. 3 (2001): 265–299; Long, Marilee, and Jocelyn Steinke, "The thrill of everyday science: Images of science and scientists on children's educational science programmes in the United States," *Public Understanding of Science* 5, no. 2 (1996): 101–120.

[63] Ryan, Lisa, and Jocelyn Steinke,"'I want to be like...': Middle school students' identification with scientists on television," *Science Scope* 34, no. 1 (2010): 44–49; Steinke, Jocelyn, Brooks Applegate, Maria Lapinski, Lisa Ryan, and Marilee Long,"Gender differences in adolescents' wishful identification with scientist characters on television," *Science Communication* 34, no. 2 (2012): 163–199.

[64] O'Keeffe, Moira,"Lieutenant Uhura and the drench hypothesis: Diversity and the representation of STEM careers," *International Journal of Gender, Science and Technology* 5, no. 1 (2013): 4–24; Steinke, Jocelyn, Maria Lapinski, Marilee Long, Catherine Van Der Maas, Lisa Ryan, and Brooks Applegate, "Seeing oneself as a scientist: Media influences and adolescent girls' science career possible selves," *Journal of Women and Minorities in Science and Engineering* 15, no. 4 (2009): 270–301.

[65] Dudo et al.,"Science on television."

[66] Nisbet et al.,"Knowledge, reservations, or promise?"

[67] Feldman, Lauren, Edward W. Maibach, Connie Roser-Renouf, and Anthony Leiserowitz,"Climate on cable: The nature and impact of global warming coverage on Fox News, CNN, and MSNBC," *International Journal of Press/Politics* 17, no. 1 (2012): 3–31.

[68] Brewer, Paul R., and Jessica McKnight, "Climate as comedy: The effects of satirical television news on climate change perceptions," *Science Communication* 37, no. 5 (2015): 635–657.

[69] Krippendorff, Klaus, *The content analysis reader*, Sage, 2009.

[70] Asher, Herb, *Polling and the public:What every citizen should know*, CQ Press, 2016.

[71] Funk et al.,"Science news."

[72] Eveland, William P., Jr., and Douglas M. McLeod, "The effect of social desirability on perceived media impact: Implications for third-person perceptions," *International Journal of Public Opinion Research* 11, no. 4 (1999): 315–333.

[73] Hastie, Reid, and Bernadette Park, "The relationship between memory and judgment depends on whether the judgment task is memory-based or on-line," *Psychological Review* 93, no. 3 (1986): 258–268.

[74] Iyengar and Kinder, *News that matters.*

第2章
电影中的科学

亨利·吴（Henry Wu）：你说得好像我们在从事什么疯狂的科学研究，事实上，我们的研究内容自始至终从来就没有变过。侏罗纪世界里的东西，从来都是非自然的。我们在基因组里加入其他动物的DNA也不是一天两天了。而且，加入纯净的遗传密码，会赋予它们不同的外貌。但当初要求的不是逼真，你只要多点尖利的牙齿。

——《侏罗纪世界》（2015）

马克·沃特尼（Mark Watney）：面对这九死一生的情况，我只有一个选择：我要用科学干出一条生路。

——《火星救援》（2015）

2015年，观众蜂拥至影院，观看两部以科学为主题的好莱坞电影，其中一部是重启1993年《侏罗纪公园》"恐龙热"的《侏罗纪世界》。《侏罗纪公园》围绕一个命运多舛的主题公园展开，讲述了包括迅猛龙和霸王龙等克隆恐龙的故事。《侏罗纪世界》引入了一个新的主题公园和一种经过基因改造后可以伪装自己的混血恐龙，展现了这种生物出逃并涂炭生灵的情节，并强调了该系列电影的两大重要信息：出于傲慢（如最初的《侏罗纪公园》），或集体贪婪（如《侏罗纪世界》）而玩弄自然是危险的，但是观看横冲直撞的恐龙对整个家庭来说都很过瘾。重启"恐龙热"的《侏罗纪世界》高居当年票房榜第二，票房收入超过6.5亿美元。[1]因此，2018年续集紧随其后推出，就是意料之中的事了。

《侏罗纪世界》重在使用计算机生成的图像（CGI）来呈现恐龙攻击人类和同类的震撼视觉效果。而《火星救援》则讲述了马克·沃特尼的故事，他是一名独自困在火星上的宇航员，利用自己的科学知识生存了一年半有余，最终等来了救援人员。作为一名训练有素的植物学家，他利用火箭燃料产生的水和他自己的粪便产生的肥料开垦了火星的土壤。《火星救援》不仅成为当年票房第八的佳片（票房收入超过2亿美元），而且获得了奥斯卡最佳影片提名，马特·达蒙（饰演沃特尼）也获得最佳男主角提名。

《侏罗纪世界》和《火星救援》中对科学的描述反映了可以追溯到一个多世纪前的一种电影传统，它产生于第一部科幻电影《月球旅行记》（*Le Voyage dans la Lune*），这部1902年上映的法国电影与《火星救援》一样，讲述了一次失败的太空探险。它也像《侏罗纪世界》一样，展示了各种各样的生物（影片中是居住在月球上的塞勒尼特人），将科学探索的奇迹和危险都戏剧化了。

自《月球旅行记》后的25年过去了，德国电影《大都会》(Metropolis，1927)掀起了第一次科幻电影浪潮。得益于这部电影，未来主义反乌托邦社会、类人机器人和扮演上帝的疯狂科学家等比喻也普及开来。1931年，美国电影业将这一类型的影片提升到了新的高度，因为它将有史以来最具标志性的科学家角色之一搬上银幕，他就是玛丽·雪莱笔下的弗兰肯斯坦博士！他在他那插满电极的实验室里高喊"它活了！"的一幕成为好莱坞疯狂科学的缩影。由于环球影业的这部电影大获成功，他们和竞争对手们开始在诸如《亡魂岛》(Island of Lost Souls，1932)、《隐形人》(The Invisible Man，1933)和《科学怪人的新娘》(The Bride of Frankenstein，1935)等电影中释放出一支邪恶的科学家大军。

在冷战期间，好莱坞将注意力转向新的科学主题。一些电影描绘了史诗般的灾难，如《当世界毁灭时》(When Worlds Collide，1951)中的"红色星球"对地球的破坏。其他的一些电影则以原子时代的怪物为特色，如《原子怪兽》(The Beast from 20,000 Fathoms，1953)中在原子弹爆炸实验中复活的怪物，《X放射线》(Them!，1954)中的巨型变异蚂蚁和著名的来自遭受核辐射的日本怪物《哥斯拉》(Godzilla，1954)。还有一些外星人入侵地球的电影，有些灵感源自媒体对不明飞行物(UFO)的报道，其代表作是《世界大战》(The War of the Worlds，1953)和《天外魔花》(Invasion of the Body Snatchers，1956)。

外星生物入侵类电影到今天也层出不穷，如《战舰》(Battleship，2012)、《环太平洋》(Pacific Rim，2013)和《明日边缘》(Edge of Tomorrow，2014)。同样，灾难片也一直很活跃，主题包括火山爆发，如《天崩地裂》和《火山》(Dante's Peak和Volcano，均为1997年上映)；小行星撞地球，如《世界末日》(Armageddon，1998)；彗星撞地球，如《天地大冲撞》(Deep Impact，1998)；气候变化，如《后天》(The Day After Tomorrow，2004)；甚至包括"中微子突变"，如《2012》(2012，2009)。过去几十年好莱坞科幻电影主题还包括人工智能，如《人工智能》(A.I.：Artificial Intelligence，2001)和《我，机器人》(I, Robot，2004)；与外星生命的交流，如《超时空接触》(Contact，1997)和《降临》(Arrival，2016)；基因工程，如《变种异煞》(Gattaca，1997)和《狂暴巨兽》(Rampage，2018)；流行病，如《传染病》(Contagion，2011)。

上述的一些电影成为票房大热，而另一些则成为影史大片。事实上，占据21世纪10年代票房榜的电影除了《侏罗纪世界》和《火星救援》外，还包括许多以科学为主题的电影，如讲述滞留太空的生物医学工程师的影片《地心引力》(Gravity，2013)占据2013年票房第八位，并获得了奥斯卡最佳影片和最佳女演员奖两项提名。次年，《星际穿越》(Interstellar，2014)凭借关于宇航员寻找宜居星球以取代环境日益恶化的地球的故事，稳居票房第十。2016年,《隐藏人物》凭借对20世纪60年代在美国宇航局担任数学家的三名黑人女性的刻画,获得了超过1.5亿美元的收入和最佳影片提名。最近的大片也将科学家描绘成动作英雄(如2012年《复仇者联盟》中的物理学家布鲁斯·班纳)或反派(如2017年《神奇女侠》中的化学家伊莎贝拉·马鲁)。

毫无疑问,许多电影观众认为这些电影形象不过是娱乐大众。然而,多年来,一些科学家对电影业呈现不准确的科学,并将科学家本身描绘成奇怪甚至险恶的形象这一现象提出了批评。克里斯·穆尼(Chris Mooney)和雪莉尔·克申鲍姆(Sheril Kirshenbaum)在他们2009年的《不科学的美国》(Unscientific America)一书中提到了这一观点:

> 区区数言,实不足尽表不满:书呆子科学家的刻板形象太多⋯⋯而积极的榜样太少。试图扮演上帝的疯狂的科学家实在太多⋯⋯还有太多简直荒谬的"科学"前提。[2]

批评者担心观众看完电影后,会带着一种对科学的扭曲印象离开影院,这会助长误解,损害公众对科学研究的支持,并削弱年轻人对科学专业的兴趣。此外,普遍令人担忧的是,好莱坞固守科学家是白人、异性恋、身体健全的男性这一刻板印象,从而阻止不符合这种刻板印象的人追求科学教育和从事科学事业。[3] 同时,一些科学家也认为,电影业对科学的迷恋是宣传重大发现和激发公众对新研究的热情的机会。

不管误导与否,好莱坞在描绘科学时,都使用了一系列技术来营造一种合理性和真实感。考虑到这一点,我们探讨了这些描绘如何影响观影公众的系列问题。好莱坞电影是否塑造了公众对太空探索和通过基因工程复活灭绝物种等努力的看法以及支持?电影对科学家形象的刻画是否会影响观众对真实科学家的看法,甚至可能会激励观众以他们为效仿的榜样?近期的电影是否强化了人们对科学家的刻板印象,或者提供了更具包容性的职业肖像,有助于促进理工类专业变得更多样化?

好莱坞电影中的科学准确性与科学合理性

科学家们自己评介电影时,通常专注于剖析电影制片人对事实理解的正误。例如,物理学家西德尼·珀科维茨(Sidney Perkowitz)于2007年出版的一书探讨了电影中的描写是否"有现实依据"以及"能否真实发生"。[4] 他授予《侏罗纪公园》"金鹰奖",以表彰其"向观众展示了现代遗传学的巨大可能性";他授予《后天》"特别奖",以表彰其对气候变化带来的真实风险提出警告。[5] 珀科维茨还为《地心抢险记》(The Core)颁发了一项"金火鸡奖",因其对科学的描绘令人大跌眼镜——电影荒谬地描述了科学家钻到地球的内核,以便他们可以用氢弹重新启动地球自转。

近年来,推特(Twitter)已成为特别受科学家们欢迎的电影评论平台。例如,一位古生物学家达伦·奈什(Darren Naish)在推特上发布了他对《侏罗纪世界》中的恐龙没有羽毛感到失望："#《侏罗纪世界》所传递的基本信息是'去你的，科学，我们不需要你发臭的羽毛！！这可是更改未来的1993年！！'#恐龙。"[6]更悲哀的是，摩根·杰克逊（Morgan Jackson）在推特上写道："亲爱的#《侏罗纪世界》，昆虫学家是真有其人的。我们其实挺好说话的。请问问我们为什么蚊子/=大蚊科。"[7]与此同时，《火星救援》得到了天体物理学家尼尔·德格拉斯·泰森的热烈支持，"@电影《火星救援》❶——从电影里你可以学习很多知识和生存技巧，这些科学素养可是能救命的！"他在推特上写道，"他们把关键的科学知识传达正确，同时通过虚构剩余的科学情节来增强故事效果。"[8]

然而，准确性很少成为好莱坞描绘科学的主要目标。相反，电影制作人更关心的往往是讲述迎合观众口味的看起来合理的故事。为此，他们努力创造一种看起来可信的科学"外观"和"声音"，以符合电影观众的期望，从而能够保持观众"愿意暂时放下疑心"的心理。[9]传播学者大卫·柯比（David Kirby）认为，这种感知的实在论（perceptual realism）才是理解观众对好莱坞科学的反应的关键，而不是事实的实在论（factual realism）。[10]例如，他们判断《侏罗纪世界》的合理性时，与其说是在判断霸王龙和迅猛龙的描绘是否反映了真实的科学，不如说是在判断电影特效、声音设计、对话、情节和其他电影元素构成的电影世界里的逼真的恐龙是否符合观众自己对恐龙形象的构想。

电影制作人使用各种技术来创造感觉真实的电影科学。在视觉方面，制作团队经常迎合（并且这样做可能会强化）文化刻板印象，他们给科学家角色穿上白大褂，给他们配备笔记本，在他们身边摆上写满方程式的黑板、装满液体的试管，或精心制作的电脑屏幕显示器。《侏罗纪世界》就是一个恰当的例子，电影展示了遗传学家亨利·吴（Henry Wu）穿着一件实验室外套（尽管是一件时髦的灰色外套内搭一件黑色高领毛衣），实验室里摆满了显微镜、屏幕和吸管。编剧为科学家们编写的对话，通篇都是听起来很高大上的科学术语，以再现科学语言。例如，来自《火星救援》的宇航员、植物学家马克·沃特尼就以"火星日"（"sols"）而不是"地球日"（days）来测量时间，并使用诸如"火星着陆器栖息地"（"the Hab"）、"火星降落飞行器"（"MDV"）和"车外活动服"（"EVA suits"）等术语。

柯比在2011年出版的《好莱坞的实验室外套：科学、科学家和电影》（*Lab Coats in Hollywood：Science，Scientists，and Cinema*）一书中提到电影制片人经常聘请科学顾问，以帮助提高电影的合理性。例如，天文学家乔什·科尔威尔（Josh Colwell）向《天地大冲撞》（*Deep Impact*）的制作人介绍了彗星"放气"的概念（他们最初认为他是在开玩笑，但最终将这一现象纳入电影情节），并建议用"泰坦导弹"代替"阿丽亚娜导弹"一词，因为演员摩根·弗里曼（Morgan Freeman）读不好后者的发音。[11]类似地，一位真正的数学家在传记电影《美丽心灵》（*A Beautiful Mind*, 2001）中担任演员罗素·克劳的"替身"，因此，

---

❶ "#"和"@"符号分别为话题标签符号与提及用户符号，是社交媒体的风向标。"/="符号是"≠"符号的变体，表示不等于。——译者注

让主角看起来正在"自然流畅地"编写方程式。[12]尽管如此，电影制作人有时会放弃顾问的建议，转而迎合大众对科学的误解。柯比采访的一位《肥佬教授》（*The Nutty Professor*，1996）中的科学顾问，还刻意创建了一个视觉逼真的生物学实验室，只是因为导演要求镜头里出现"红色和绿色的溶液冒泡和沸腾。"[13]

柯比的书出版以来，好莱坞聘请科学顾问的做法一直在继续。《火星救援》导演雷德·斯科特（Ridley Scott）就直接向美国宇航局寻求科学建议。美国宇航局行星科学部主任吉姆·格林（Jim Green）解释道，斯科特"想知道美国宇航局在开发人类栖息地方面做了什么，以及我们的飞行器是什么样子，这样他就可以根据我们真正在做的事情来制作电影的视觉效果，让观众感觉更投入。"[14]对此，格林邀请导演和电影的制作团队参观宇航局的实验室并分享了美国宇航局访问火星计划的模型。尽管有一些电影桥段不够真实，如火星稀薄的大气层中的沙尘暴足以将大型物体掀翻，但格林还是对这部电影的合理性给予了很高的评价。

《侏罗纪世界》的制作者则求助于古生物学家杰克·霍纳（Jack Horner），他为最初的几部《侏罗纪公园》提供科学咨询并为他们首部电影的主人公艾伦·格兰特博士（Dr. Alan Grant）的塑造带来灵感。[15]根据霍纳的说法，《侏罗纪世界》的制作人"想要恐龙尽可能接近真实模样。但是，它们一旦看起来真实，就会成为注重表演的演员，而且显然会做一些真正的动物不会做的事情——比如四处追逐人类，闯入建筑物只是为了吃人"。[16]在接受采访时，他承认电影的一些不准确之处，如从琥珀中的蚊子中获取恐龙DNA是不现实的，而且恐龙可能既不吼叫也不咆哮（相反，它们可能像鸟一样唱歌）。[17]然而，霍纳解释了电影中的恐龙没有羽毛（许多其他古生物学家都对此吹毛求疵）的谜团，那是因为《侏罗纪世界》的科学家对他们的恐龙进行了基因改造。

柯比的许多受访者都是好莱坞科幻电影的科学顾问，他们这样做不仅为了帮助好莱坞描绘可信的科学，而且也是为了强调具体的科学问题。例如，乔什·科尔威尔（Josh Colwell）将他的彗星撞击地球电影《天地大冲撞》视为有助于宣传"近地天体"给真实世界带来的风险，而气候学家迈克尔·莫利托（Michael Molitor）则将《后天》中的科学情景视为警告公众气候变化造成危险的一个机会。与此同时，地球物理学家J·马文·赫恩登（J.Marvin Herndon）"积极联系"《地心抢险记》的制作人，以宣传他自己的（被广泛拒绝的）理论——"地球内核的一个天然核反应堆终究会燃尽，人类将大难临头"。[18]

格林和哈蒙都对促进公众参与和塑造公众期望担忧不已，这激发格林参与了《火星救援》的拍摄工作，而哈蒙则参与了《侏罗纪公园》系列的拍摄工作。"因为我们是由公众资助的，"格林对一位记者解释道，"所以让他们看到我们在行星科学方面取得重大进展对我们来说很重要。"[19]哈蒙还表示，挑剔好莱坞电影的科学准确性完全找错了对象。"每部《侏罗纪公园》电影上映，"他争辩说，"都提高了公众对恐龙的认识……如果它是一部纪录片……就不会有那么多人喜欢它。"[20]

电影对观众的科学认知的影响

格林和哈蒙注意到了一些事情：电影制作人成功地创作出对科学的看似合理的描述时，这些描述便可以塑造观众对科学的印象。在某些情况下，观看不科学的科幻电影会导致观众的误解——就像《天地大冲撞》中漏洞百出的地质学一样。当迈克尔·巴内特（Michael Barnett）领导的一组研究人员将一所中学的学生分成两组并向其中一组展示这部电影时，该组学生对地球科学的理解相较之下变得更加扭曲。[21]他们没有以在八周的教学中学习的客观事实为依据，而往往倾向于引用《天地大冲撞》对地质学更异想天开的描述。这些年轻观众的表现证实了柯比对感知的实在论的重要性的看法，他们认为这部电影是合理的，因为电影主角——一位地球物理学教授，对他们来说似乎是可信的——尤其是他在影片开头正确描述地球结构之后。电影制作人通过将《天地大冲撞》的前提建立在可信的细节上，为错误的科学信息创造了立足点。

在另一些情况下，有缺陷但让人感觉逼真的电影描绘可以促进观众对主流科学的接受度。以票房大热的《后天》为例，它因对全球快速进入冰期的不准确描述而受到科学家的批评，但也因其对气候变化发出警告而受到赞扬。影片上映三周后，安东尼·莱瑟罗维茨（Anthony Leiserowitz）为了研究这部电影对公众认知的影响，对美国公众进行了一项调查。[22]受访者尤为相信新的冰河时代有可能会到来，这与《后天》的科学场景一致。与此同时，他们还在调查中表现出对全球变暖的更大担忧以及对由此带来的风险的更深认知，包括袭击大城市的越来越强烈的风暴和越来越凶猛的洪水。此外，更多的受访观众表示为了减缓全球变暖，他们未来将采取相应措施，包括改变他们的购买习惯、加入相关组织或向相关组织进行捐赠，以及与朋友、家人和政界人士讨论这个问题等。

我们自己在调查看电影和观众的科学认知之间的联系时，关注了最近电影中的两个主题：将宇航员送上火星（如《火星救援》）和复活已灭绝的物种（如《侏罗纪世界》）。其中第一个是美国宇航局的一个关键目标，为了21世纪30年代能将人类送上火星，他们制订了一份"三步走"计划。[23]美国宇航局网站宣称："火星是人类探索的下一个有形前沿，这是一个可以实现的目标。开发火星的确困难重重，但我们知道困难是可以克服的。我们正在按计划踏上征程，然后在那里着陆并生活。"[24]其他几个组织，其中包括企业家埃隆·马斯克（Elon Musk）的太空探索技术公司（Space X），已经公布了他们将人类送往红色星球的雄心壮志。[25]当然，尼尔·德格拉斯·泰森等专家怀疑人类是否真的会前往火星，主要是因为这一计划所涉及的巨额费用。[26]然而，除了资金问题，大多数专家都认为这样的任务至少在不久的将来是可行的。[27]

事实证明，通过基因科学使早已灭绝的物种复活的概念在科学界更具争议性。这个想法的拥护者包括《侏罗纪世界》顾问杰克·霍纳，他在2009年与詹姆斯·戈尔曼（James Gorman）合著《制造恐龙之道：为何恐龙不一定永远灭绝》（*How to Build a Dinosaur：Why*

Extinction Doesn't Have to Be Forever）中提出了一个真实的计划。[28] 同样，生物学家兼科学记者海伦·皮尔彻（Helen Pilcher）在她2017年的著作《王者归来：复活灭绝物种的新科学》（*Bring Back the King：The New Science of De-extinction*）中主张复活恐龙和其他物种。[29] 然而，任何再造霸王龙的努力都将面临目前无法克服的障碍：恐龙基因随着时间的推移自然衰减而不复存在（尽管《侏罗纪公园》里有从古代蚊子血液中提取可存活的基因样本的情节）。生物学家贝丝·夏皮罗（Beth Shapiro）在她的著作《克隆猛犸象之道》（*How to Clone a Woolly Mammoth*）中描述道：甚至再造曾经与人类共存的猛犸象也涉及艰巨的科学挑战。[30] 一些科学家还提出了关于灭绝动物复活的伦理问题，如首部《侏罗纪公园》中虚构的数学家伊恩·马尔科姆（Ian Malcolm）。[31] 然而，由哈佛遗传学家乔治·M.丘奇（George M. Church）领导的一个团队目前正在开展一个培育能适应寒冷气候的猛犸与大象的杂交种或"猛犸大象"的研究项目。[32]

为了解看电影如何影响公众对将宇航员送往火星和复活灭绝物种的看法，我们在2016年10月做了一项全国调查，向1000名美国居民提出了两组（共四个）问题。[33] 一组问题是询问受访者是否支持"美国派遣宇航员探索火星"和"科学家们复活诸如猛犸象等已经灭绝的物种"，足足77%的公众完全支持第一种努力，而只有39%的公众支持第二种；另一组问题是询问受访者他们认为"2050年之前"这两种情况发生的可能性有多大，高达82%的公众预测美国将在2050年之前将人类送上火星，而只有43%的公众预测科学家将复活诸如猛犸象等已灭绝的物种。这些看法与科学界的主流观点相吻合：大多数专家认为火星任务既可取又可行，而专家对复活灭绝物种的可行性和智慧则各执一词，争议较大。

我们想了解的另一种情况是看过电影的人和没看过电影的人对上述两个话题的看法是否不同？为此，我们在调查中加入了另一组问题，询问受访者是否看过以下四部科幻电影：《侏罗纪世界》（53%看过）、《火星救援》（39%看过）、《地心引力》（*Gravity*，42%看过）和《星际穿越》（28%看过）。看过其中任何一部电影的受访者往往也看过其他几部，因此我们创建了一个衡量每位受访者看过四部电影中的几部的综合标准，几乎一半的受访者（46%）至少看过其中两部电影，这反映了好莱坞科幻大片的广泛影响力。

受访者观看了四部电影中的几部既决定了对火星任务的支持度，也决定了对复活灭绝物种的支持度（图2-1）。看过一部及以下电影的受访者中，73%的人赞成将宇航员送往火星，29%的人赞成复活灭绝物种。相比之下，看过两部或以上电影的人对火星任务的支持率高出9个百分点（82%），对复活灭绝物种的支持率高出13个百分点（42%）。

我们在受访者对2050年会发生什么的预测中发现了类似的模式。在看过这四部中的一部及以下的受访者中，77%预计美国会将宇航员送往火星，37%的人预计科学家会复活灭绝的物种。看过其中两部或以上的受访者对火星任务和复活灭绝物种发生的可能性的预测较之前者高出11个百分点，分别是88%和48%。

即使将人口因素和其他媒体使用形式的影响纳入考虑，我们在这里发现的所有关系仍

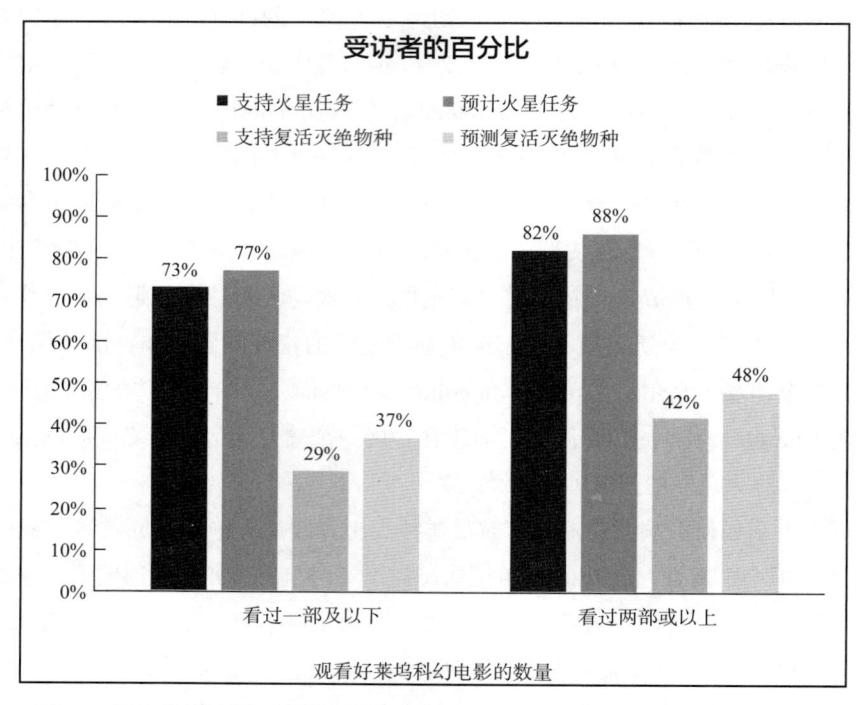

图2-1 通过观看电影产生的对科学努力的看法和预测（合作国会选举调查，2016年）

然具有统计学意义。那么，是什么形成了这些模式呢？考虑到《火星救援》《地心引力》和《星际穿越》传递的赞成太空探索的信息，观看科幻电影和支持将宇航员送往火星之间的联系是合理的。此外，这些电影中对载人太空任务的合理描述可能会促使观众认为前往火星的航行是可行的。

以此类推，《侏罗纪世界》里的科学通过貌似逼真的视觉和语言，可能已经在观众中培养了复活灭绝物种是可能的甚至很有可能的这样一种认知。乍一看，观看电影和支持复活灭绝物种之间的关系更令人惊讶，特别是考虑到《侏罗纪世界》讲述了这种做法的危险性和道德问题的警示故事之后。在某种程度上，这种模式可能反映了电影的另一个核心信息：复活灭绝的物种很酷。电影中的角色对混血恐龙一直充满敬畏和惊奇（直到混乱开始），而电影制作人显然希望观众以同样的方式作出反应。广义而言，四部电影都传达了这样一个信息，即科学探究可能是危险的，但也可能为惊人的新发现打开大门。

通过对太空旅行和恐龙做出合理的描绘，《火星救援》和《侏罗纪世界》的制作人说服了电影观众购买门票，暂时放下怀疑，并欣赏表演。在此过程中，电影制作人可能通过像科学顾问所期待的那样来改变观众对真实科学的看法。看过这种科幻电影的美国观众产生了与美国宇航局和杰克·霍纳同样的雄心壮志，极有可能支持火星任务和复活灭绝物种这两项科学上的努力，并期待它们都取得成功。

但是观众对科学家们本身的认知又如何呢？看看好莱坞在过去一个世纪中对科学职业的描绘就会发现，它们反映了（也许也塑造了）观众对科学家真实形象的期望。

好莱坞科学家：疯子、怪人还是英雄？

在早期的电影中，典型的科学家是扮演上帝的疯子（但绝对不是疯女人）。[34]《科学怪人》的弗兰肯斯坦博士是20世纪30年代典型的好莱坞科学家：他用电创造了一个怪物，它受人误解，还会在人类拒绝它时发狂。同样，《亡魂岛》里的莫罗博士（Dr. Moreau）进行了人兽杂交实验，创造出畸形人，但他自己终受其害；《隐形人》里的格里芬博士（Dr. Griffin）试图用他的隐形试剂来掌控世界；《疯狂之爱》（Mad Love，1935）里的果戈里博士（Dr. Gogol）将凶手的手移植到受伤的钢琴家身上；《隐身射线》（The Invisible Ray，1936）的鲁克博士（Dr. Ruhk）在受到来自外太空的镭的致命辐射后，进行了疯狂的杀戮。如此种种，不一而足。

尽管好莱坞对弗兰肯斯坦博士等人物的刻画被夸大了，但这些形象却反映了观众对科学可能改变他们的生活方式、威胁他们的价值观并造成新危险的焦虑。[35]电影学者大卫·斯卡尔（David Skal）在探讨这一问题时，特别提到一部疯狂科幻电影《化身博士》（Dr. Jekyll and Mr. Hyde），他认为那个时代的电影观众对科学持有"哲基尔和海德"❶的立场：普通人在文化和经济上依赖科学的贡献，但许多人也担心它的影响。[36]斯卡尔总结道："真正的科学家追求理性、客观的知识，而那些所谓疯狂的科学家，就像宫廷里的弄臣，有权更直白地说出他的动机，这可能导致人类各种唯利是图，尤其是对权力的贪恋。"[37]

随着时间的推移，疯狂科学家的角色已经耳熟能详，于是电影中开始出现仿作。例如，1964年黑色喜剧《人形蜈蚣》（The Human Centipede）中的主角是一位制造世界末日装置的德国核专家，其原型是美国宇航局火箭科学家沃纳·冯·布劳恩（Wernher von Braun）。与此同时，1974年恐怖喜剧《新科学怪人》（Young Frankenstein）中的弗雷德里克·法克斯坦博士（Dr. Frederick Frankenstein，发音为Fronk-in-STEEN，正如他反复强调的那样）是好莱坞疯狂科学家原型的孙子，他也像他的祖父一样曾经尝试抵抗禁忌科学的诱惑，但终究失败。音乐剧《洛基恐怖秀》（The Rocky Horror Picture Show，1975）中的弗兰克·N.弗特博士（Frank N. Furter）也深情模仿了在实验室里扮演上帝的疯狂科学家弗兰肯斯坦——但在这部剧里，他创造的不是科学怪人，而是一个"完美的人。"

然而，这个经典、原创的带有喻意的化身已经变得越来越稀有，罗西林·D.海恩斯（Rosylnn D. Haynes）不禁问道："'疯狂、邪恶的'科学家到底怎么了？"[38]她认为，这些角色的衰落反映了"不了解和恐惧科学的人越来越少，认为科学家是社会的专业人士的人则越来越多。"[39]她还指出公众对环境问题的关注日益增加，科学家可以在这些问题上提供可能的解决方案；女性科学家角色也越来越多，并且鲜有被描绘成"疯子"；以及好莱坞新反派崛起，扮演了可怕的"非常人/另类"的角色。[40]除了类似于2009年惊悚恐怖电影《人形蜈蚣》中的海特博士（Dr. Heiter）等邪恶科学家的回归外，恐怖分子、独裁者和企业

---

❶ "哲基尔和海德"为两位主角Jekyll和Hyde的名字的音译。——译者注

霸主成为新兴的（主流的）邪恶势力。

电影中那些试图接管世界或扮演上帝的疯狂科学家消失了，好莱坞为这一职业引入了其他几个原型。一类科学家原型是怪癖的书呆子或极客。[41]早期形象包括1961年的《飞天老爷车》（*The Absent-Minded Professor*）中的布雷纳德教授（Professor Brainard），他发明了一种他称为"飞天法宝"（"flubber"）的神奇物质，以及1964年的《肥佬教授》中的凯尔普教授（Professor Kelp），他发明了一种药剂，服用之后令他变成了一个迷人但卑鄙的浪荡子（好莱坞在20世纪90年代重拍了这两部电影）。最近的一个例子是《独立日》（*Independence Day*，1996）中神情狂野、衣冠不整的奥伦博士（Dr. Orun）。[42]不过，也许这种原型最著名的例子是布朗博士（Doc Brown），他是《回到未来》系列电影（*Back to the Future*，1985~1990）中的时光机器DeLorean汽车的发明者。布朗博士正如克里斯托弗·劳埃德（Christopher Lloyd）所描绘的那样，融"疯子"和"书呆子"于一体，身穿白色实验室外套，留着狂野白发，在说话的时候，不断提到"千兆瓦"和"通量电容器"这样的物理词汇，还高喊着"好家伙！"这些描述反映了公众心目中的科学家就是一种怪人，尽管远非人人心中有此刻板印象，但也被广泛认为如此。[43]

最近电影中的另一类科学家原型是政府、工业或其他强大势力的马前卒科学家。[44]例如，首部《侏罗纪公园》（1993）和以克隆为主题的动作片《第六天》（*The 6th Day*，2000）中的遗传学家，以及《大黄蜂》（*Bumblebee*，2018）里轻信的鲍威尔博士（Dr. Powell）。[45]在某些情况下，这些科学家在克隆和生物技术等新的、监管较弱的领域工作时，会成为其职业野心和贪婪的牺牲品。[46]《侏罗纪世界》里的吴博士就是一个典型例子：当主题公园的高管需要新的、更可怕的恐龙来吸引厌倦了传统恐龙的公众时，他创造了危险的杂交霸王龙。这种将科学家视为腐败领导人或公司的傀儡的原型，反映了公众对政府和大企业等机构的不断加深的冷嘲热讽。[47]

在过去的几十年里，英勇的科学家，一种不同于以往的好莱坞科学家原型变得越来越普遍。[48]20世纪90年代出现了一波勇敢的科学家，包括《侏罗纪公园》的古生物学家艾伦·格兰特（Alan Grant）、《超时空接触》的天文学家艾莉·阿罗韦（Ellie Arroway）和《天崩地裂》的火山学家哈里·道尔顿（Harry Dalton）。英勇的科学家的趋势在接下来的十年中继续上升，如来自《地心抢险记》的地球物理学家乔什·凯斯（Josh Keyes）和来自《后天》的古气候学家杰克·霍尔（Jack Hall）。此外，这一潮流还与《地心引力》的生物医学工程师瑞恩·斯通（Ryan Stone）、《星际穿越》的生物学家阿米莉亚·布兰德（Amelia Brand）和《狂暴巨兽》的灵长类动物学家戴维斯·奥科耶（Davis Okoye）等勇敢科学家形象一起延续到21世纪10年代。随着公众越来越倾向于将科学家视为为人类谋利益的人，这些角色也将他们的知识用于崇高的目的，例如从接触外星生命（《降临》）到拯救地球（《地心抢险记》）。[49]最重要的是，他们在动作电影里，通过从恐龙（《侏罗纪公园》）、熔岩（《天崩地裂》）或冷空气（《后天》）的灾难中营救儿童等行动来彰显他们的英勇无畏。

同时，由于这是好莱坞电影，他们也往往拥有电影明星般的俊美容貌。

《火星救援》中的马克·沃特尼是当代好莱坞电影中英雄科学家的缩影。他面对长达数月的危险重重和孤立无援时，凭着聪明才智、决心以及充满幽默感的冒险行为而屡屡化险为夷。一次，他说，"我的植物学能力强得连火星都怕。"又有一次，他开玩笑地告诉美国宇航局，"我说这个并不是想让人觉得我很傲慢什么的，但我还是要说，我是这个星球上最伟大的植物学家。"《火星救援》将执行任务的其他宇航员描绘成足智多谋，愿意为科学家的生命冒险的形象。同样，这部电影描绘了美国宇航局的科学家和工程师以及提供援助的中国国家航天局投身他们的工作和不惜一切保障执行任务的宇航员的安全。

《火星救援》中确实出现了书呆子原型的一些元素。例如，一个场景描绘了一群美国宇航局领导人在将秘密会议称为"埃尔隆德计划"（"Project Elrond"，引自《指环王》）时，体现了极客的幽默感。此外，美国宇航局的一位天体动力学家给人的印象是才华横溢的怪人，以至于他连自己机构的领导也认不出来。然而，电影里这些饱含感情的描绘塑造出的科学家的主要形象是绝对积极的。角色有时可能会彼此意见相左，或者做出让沃特尼处于危险之中的决定，就像美国宇航局局长最初反对展开救援一样，但他们这样做是出于理性，也有正当的理由。

随着电影中英雄科学家的崛起，一些观察者甚至担心好莱坞会陷入"科学崇拜"。例如，《史密森学会》（Smithsonian）的编辑雷切尔·格罗斯（Rachel Gross）认为，究其根本，《火星救援》将科学描述为"魔法"，将科学家描述为"巫师"。"例如，电影中营救沃特尼的计划失败时的关键场景，"她写道，"但是，你看！瑞奇·珀内尔……一位衣冠不整的美国宇航局天体物理学家，迅速提出了另一个计划——一个涉及弹弓机动和一些复杂方程式的计划。这部电影没有解释珀内尔是如何得出这个结论的，也没有解释为什么有人应该相信他。他不过刚喝了一瓶咖啡，突然就灵光一现。"[50]格罗斯还警告说，将"科学描绘成魔法……会鼓励人们盲目相信科学家是宇宙的主人"。她的批评呼应了科技研究领域的一个更广泛的主题：我们的社会倾向于将科学视为由个人才华的闪光而照亮的通向真理之路，而非一个漫长的、渐进的和协作的过程。[51]

正如电影业对太空任务和复活灭绝物种的看似合理的描绘可以影响公众的看法一样，它对科学家的描绘也可能如此。从导演和编剧到科学顾问再到演员，参与制作《火星救援》等电影的每个人都在努力创造可信的角色。他们通过将科学家描绘成英雄或怪人，有助于强化观众心目中的这些受欢迎的原型。

观看电影与科学家认知

为了探索观影者和非观影者在看待科学家的方式上是否存在差异，我们在2016年10月对美国公众的调查中加入了两个问题。第一个是询问受访者在多大程度上同意或不同意

"科学家是为人类利益而工作的奉献者",第二个是询问受访者在多大程度上同意或不同意"科学家往往是怪人"。实际上,我们衡量了公众是否将现实世界的科学家视为《火星救援》中的马克·沃特尼、《回到未来》中的布朗博士,或两者兼而有之。

巧合的是,观看好莱坞科幻电影与认为科学家是奉献者的观点是密切相关的,但与认为科学家是怪人的观点没有关联。在看过我们问卷中的四部电影(《火星救援》《侏罗纪世界》《地心引力》和《星际穿越》)中一部及以下的受访者中,21%强烈赞同科学家是为人类利益奉献的人(图2-2)。相比之下,看过两部或以上的人中有31%强烈赞同这一说法。这10个百分点的差异,即使在控制了人口因素和其他形式的媒体使用后,也对最终的统计结果具有重大意义。此外,它符合好莱坞电影最近将科学家描绘成英雄而非恶人的趋势。

受访者同意科学家是为善而工作的奉献者的比例

	极不同意	不同意	同意	极为同意
看过一部及以下	2%	9%	68%	21%
看过两部或以上	1%	7%	61%	31%

观看好莱坞科幻电影的数量

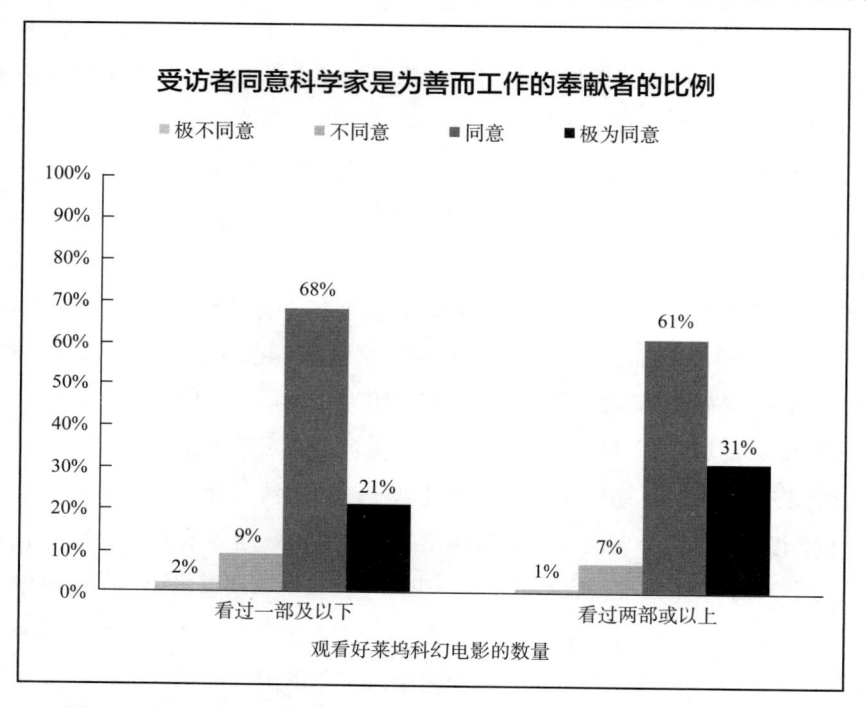

图2-2 通过观看电影而对科学家产生正面认知(合作国会选举调查,2016年)

与此同时,观影者和非观影者对科学家是否是怪异的看法几乎相同(图2-3)。在看过这四部电影中一部及以下的受访者中,6%的人强烈赞同这一说法,42%的人比较同意这一说法。在看过两部或以上的人中,这一数字分别为9%和37%。观影者和非观影者之间的差异在考虑其他因素的作用后,对统计学结果影响不大。观看当代好莱坞电影似乎并没有加强人们对科学家是怪人或反社会者这一认知,更不用说认为科学家是疯子或恶人这一看法了。

从这个角度来看,人们对电影业将科学家描绘成"刻板的书呆子太多"和"正面榜样太少"的抱怨倒是减少了。[52]最近的电影即使描绘科学家,也将他们塑造成值得效仿的令人钦佩的榜样——甚至超人形象。然而,好莱坞对未来科学家的激励性引发了另一个担忧:电影业是否让每个人都有同样的机会成为大银幕上的科学家。

```
受访者同意科学家往往是怪人的比例
```

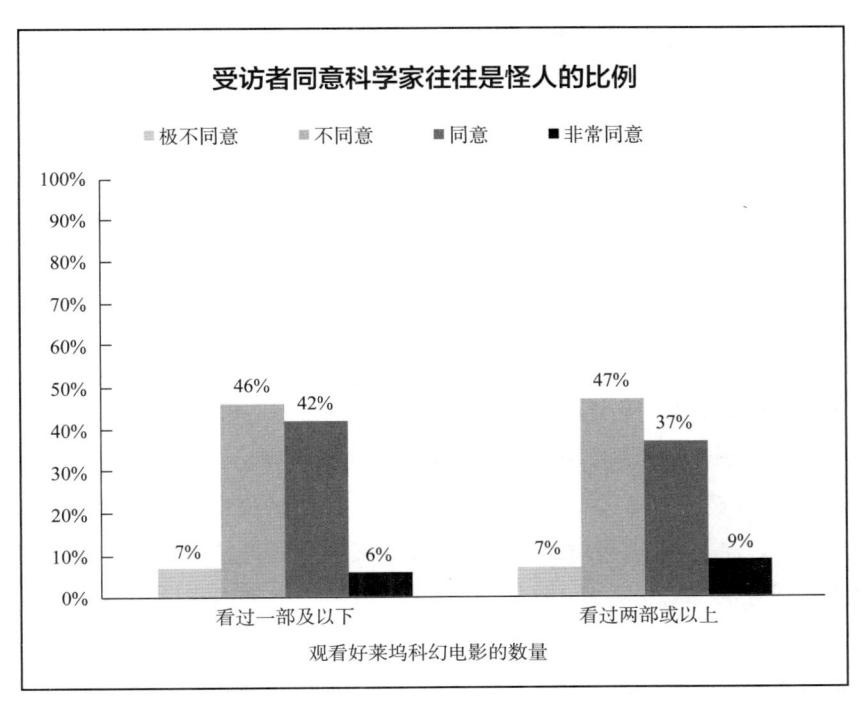

图2-3 通过看电影而产生科学家是怪人的认知（合作国会选举调查，2016年）

好莱坞科学的人口统计学

继塑造疯子、怪人科学家之后，好莱坞又不断地将他们塑造成英雄，同时，还通过塑造刻板印象的方式来传达谁可以或谁不可以成为科学领域工作者的信号。首先，好莱坞历来将科学家描绘成男性。就此，彼得·温加特（Peter Weingart）和他的同事在观察了从20世纪30年代到20世纪末的222部电影中的科学家角色后，发现只有五分之一是女性——这种模式反映了真实的科学界中的性别差距，也反映了观众的期望。[53]伊娃·弗利克（Eva Flicker）分析了1929~2003年的60部电影后，发现这些女性角色的形象塑造采用了一套与男性科学家不同的原型。电影中的女科学家往往不是疯子、书呆子或英雄，而是将献身科学视为高于一切的"老处女"，具有刻板男性特征的"假小子"，才华横溢但总是麻烦不断的"天真的专家"，利用女人心计达到罪恶目的的"邪恶的密谋者"，或男性科学家的"助手"（通常也是他们的女儿）。[54]

但1997年却出现了一个显著的（如果是受到限制的）例外，她就是《超时空接触》的天文学家主角艾莉·阿罗韦，这值得引起关注。[55]弗利克观察到，这部电影将她的角色描绘成非常能干的人，但同时被抢她风头的男同事、挑战她的结论的男性政治家，以及她赖以开展工作的男性资助者所打压。[56]同样，乔斯林·斯坦克（Jocelyn Steinke）称阿罗韦为"一个聪明、能干、敬业、忠诚、坚持、热情和成功的科学家，当之无愧的女性科学家楷模",同时指出角色在电影中面临的职场性别歧视等负面经历,让观众明白了"导致这么多女性离开科学的挫折和失望。"[57]

自1997年《超时空接触》上映以来,好莱坞科学领域的性别鸿沟虽然已经缩小,但仍然巨大,这与科学界的现实情况如出一辙。[58]斯坦克和保罗·玛丽亚·帕尼亚瓜·塔瓦雷斯(Paolo Maria Paniagua Tavarez)分析了2002~2014年制作的42部电影中的科学家,发现其中2/3是男性,1/3是女性,[59]且后者尤其可能是生物学家——这也许并不奇怪,因为现实中生物学上的性别差距比物理和工程学等领域要小。[60]这些电影绝大多数倾向于将女科学家塑造成专业人士,而不是书呆子、孤独的反社会分子或邪恶的疯子。[61]与此同时,这些女性角色中绝大多数都很吸引人,其中近三分之一都被塑造得很性感。

过去几年中,好莱坞电影反映了女性科学家角色日益突出,但也反映了好莱坞科学中旷日持久的性别鸿沟。例如,《侏罗纪世界》中唯一杰出的科学家——遗传学家亨利·吴——是一位男性。同样,《火星救援》中的主角也是一位男性植物学家。片中确实有任务指挥官和执行任务的宇航员等几位女性科学家,但影片中美国宇航局管理者排名前三的都是男性,喷气推进实验室主任和执行任务的其他三名宇航员,以及计算拯救沃特尼的飞行轨迹的天体动力学家清一色都是男性。目前,如《加勒比海盗:死无对证》(Pirates of the Caribbean: Dead Men Tell No Tales,2017)中的冒险天文学家和《神奇女侠》(Wonder Woman)中的邪恶化学家等女性科学家的人数仍不如电影中的男性同行,相似的还有《末日崩塌》(San Andreas,2015)中乐于助人的地震学家、《金刚狼3:殊死一战》(Logan,2017)中邪恶的遗传学家,甚至是《神奇动物在哪里》(Fantastic Beasts and Where to Find Them,2016)中英勇的"神奇动物学家"。2017年的大片《勇敢者游戏:决战丛林》(Jumanji: Welcome to the Jungle)使用了独特的桥段来表现这种固有的性别鸿沟模式:当四个十几岁的主角发现自己被困在电子游戏化身的身体里时,两名年轻男主角分别成为成年男性考古学家和动物学家,而两名年轻女主角中,一名以成年男性制图师兼古生物学家的角色进行游戏,另一名则成为一位没有明显的科学技能的穿着露脐装的武功高手。

除了将科学家定型为男性外,好莱坞还倾向于用白人套上实验室外套。正如阿迪利夫·纳马(Adilifu Nama)所写的那样,"美国科幻电影一贯用惊人的方式描述着未来、另类世界、造型优美的火箭飞船、半机械人、致命的激光枪、时间机器和穿越太空的虫洞等,但是,直到相当近期才开始出现黑人形象。"[62]事实上,温加特研究20世纪的电影发现,其中96%的科学家都是白人。[63] 20世纪早期和中期,从灾难史诗片《当世界毁灭时》到严肃且广受好评的《2001太空漫游》(2001: A Space Odyssey),都未曾对黑人科学家做过任何描述。[64]好莱坞电影中通常也没有拉丁裔或亚裔科学家,罕有的一次是1962年詹姆斯·邦德电影《诺博士》(Dr. No)中的德籍华裔疯狂科学家。诺博士是由白人扮演的"亚洲面孔",这经常令角色陷入险恶的"异类"的刻板印象。[65]实际上,电影业复制了这个时代现实生活中有色人种追求科学事业的机会差异。[66]

随着公众态度的转变和现实世界的科学变得更加多样化，好莱坞开始在其科幻电影中加入更多有色人种的角色。然而，这些角色通常仅限于配角。例如，《捉鬼敢死队》（1984）中的温斯顿·泽德莫尔（Winston Zeddemore）可能是讨人喜欢的英雄，但他也是主角队中唯一的黑人成员，是最后一个加入的成员，也是唯一一个没有科学背景的成员。同样，《终结者2：审判日》（*Terminator 2：Judgment Day*, 1991）中的黑人控制论专家也是配角，最终以"献祭羔羊"为结局，以推进白人主角的故事。

2016年，《捉鬼敢死队》剧集重启，以全女队取代了全男队的原班人马，但同样将一位黑人队员描绘成捉鬼敢死队中唯一的非科学家。然而，最近的其他电影在对科学家的描绘中包含了更大的种族和民族多样性。例如，迪士尼动画电影《超能陆战队》（*Big Hero 6*, 2014）中的主角包括一位拥有日欧血统的精通机器人技术的小神童、一位黑人激光专家、一位拉丁裔的化学家和一位韩国血统的电磁专家。同样，《侏罗纪世界》的首席科学家是美籍亚裔亨利·吴。与此同时，《火星救援》凸显了更大包容性的趋势和在代表性方面的遗留问题。一方面，这部电影（虽有白人主角和许多其他白人科学家）以黑人、拉丁裔和美籍亚裔科学家为主要角色；另一方面，美籍亚裔媒体行动网络等观察家批评电影制片人没有启用南亚血统的演员饰演文森特·卡普尔（Vincent Kapoor，电影中美国宇航局火星任务主任，由黑人演员扮演）或用韩裔演员饰演明迪·帕克（Mindy Park，电影中的卫星专家，由白人演员扮演）。[67]

电影业在描绘科学家时，历来将女性和有色人种排除在外，而将科学家描绘成有色人种女性的记录则尤为有限。鉴于有色人种女性长期以来在现实世界的科学中面临着来自性别歧视和种族主义交叉力量的"双重束缚"，这真是艺术模仿现实的不幸案例。[68]然而，最近的两部电影与好莱坞忽视有色人种女性科学家的模式背道而驰。一部是《隐藏人物》，描绘了20世纪60年代为美国宇航局工作的三位黑人女性的真实案例：凯瑟琳·约翰逊（Katherine Johnson）、多萝西·沃恩（Dorothy Vaughan）和玛丽·杰克逊（Mary Jackson）。另一部是2018年票房大片《黑豹》，影片虚构了一个非洲国家瓦坎达，拥有优于世界上任何其他国家的技术，片中主角的妹妹舒里（Shuri）是国家首席发明家。

除了性别和种族/民族之外，好莱坞科学在其他方面也缺乏包容性。举例来说，流行电影中性少数群体科学家的匮乏反映了（并且可能强化了）现实世界的科学中一种历来的隐形模式。[69]从20世纪30~60年代，电影业的自我审查规则（称为电影制作法则）禁止对性少数群体进行任何公开的描述，除非是逾越社会规范的恶棍。一些电影学者认为，《科学怪人的新娘》的导演詹姆斯·惠尔（James Whale）设法通过塑造言行举止有同性恋倾向的比勒陀利乌斯博士（Dr. Pretorious），在影片中偷偷混入一位同性恋科学家（尽管他是个疯子）以通过了他那个时代的审查。[70]然而，还要再过四十年，才能看到言行举止更有同性恋倾向的弗兰克·N.弗特博士（Dr. Frank N. Furter）可以公开吹嘘，"我一直在创造一个金发和棕褐色皮肤的男人，他很适合缓解我的紧张情绪。"就在2016年，好莱坞百佳电影中只有1%角色是性少数群体。与此一致，以性少数群体为主角的科幻电影也只有寥寥几部，《异形：契约》（*Alien：Covenant*，2017）中的同性恋情侣的故事情节和感情关系也只是一笔带过。一个例外是传记片《模仿游戏》（*The Imitation Game*，2011），该片描绘了艾伦·图灵（Alan Turing）在计算机科学领域的基础性研究工作及其在英国政府的反性少数群体政策下遭受的骇人听闻的迫害——包括化学阉割。这部电影的票房收入大获成功，并获得了八项奥斯卡奖提名，包括一项最佳影片奖提名。

好莱坞在描绘残疾科学家方面的记录同样黯然失色。在大多数情况下，电影业将肢体残疾的角色仅限于疯狂的科学家，例如，前面提到的诺博士（装有假肢）和斯特兰奇洛夫博士（Dr. Strangelove，使用轮椅），相似的例子还有《飙风战警》（*Wild Wild West*，1999）中的洛夫莱斯博士（Dr. Loveless），也是一位使用轮椅的邪恶科学家。此外，疯狂科学家的形象本身有助于强化人们对患有精神疾病的人是危险的这一刻板印象。[71]即使是获得奥斯卡最佳影片奖的《美丽心灵》（*A Beautiful Mind*，2001），也在对患有精神分裂症的数学家约翰·纳什（John Nash）富有同情心但戏剧化的描绘中延续了关于心理健康的流言和刻板印象。[72]可以肯定的是，最近的一些电影以残疾科学家为配角，扮演富有同情心的反派或主角的助手。例如，《超凡蜘蛛侠》（*The Amazing Spider-Man*，2012）的康纳斯博士（Dr. Connors）是一位满怀善意的肢体残疾的科学家，却在不经意间将自己变成了蜥蜴人，而《环太平洋》中的戈特利布博士（Dr. Gottleib）是一位拄拐杖的数学家，帮助制订与巨型怪兽开菊兽（Kaiju）作战的计划。尽管如此，残疾人（占美国人口的近20%）在科学家和其他电影角色中的代表性仍然不足——恰如他们在实际科学职业中的代表性不足。[73]

好莱坞科学排除女性、有色人种、性少数群体和残疾人的历史，在某种程度上可能反映了这些群体成员在现实世界的科学中面临的障碍。然而，好莱坞科学的人口统计数据也可能反映了电影业本身的人口统计数据。斯泰西·史密斯（Stacy Smith）和她的同事进行了一项对900部近期电影的研究，发现其中只有6%有黑人导演，5%有女性导演，3%有亚裔或美籍亚裔导演（该研究没有涉及有多少导演是西班牙裔、性少数群体或残疾人士）。[74]至于双重束缚，900部电影中，黑人女性总共执导了3部，而亚裔或美籍亚裔女性则执导了2部。女导演帕蒂·詹金斯（Patty Jenkins）掌镜《神奇女侠》，电影呈现了一位罕见的邪恶的女性科学家。黑人电影制片人瑞恩·库格勒（Ryan Coogler）执导了《黑豹》，其中包括一位黑人女性担任了科技大咖的重要角色。这两部电影表明，更多样化的电影制片人可以带来更多样化的科学家角色。

这一切都很重要，因为女性、有色人种、性少数群体和残疾科学家在电影中的出现率可能会对观众如何看待现实世界的科学产生影响。如果观看科幻电影与对科学家的看法息息相关，那么观看此类电影也可能首先影响人们认为谁是潜在科学家的观点。儿童甚至在进入青春期之前，就开始建立关于社会运作方式的心理模型。[75]大多数年轻人和成年人几乎没有与科学家进行过直接互动；因此，好莱坞电影中的媒体形象会成为他们头脑中的尤为突出的科学形象。[76]当好莱坞将其大多数科学家角色描绘成白人、身体健全的异性恋男性时——就像纵观电影业历史所看到的那样,观众可能会得出结论,现实世界的科学对于那些不符合这种描述的人来说几乎没有参与的机会。另外,如果电影在对科学家的描述中变得更多元化,那么电影观众可能会对真实的科学产生更具包容性的看法。

这一愿景可能比当今的现实更加美好,但它也有助于激发变革。最近的研究指出,电影形象在影响公众对科学家的认知方面很重要。例如,乔斯林·斯坦克和她的同事发现,应她们要求绘制科学家形象的中学生经常从电影中获取绘画的灵感。[77]莫里亚·奥基夫(Moria O'Keeffe)采访的理工类专业人士也描述了在电影中是否看到过像他们一样的科学家形象影响了他们对该领域的印象。一位美洲原住民工程师告诉她,"电影里面的任何美洲原住民的形象都对我会有所启发,并且影片中所展现的当代生活中从事科学工作的原住民的形象往往令人惊叹。"[78]同样,一位黑人工程师提到她对2008年的电影《微光城市》(*City of Ember*)将所有"世界上最聪明的人"描绘成年长的白人科学家感到失望。[79]

莫莉·西米斯(Molly Simis)和她同事的研究表明,好莱坞可以不用付出令电影观众产生怀疑或减少购票意愿的代价就可以呈现更加多样化的科学形象。票房数据显示,一般而言,女性电影角色的更多代表性并不会降低整体票房回报,并且可能还会提高电影在美国的成功率。[80]女性科学家的出演也不会削弱观众对科学合理性的接受度,甚至远非如此:当西米斯和她的团队分析网上关于2011年以女性担任关键科学家角色的电影《雷神》和另一部2011年以男性担任类似角色的电影《猩球崛起》(*Rise of the Planet of the Apes*)的讨论时发现,观众认为二者中女科学家更为可信。[81]《隐藏人物》和《黑豹》的票房表明,当代观众也对黑人女性科学家持开放态度。对于性少数群体科学家和残疾科学家来说可能也是如此,特别是如果好莱坞电影要将他们更多地纳入角色的话。我们2018年的民意调查发现,大多数美国人在所有这些方面都支持科学的更大包容性,而电影中对科学的多样化表现形式则可以巩固这种支持。[82]

从大银幕到小屏幕

尽管科学界的一些人将好莱坞电影视为一种错误和反面的描写,但我们对科幻电影的看法呈现了更复杂的情况。电影制作人通过对真实的科学和科学家感知的实在论的描写,或可以加深误解并强化刻板印象,或可以提升和拓宽这一专业形象。一方面,诸如《侏罗纪世界》之类的电影所呈现的科学在银幕上看起来令人信服,但在科学界充其量也就是引起争议;另一方面,《火星救援》表明,电影制片人和科学顾问可以合作制作不仅看起来合理还很真实的电影。此外,此类电影可能有助于促进公众对诸如将宇航员送往火星等努力的支持。至于经典的疯狂科学家和书呆子,他们越来越多地被英雄科学家取代。白人、异性恋、身体健全的男性科学家的刻板印象肯定会在银幕上持续存在,但最近的几部电影为好莱坞科学的多样性提供了模型。

当然，电影并不是向公众展示科学和科学家形象的唯一媒介，甚至不是21世纪此类形象的最重要的供应商。早在几十年前，电视就取代电影成为流行娱乐的主要形式。因此，有必要研究电视对科学和科学家的描绘是否追随了电影中的趋势。我们还应该考虑娱乐电视是否影响了（如果是，又是如何影响）公众对这些主题的看法。

注释

[1] 有关票房收益和奖项提名的信息来自互联网电影数据库。

[2] Mooney, Chris, and Sheril Kirshenbaum, *Unscientific America: How scientific illiteracy threatens our future*, Basic Books, 2009, 82.

[3] Jacobs, Tom, "The pervasive stereotype of the male scientist," *Pacific Standard*, Mar. 20, 2018; Neill, Ushma S., "Hollywood's portrayals of science and scientists are ridiculous," *Scientific American*, Jan. 15, 2019.

[4] Perkowitz, Sidney, *Hollywood science: Movies, science, and the end of the world*, Columbia University Press, 2007, 16.

[5] Perkowitz, *Hollywood science*, 204.

[6] Darren Naish, Nov.25, 2014.

[7] Morgan Jackson, Nov. 25, 2014.

[8] Neil deGrasse Tyson, Oct. 2, 2015.

[9] Kirby, David A., *Lab coats in Hollywood: Science, scientists, and cinema*, MIT Press, 2011, 9; see also Grazier, Kevin R., and Stephen Cass., *Hollyweird science: From quantum quirks to the multiverse, Springer*, 2015.

[10] Kirby, *Lab coats*, 33.

[11] 同[10]:76。

[12] 同[10]: 69。

[13] 同[10]: 90。

[14] McCarthy, Erin, "How NASA and Ridley Scott collaborated to make The Martian," *Mental Floss*, Oct. 2, 2015.

[15] Kutner, Max, "The scientist behind Jurassic World, Jack Horner, breaks down the movie's thrilling trailer," *Smithsonian Magazine*, Dec. 2, 2014.

[16] Geggel, Laura, "Awesome dinos, iffy science inhabit Jurassic World," *Scientific American*, June 18, 2015.

[17] Brown, Simon Leo,"Jurassic World dinosaur expert Jack Horner details where movies got the

science wrong,"ABC Radio Melbourne,Mar.21,2016; Kutner,"The scientist behind *Jurassic World*."

[18] Kirby, *Lab coats*, 134, 150.

[19] McCarthy,"How NASA."

[20] Casey, Michael, "Paleontologists give Jurassic World science thumbs down," CBS News, June 15, 2015.

[21] Barnett, Michael, Heather Wagner, Anne Gatling, Janice Anderson, Meredith Houle, and Alan Kafka, "The impact of science fiction film on student understanding of science," *Journal of Science Education and Technology* 15, no. 2 (2006): 179–191.

[22] Leiserowitz, Anthony A.,"Before and after The Day After Tomorrow: A U.S. study of climate change risk perception," *Environment: Science and Policy for Sustainable Development* 46, no. 9 (2004): 22–39.

[23] "Journey to Mars overview," NASA, June 30, 2018.

[24] "Journey to Mars," NASA.

[25] "Mars & beyond: The road to making humanity interplanetary," SpaceX, October 10, 2020.

[26] Bryce, Emma, "Neil deGrasse Tyson on alien life, Nasa's future and why he doubts humans will ever walk on Mars," *Wired*, Apr. 26, 2017.

[27] Aschwanden, Christie, "All we really need to get to Mars is a boatload of cash," *Five Thirty Eight*, Feb. 27, 2014; Kramer, Miriam, "Manned mission to Mars by 2030s is really possible, experts say," CBS News, Jan. 14, 2014.

[28] Horner, John R., and James Gorman, *How to build a dinosaur: Extinction doesn't have to be forever*, Penguin, 2009.

[29] Pilcher, Helen, *Bring back the king: The new science of de-extinction*, Bloomsbury Publishing, 2016.

[30] Shapiro, Beth, *How to clone a mammoth: the science of de-extinction*, Princeton University Press, 2020.

[31] Shultz, David, "Should we bring extinct species back from the dead?" *Science*, Sept. 26, 2016.

[32] "Woolly mammoth revival," Revive & Restore, Oct. 10, 2020.

[33] 详见附录。

[34] Weingart, Peter, Claudia Muhl, and Petra Pansegrau,"Of power maniacs and unethical geniuses: Science and scientists in fiction film," *Public Understanding of Science* 12, no. 3 (2003): 279–287.

[35] Miller, Jon D.,"Public understanding of, and attitudes toward, scientific research: What we

know and what we need to know," *Public Understanding of Science* 13, no. 3 (2004): 273–294; Nisbet, Matthew C., Dietram A. Scheufele, James Shanahan, Patricia Moy, Dominique Brossard, and Bruce V. Lewenstein,"Knowledge, reservations, or promise? A media effects model for public perceptions of science and technology," *Communication Research* 29, no. 5 (2002): 584–608.

[36] Skal, David J., *Screams of reason: Mad science and modern culture*, WW Norton & Company, 1998: 25–26.

[37] Skal, *Screams of reason*, 315–316.

[38] Haynes, Roslynn D.,"Whatever happened to the 'mad, bad' scientist? Overturning the stereotype," *Public Understanding of Science* 25, no. 1 (2016): 31–44.

[39] Haynes,"Whatever happened," 35.

[40] 同[39]: 41–42.

[41] Grazier and Cass, *Hollyweird science*; Kirby, David A., "The changing popular images of science," in *The Oxford handbook of the science of science communication*, ed. Kathleen Hall Jamieson, Dan Kahan, and Dietram A. Scheufele, Oxford University Press, 2017: 291–300; Nisbet, Matthew C., and Anthony Dudo, "Entertainment media portrayals and their effects on the public understanding of science," in *Hollywood chemistry: When science met entertainment*, ed. Donna J. Nelson, Kevin R. Grazier, Jaime Paglia, and Sidney Perkowitz, American Chemical Society, 2013: 241–249.

[42] Perkowitz, *Hollywood science*.

[43] 参阅第1章。

[44] Kirby, "The changing popular images"; Nisbet and Dudo, "Entertainment media portrayals."

[45] Nisbet and Dudo,"Entertainment media portrayals."

[46] Kirby,"The changing popular images."

[47] Funk, Cary, and Brian Kennedy, "Public confidence in scientists has remained stable for decades," Pew Research Center, Mar. 22, 2019.

[48] Grazier and Cass, Hollyweird science; Haynes,"Whatever happened," Kirby,"The changing popular images"; Nisbet and Dudo,"Entertainment media portrayals"; Perkowitz, *Hollywood science*;Weingart et al.,"Of power maniacs."

[49] 参阅第1章。

[50] Gross, Rachel E.,"The Martian and the cult of science," *Slate*, Oct. 1, 2015.

[51] Latour, Bruno, *The pasteurization of France*, Harvard University Press, 1993.

[52] Mooney and Kirshenbaum, *Unscientific America*, 82.

[53] Weingart et al.,"Of power maniacs."

[54] Flicker, Eva, "Between brains and breasts—Women scientists in fiction film: On the marginalization and sexualization of scientific competence," *Public Understanding of Science* 12, no. 3 (2003): 307–318.

[55] Steinke, Jocelyn, "Women scientist role models on screen: A case study of Contact," *Science Communication* 21, no. 2 (1999): 111–136.

[56] Flicker, Eva, "Between brains and breasts."

[57] Steinke, "Women scientist role models," 133.

[58] 有关现实世界的性别差距的更多信息，请参阅第1章。

[59] Steinke, Jocelyn, and Paola Maria Paniagua Tavarez, "Cultural representations of gender and STEM: Portrayals of female STEM characters in popular films 2002–2014," *International Journal of Gender, Science and Technology* 9, no. 3 (2018): 244–277.

[60] National Science Board, "The state of U.S. science and engineering 2020," National Science Foundation/National Science Board, 2020; Steinke and Taverez, "Cultural representations of gender and STEM."

[61] Steinke and Taverez, "Cultural representations of gender and STEM." However, low-budget horror "B-movies" sometimes do depict women as mad scientists: see Jackson, J. Kasi, "Doomsday ecology and empathy for nature: Women scientists in 'B' horror movies," *Science Communication* 33, no. 4 (2011): 533–555.

[62] Nama, Adilifu, *Black space: Imagining race in science fiction film*, University of Texas Press, 2010, 10.

[63] Weingart et al., "Of power maniacs."

[64] Nama, *Black space*.

[65] Pua, Phoebe, and Mie Hiramoto, "Mediatization of East Asia in James Bond films," *Discourse, Context & Media* 23 (2018): 6–15.

[66] 有关现实世界差异的更多信息，请参阅第1章。

[67] Luhar, Monica, "*The Martian* faces accusations of 'whitewashing,'" NBC News, Oct. 12, 2015.

[68] Ong, Maria, Carol Wright, Lorelle Espinosa, and Gary Orfield, "Inside the double bind: A synthesis of empirical research on undergraduate and graduate women of color in science, technology, engineering, and mathematics," *Harvard Educational Review* 81, no. 2 (2011): 172–209.

[69] 有关后一种模式的更多信息，请参阅第1章。

[70] Skal, Screams of reason.

[71] Harbour, Wendy, "The Big Bang Theory: Mad geniuses and the freak show of higher

education," *Review of Disability Studies: An International Journal* 11, no. 2 (2015).

[72] David, Anthony, "*A Beautiful Mind*," *British Medical Journal* 324, no. 7335 (2002): 491–492; Evans, Dominick, "Film critique: *Girl Interrupted and A Beautiful Mind* depicting mental illness to society through film," *The Crip Crusader*, Feb. 6, 2015.

[73] Smith, Stacy L., Marc Choueiti, and Katherine Pieper, "Inequality in 1,300 popular films: Examining portrayals of gender, race/ethnicity, LGBTQ & disability from 2007 to 2019," Annenberg Inclusion Initiative, September 2020; "Women, minorities, and persons with disabilities in science and engineering," National Science Founda- tion/National Science Board.

[74] Smith, Stacy L., Marc Choueiti, and Katherine Pieper, "Inclusion in the director's chair: Gender, race, and age of directors across 1,200 top films from 2007 to 2018," Annenberg Inclusion Initiative, Jan. 2018.

[75] Steinke, Jocelyn, "Cultural representations of gender and science: Portrayals of female scientists and engineers in popular films," *Science Communication* 27, no. 1 (2005): 27–63.

[76] Simis, Molly J., Sara K. Yeo, Kathleen M. Rose, Dominique Brossard, Dietram A. Scheufele, Michael A. Xenos, and Barbara Kline Pope, "New media audiences' perceptions of male and female scientists in two sci-fi movies," *Bulletin of Science*, Technology& Society 35, no. 3–4 (2015): 93–103; Steinke and Taverez, "Cultural representations of gender and STEM."

[77] Steinke, Jocelyn, Maria Knight Lapinski, Nikki Crocker, Aletta Zietsman-Thomas, Yaschica Williams, Stephanie Higdon Evergreen, and Sarvani Kuchibhotla, "Assessing media influences on middle school–aged children's perceptions of women in science using the Draw-A-Scientist Test (DAST)," *Science Communication* 29, no. 1 (2007): 35–64.

[78] O'Keeffe, Moira, "Lieutenant Uhura and the drench hypothesis: Diversity and the representation of STEM careers," *International Journal of Gender, Science and Technology* 5, no. 1 (2013): 4–24.

[79] O'Keeffe, "Lieutenant Uhura," 12.

[80] Simis et al., "New media audiences' perceptions."

[81] 同[80]。

[82] 参阅第1章。

第3章
黄金时段的科学

> 谢尔顿·库铂：我即将接受我科学生涯中最大的挑战之一：教佩妮学物理。
>
> ——《生活大爆炸》（2009年第3季第10集：大猩猩实验）

> 佩妮：你做你的小实验，我做我的。
>
> ——《生活大爆炸》（2007年第1季第8集：蚱蜢实验）

2007年秋天，美国哥伦比亚广播公司（CBS）电视网推出了一部以天体物理学中最重要的概念之一命名的新情景喜剧——《生活大爆炸》，这部情景剧最初围绕5个主要角色展开，5位主角整整演了12季，其中4位是典型的极客男科学家。实验物理学家莱纳德·霍夫施塔特（Leonard Hofstadter）是他们之中最不像书呆子的人，他经常对别人的怪癖发表尖刻的评论，而理论物理学家谢尔顿·库珀（Sheldon Cooper）则体现了大众对科学家的刻板印象，奇怪（他有细菌恐惧症，口头禅是"逗你玩！"）、不善社交（他是一个令人难以忍受的万事通）和衣着过失（"短袖T恤套长袖T恤"，实际上是他的制服），航空工程师霍华德·沃洛维茨（Howard Wolowtiz）和粒子天体物理学家拉杰什·库斯拉帕里（Rajesh Koothrappali），则居于极客莱纳德和谢尔顿的风格之间。佩妮（Penny）住在莱纳德和谢尔顿的对门，她既是唯一的非科学家，也是最初的主要角色中唯一的女性（也是唯一一个从未透露姓氏的角色）。她既是男性科学家的陪衬，也是"愚蠢的金发女郎"，成为剧中幽默的来源。

从第1季开始，该节目的制作人就努力想要准确地描绘科学，以便观众能够认为其前提是现实的，暂停他们的质疑，并专注于角色的滑稽举止。[1]为此，他们聘请了粒子物理学家大卫·萨尔茨伯格（David Saltzberg）为科学顾问。他从实验室的外观到主角们在白板上求解的方程式，再到他们使用的行话等许多方面为该剧提供了建议。无论有意与否，该剧还通过将所有主要物理学家都设置为男性来再现现实世界的科学职业中的性别差异。正如萨尔茨伯格本人在2008年对一位采访者所说，他所在领域的女性与男性的比例"非常糟糕"。[2]

《生活大爆炸》逐渐成为热门剧，第4季成为黄金时段收视率最高的情景喜剧。[3]这一季还有两个不断出场的角色升为主角：令谢尔顿心仪的神经生物学家艾米·法拉·福勒

（Amy Farrah Fowler）和霍华德追求的微生物学家伯纳黛特·罗斯坦科夫斯基（Bernadette Rostenkowski）。该剧在播出第7季时，包揽了2013~2014年所有黄金时段节目的收视率亚军。在接下来的3季中，它一直保持不俗表现。

《生活大爆炸》长期连播的成功凸显了娱乐电视在传播科学家形象方面的作用。这一作用可以回溯到20世纪50年代早期的商业电视的起步阶段，当时主要通过少儿科幻节目来传播科学，例如《电视游侠》（Captain Video and His Video Rangers）和《太空学员汤姆·科贝特》（Tom Corbett, Space Cadet）。随着电视在20世纪50年代后期和60年代成为主要的媒体形式，几部经久不衰的经典作品在电视中首次亮相，包括《迷离时空》（The Twilight Zone）、《星际迷航》（Star Trek）和英国引入的《神秘博士》（Doctor Who）。从20世纪70~90年代，形形色色的科学家们出现在黄金时段的电视节目中，从最初的星际旅行类科幻剧《银河战星》（Battlestar Galactica）到超自然剧《X档案》（The X-Files）等。近年来，媒体领域的虚构科学家不仅包括情景喜剧《生活大爆炸》的古怪角色，还包括《罪案现场》（CSI）系列、《海军罪案调查处》（NCIS）和《识骨寻踪》的破案法医科学家，以及《迷失》《怪奇物语》和《神盾局特工》等科幻剧中时而英勇、时而疯狂的科学家。

这些电视荧幕上的科学家给公众留下了尤为突出的印象。2016年10月，我们询问了全国具有代表性的1000名美国人样本，请他们说出在电视或电影中想到科学家时首先想到的人。[4] 17%的受访者提到了虚构电视节目中的科学家。近一成（9%）的人只提到了《生活大爆炸》中的角色，谢尔顿被提及的次数最多，其次是莱纳德。受访者还提到了霍华德和拉杰什，甚至质子教授，不过没有人特别提到艾米或伯纳黛特。

其他各种节目虽然都有被提及，但都远不及《生活大爆炸》被提及的次数。总的来说，《星际迷航》系列中的科学家角色排名第二（2%）——这在很大程度上归功于美国进取号星舰上担任科学官的瓦肯人斯波克（Spock），接下来的三位排名依次是《识骨寻踪》的法医科学家[特别是法医人类学家唐普兰斯·贝伦（Temperance Brennan），1%]、《海军罪案调查处》[尤其是艾比·舒托（Abby Sciuto），1%]和《犯罪现场调查》系列（许多角色，可是受访者提到了两个人的名字：吉尔·葛瑞森（Gil Grissom）和尼克·斯托克斯[Nick Stokes]；1%]。受访者还提到《绝命毒师》（Breaking Bad）中由化学教师变为冰毒厨师的沃尔特·怀特（Walter White）、《X档案》中持怀疑态度的联邦调查局（FBI）特工黛娜·斯卡利（Dana Scully）、《老友记》中失恋的古生物学家罗斯·盖拉（Ross Gellar）、《辛普森一家》中愚蠢的弗林克教授（Professor Frink）和《危机边缘》（Fringe）中给人注射迷幻药的沃尔特·毕晓普（Walter Bishop）等。

影视剧中的科学家给公众留下的突出印象，使娱乐电视塑造观众的科学认知的可能性提高了。例如，频繁接触正面形象可能会让观众认为科学家致力于为人类造福，而不断看到科学家受伤或被杀的情节，可能会让观众认为从事科学工作很危险。反过来，这可能最终对公众是否支持科学努力、是否相信科学家对重要问题的看法以及是否参与公民科学产生影响。这些描述也可能影响年轻人是否选择投身科学培训和职业：观众可能会为优秀科学家而鼓舞，但也会因危险的职业形象而气馁。按照同样的逻辑，强化或挑战这一职业常见的刻板印象的黄金时段节目可能会影响观众心中的科学家形象。举个恰当的例子，黄金时段的科学家之间的性别平衡可能会塑造人们对现实世界的科学家的性别比例悬殊的认知——或许还会影响对潜在科学家的看法。除了全面收看电视的影响之外，科幻电视等特定类型，甚至《X档案》和《生活大爆炸》等个别节目都可能影响对科学家的真实生活的看法，以及科学家是否是可以学习的榜样、或社交困难的怪人，抑或两者兼而有之。

为了探索这些潜在的影响，我们将使用一种半个世纪以来一直推动娱乐电视研究的框架：培养理论。

培养理论与科学

20世纪60年代，乔治·格伯纳（George Gerbner）提出了一种研究日益流行的电视媒体如何影响公众的方法——培养理论。[5]格伯纳和他的同事假设电视节目中的主导信息塑造了观众对现实的认知。[6]这一理论实际上认为电视已经取代了民间传说和寓言，成为社会共享故事的宝库。

格伯纳最早发表的最具影响力的一些文章集中探讨了电视暴力。他在1968年入职国家暴力成因和预防委员会（National Commission on the Causes and Prevention of Violence），随后开始了对电视内容的长期研究。格伯纳和他的团队发现，黄金时段的电视节目中充斥着对暴力的描写。此外，他们得出的结论是，长期接触此类描绘可能会加剧人们认为社会是充满敌意与危险的看法——一种"冷酷世界症候群（mean world syndrome）"。根据这一结论，他们发现更高频率地观看电视与一系列结果之间存在联系，包括更不信任他人和高度恐惧成为暴力受害者。

培养理论多年来引发了相当多的争论。[7]例如，批评者认为它忽略了电视类型之间的重要差异。[8]即便如此，该理论为研究黄金时段电视节目如何描绘科学家提供了一个有用的切入点。事实上，格伯纳和他的同事们为此进行了一系列研究。[9]回顾1969~1983年，他们发现黄金时段的电视节目经常包含科学主题，但很少将科学家作为剧中人物：除了医生一角，普通观众每周只能在电视上看到一两位科学家。研究人员还发现了对这些科学家的矛盾描述。一方面，黄金时段的电视节目将他们描绘为善良之人的可能性是将他们描绘为恶毒之人的五倍；另一方面，黄金时段的节目也将科学家描绘成怪人和不善于交际的人。此外，他们受伤或死亡的比率高于任何其他职业群体。

格伯纳和他的团队以这些发现为基础，并使用1983年的一项调查数据证明：更高频率地观看电视会助长对科学的负面看法，包括对新技术的怀疑、对科学施加限制的意愿以及对科学家的刻板印象。例如，格伯纳写道："将科学视为一种奇怪而危险的活动，塑造成不祥形象，似乎加剧了观众对科学的恐惧，克制了他们参与科学的欲望，并抑制了他们将科学视作一种职业或公众参与领域的倾向。"[10]

然而，随后的研究表明，娱乐电视节目对科学和科学家的描述可能对公众认知产生双重影响。[11]马修·尼斯贝特（Matthew Nisbet）和他的同事在查看1999年的调查数据时发现，观看电视节目仍然会促进观众对科学和技术产生质疑，有些是因为科学被描绘成"怪异而可怕的"，有些则是因为节目占用了观众原本可能会用来了解科学的时间。[12]然而，电视节目同时也通过将科学和科学家描绘为"向善的强大力量"来增强人们对科学前景的信念。"[13]

最近，安东尼·杜多（Anthony Dudo）和他的合作者将关于科学的培养和认知的研究范围扩展到了21世纪的前十年。这十年与前几十年一样，科学家们很少出现在电视黄金时段。他们一旦出现时，总是更积极正面（比例为4∶1），但特别有可能成为暴力的受害者。[14]研究人员对2006年调查数据的分析表明，看电视没有直接造成对科学的负面看法，尽管尼斯贝特和他的同事的观察表明，看电视会间接造成对科学的负面看法。

简而言之，以前的研究表明，娱乐电视上关于科学和科学家的混合信息会对观众的看法产生一系列影响——有些是消极的，有些是积极的。我们将在此重新审视这些影响。在此过程中，我们牢记，好莱坞电影这样的黄金时段的电视节目，越来越倾向于将科学家描绘成英雄，而不是疯狂的恶棍或古怪的社会弃儿。[15]

黄金时段的科学家

为了在黄金时段的电视节目中提供科学家的最新肖像，我们采用了迈克尔·摩根（Michael Morgan）、詹姆斯·沙纳汉（James Shanahan）和南希·西格诺里利（Nancy Signorielli）为格伯纳创立的"文化指标项目"进行的内容分析研究数据。[16]这个持续了5年的项目，获取了娱乐电视节目如何随着时间的推移而描绘的不同类型的角色的相关信息。研究人员查看了各大网络每年的剧集样本，检查了在节目中发挥关键作用的每个角色。

总而言之，他们分析了1973~2015年出现在黄金时段节目中的11556个角色。其中只有1%是科学家。相比之下，医疗专业人员的数量是其6倍，而警察或私家侦探的数量是其10倍。简而言之，科学家在黄金时段的节目的出镜率中相对较低。在21世纪10年代，科学家作为主角的比例比前几十年翻了一番——一路飙升至2%，可仍然算不上是压倒性的存在感。

就他们的道德和伦理而言，电视剧中虚构科学家往往是正义的，而不是邪恶的，或者亦正亦邪。从1973年到2015年，黄金时段的节目中71%的科学家基本都是正义化身，只有6%是反派角色，23%则是亦正亦邪之人。事实上，科学家比一般角色（其中60%是善良的）更有可能是正义的。随着时间的推移，黄金时段的科学家们也变得更加英勇。20世纪70~90

年代，大约一半的科学家是正派人物，另一半的科学家则是反派人物或介于正邪之间的人物。到21世纪的第一个十年，正派科学家的数量大大超过了反派或介于正邪之间的科学家，占比分别为78%和22%。从2010年开始，科学家几乎普遍都是正派人物，与反派或亦正亦邪的科学家的数量占比为94%和6%。

2016年调查问卷中"说出一位科学家的名字"一题的答案反映了黄金时段电视节目中正派科学家角色的流行度。我们的受访者提到的一些科学家是动作英雄，例如，《闪电侠》（The Flash）中的思科·拉蒙（Cisco Ramon）或《星际奇兵》（Stargate SG-1）的萨曼莎·卡特（Samantha Carter）和罗德尼·麦凯（Rodney McKay）。其他被提到的还有破案的法医科学家，例如，《犯罪现场调查》中的吉尔·葛瑞森和尼克·斯托克斯，《识骨寻踪》里的唐普兰斯·贝伦和《海军罪案调查处》中的艾比·舒托。《X档案》中追逐外星人和怪物的联邦调查局特工黛娜·斯卡利则介乎正邪之间。我们的受访者提到的其他多数科学家都是本性良善的普通人，包括《生活大爆炸》中的科学家和《老友记》中的罗斯·盖拉（Ross Gellar）。

公平地说，受访者确实也列举了一些正邪难辨或邪恶十足的黄金时段的科学家，来自《危机边缘》的沃尔特·毕晓普就属于前者：他在整个剧集都对儿童进行高度不道德的实验以赋予他们通灵能力，而后再努力救赎自己。《绝命毒师》中的沃尔特·怀特则以毒枭的身份陷入犯罪生活，滑入与他之前生活截然相反的轨迹。《闪电侠》中的哈里森·威尔斯（Harrison Wells），最初是剧中主角的导师，但最后却成为来自未来的超级反派。尽管如此，当代娱乐电视中阴险的科学家只是例外，而非常态。

就参与暴力而言，黄金时段的科学家实施暴力的可能性（其中29%的人这样做）并不比一般角色（31%）高。与此同时，黄金时段将科学家描绘成尤为可能的暴力受害者。在这50年中，38%的科学家受伤或死亡，而所有角色的这一比例为31%。千禧年之前的黄金时段中的虚构科学家的处境尤其危险：在这一时段，大约一半的科学家受伤或死亡。21世纪初期，这一情况相对缓和，科学家的伤亡率为20%，但在21世纪10年代上升至32%。

在我们2016年10月进行的调查中，受访者提到的虚构的科学家既包括那些对暴力不熟悉的人，也包括那些身处危险境地的人。在很大程度上，这些科学家被害的倾向反映了电视剧的类型。在情景喜剧中，科学家通常不会成为袭击或谋杀的受害者。例如，《生活大爆炸》中的莱纳德不必担心恐怖分子试图炸毁他的实验室，就像《老友记》中的罗斯永远不会被活生生的霸王龙追赶和吃掉。

相比之下，《识骨寻踪》和《犯罪现场调查》等法医犯罪剧中的人物不仅要破解暴力犯罪，而且要冒着成为犯罪受害者的风险。例如，在《犯罪现场调查》的一集中，一个复仇的绑架者活埋了尼克·斯托克斯（他的同事搭救了他）。同样，《识骨寻踪》的一集的开头，有人在唐普兰斯·贝伦的实验室射击她（她逃过一劫）。其他节目中的科学家也经历过暴力，既有《布偶秀》（The Muppets Show）中实验室助理比克（Beeker）受到闹剧似的痛苦折磨，又有《绝命毒师》大结局中沃尔特·怀特遭到机枪射伤。比克总能康复，可怀特就没那么幸运了。

培养科学认知

我们为了检验收看电视与当代人对科学和科学家的认知二者之间的联系，使用了我们在2016年7月对900名美国居民进行的全国代表性调查的数据。[17]调查询问了受访者每天收看电视的平均时间，在计算机、平板电脑或手机上收看也包括在内。问卷还包括关于科学和科学家的两个问题：一个是问受访者在多大程度上同意或不同意"科学家是为人类利益而工作的敬业人士"，另一个是问他们在多大程度上同意或不同意"科学工作是危险的"。

我们发现，收看电视的时长与每个问题的答案之间存在明确的关系（图3-1）。首先是受访者对科学家是否是为善敬业的人的看法。每天收看0~1小时电视的人中有相当大一部分（78%）同意这一说法。观看至少4小时电视的受访者更有可能同意这一说法，占比高达90%。这种模式与黄金时段电视越来越倾向于将科学家描绘成正派人物的趋势相吻合。

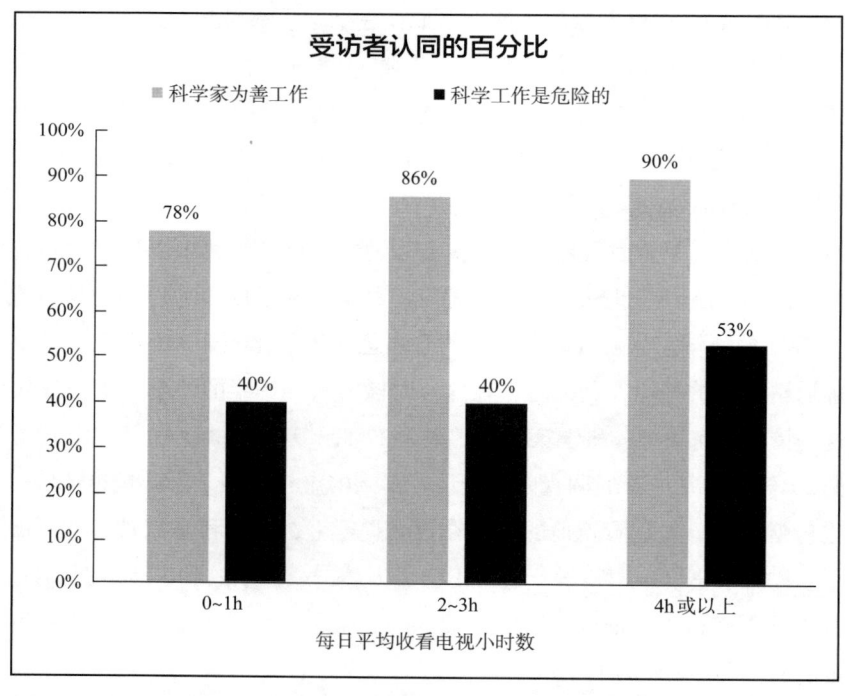

图3-1 通过收看电视产生的对科学家和科学工作的认知（政治传播调查中心，2016年）

每天收看电视4个小时或以上的受访者也很明显地认为科学工作是危险的，占比略多于一半（53%），相比之下，每天观看电视0~1小时的受访者的这一占比只有40%。相应地，这种模式与黄金时段不断将科学家们描绘成更有可能受伤或死亡的做法相吻合。

即使在我们控制了许多其他潜在相关因子（包括受访者的背景特征和使用的其他形式

的媒体）之后，这两种关系仍然具有统计学意义。因此，我们的调查结果强化了这一观点，接触娱乐电视对科学的描述可以对观众的认知产生影响。近年来，娱乐电视这样的描述提升了科学家的正义形象，但同时也令观众将科学视为危险的形象。第一种模式可能会导致观众信任科学家，甚至考虑从事科学事业，而第二种模式可能会阻碍人们对科学的参与。然而，这些模式也可能相互吻合：一些黄金时段的科学家之所以成为英雄，正是因为他们为了帮助人们而直面危险。

科幻电视剧与科学认知

格伯纳最初提出培养理论时，侧重于电视剧整体，而不是特定电视类型——更不用说特定节目了。然而，他在随后的研究中强调了一种特定电视类型有可能影响受众对科学的看法：科幻剧，它强调了推理科学的巨大可能性。[18]例如，马修·尼斯贝特和罗伯特·戈德尔（Robert Goidel）表明，经常观看科幻节目的人表达了对克隆技术的生物医学研究强有力的支持。[19]然而，多米尼克·布罗萨德（Dominique Brossard）和安东尼·杜多（Anthony Dudo）没有发现任何证据表明观看科幻节目直接影响更广泛的科学认知。[20]因此，一种可能性是科幻节目影响了受众对科学的某些认知，但无碍对科学的其他认知。

"文化指标项目"（Cultural Indicators Project）的内容分析没有将科幻节目与其他黄金时段节目进行比较。尽管如此，最近的科幻节目就像最近的娱乐节目一样，似乎很可能倾向于将大多数科学家描绘成正义之士。在我们2016年在线调查中受访者列出的科幻剧人物中，大多数（如《星际迷航》中的斯波克、《X档案》中的达娜·斯卡利和《星际奇兵》系列中的萨曼莎·卡特）都遵循这种模式，但也有例外，例如，《闪电侠》中的大反派哈里森·威尔斯和《迷失太空》（Lost in Space）中暗算他人的史密斯博士（Dr. Smith）。

鉴于科幻剧向来是动作片，它们也许极有可能将科学描绘成一项危险的事业。虽然科学生活很少在《生活大爆炸》中表现出任何风险，但科学家们经常因为效力于《星际迷航》的星际舰队、《星际奇兵》中的星际之门指挥部、《危机边缘》的联邦调查局代号"边缘"的部门或《闪电侠》的S.T.A.R.实验室而面临危险。如《星际迷航》中的斯波克，他的整个大脑在某一集中被盗，或者《危机边缘》的沃尔特·毕舍普，他的大脑不过就是被切除了一部分而已。

《神盾局特工》说明科幻电视节目如何在呈现科学家是正义之士的同时，也呈现出科学很危险。美国广播公司的这部剧集于2013年首播，是超级英雄电影《漫威电影宇宙》（Marvel Cinematic Universe）系列的续集，着重刻画了一群与地下恐怖组织、拥有超能力的坏人以及好战的外星人作战的特工团队。队里两个关键成员是杰出的工程师菲茨·利奥波德（Fitz Leopold）和同样杰出的生物化学家杰玛·西蒙斯（Jemma Simmons），他们合作无间，为团队的许多问题提供科学和技术解决方案。例如，有一集，菲茨创造了一个"量子场干扰器"来困住一个拥有瞬移能力的对手，然后得意洋洋地用他的苏格兰口音宣称："懂点科学吧，变态（biatch）！"[21]在另一集中，西蒙斯利用她的科学技能在一个致命的地外星球上生存了将近200天。然而，为神盾局效力承担着巨大的风险——菲茨在脑部受伤时就亲身体验了这种风险，他需要几个月的时间才能恢复，而西蒙斯也因遭受外星世界的磨难而留下心理创伤。

在大西洋两岸都有忠实粉丝群的英国广播公司出品的《神秘博士》（Doctor Who）系列呈现了相同的模式。这部剧集运行了半个世纪，确实描绘了数百名科学家。[22]其中许多角色令人钦佩，甚至是英雄，包括地球科学工程师纳斯林·乔杜里（Nasreen Chaudhry）、天文学家迪·布拉斯科（Dee Blasco）和联合情报特派组（UNIT，其信条是"科学领导一切"）的凯特·斯图尔特（Kate Stewart）。[23]当然，他们必须如此，因为他们经常面临诸如赛博人（Cybermen，试图按照自己的形象改造其他物种的外星人）和戴立克（Daleks，一心想要消灭其他生命形式的外星人）等威胁。有时，《神秘博士》的科学家们甚至死于恶人之手。例如，联合情报特派组科学家佩特罗内拉·奥斯古德（Petronella Osgood）被邪恶的时间领主法师（Time Lord known as the Master）的化身杀死。

为了检验收看科幻电视节目是否与科学认知有关，我们重新审视了2016年7月的调查数据。调查除了衡量收看综合类电视的情况外，还询问受访者收看包括"《神秘博士》或《神盾局特工》等科幻电视节目"这类具体类型节目的频率。然后，我们发现了不同的结果（图3-2）。一方面，有时或经常观看科幻节目的受访者与从不或几乎从不观看此类节目的

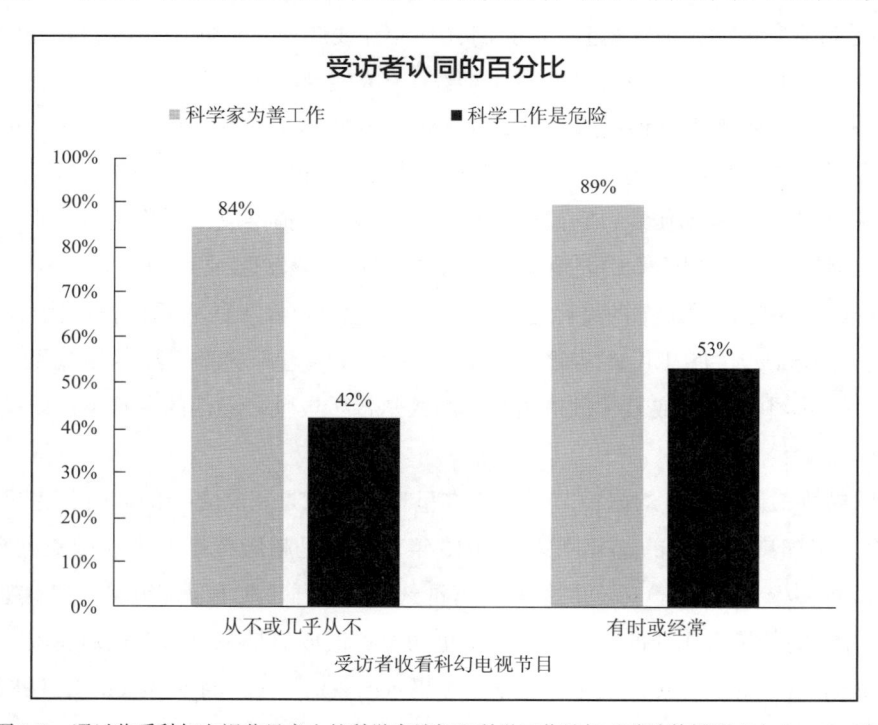

图3-2 通过收看科幻电视节目产生的科学家认知和科学工作认知（政治传播调查中心，2016年）

受访者在对科学家是否为善敬业的看法上差异相对较小：89%与84%。这种不明确的关联与整个21世纪10年代几乎所有黄金时段对科学家的描述都是正面的这一发现相吻合；另一方面，观看科幻剧的人比不观看科幻剧的人更有可能认为科学工作是危险的。多数（53%）经常或有时看科幻剧的人同意这个想法，而从来没有或基本没有看过科幻剧的人则仅占42%。如果科幻节目特别倾向于描绘科学家受到伤害，那么这种模式是成立的。

即使在我们控制了一系列其他因子（包括收看电视的整体情况和使用其他形式的媒体）之后，也出现了类似的结果。然后，我们发现，就观看特定类型的节目而言，观看科幻剧可以解释观众认为科学是危险的看法，但不能解释他们认为科学家是为善工作的看法。更广泛地说，我们的研究结果表明，当所讨论的节目类型以独特的方式呈现科学时，特定类型的节目可能对观众的科学认知产生最重要的影响。

黄金时段科学的人口统计

娱乐电视除了塑造对科学和科学家的形象认知外，还可能塑造他们对科学家的身份认知。这种影响在女性、有色人种、性少数群体和残疾人在现实世界的科学中的代表性不足的现状下，可能显得尤为重要。[24]

看一看《生活大爆炸》，就会发现黄金时段的电视节目是如何反映这种差异的。从第4季开始，该剧的6位主要科学家中，4位是男性，只有2位是女性。此处的男女比例基本反映了真实的科学和工程人员中的性别差距：节目中为67%与33%，而现实中为71%和29%（截至2017年）。[25]该剧还反映了另一种现实世界模式：女性在生命科学领域的相对普遍性以及她们在物理科学和工程领域的相对缺失性。2017年，从事生命科学职业的人员中女性数量为48%，物理科学为29%，计算机和数学科学为27%，工程学为16%。在《生活大爆炸》中，艾米和伯纳黛特都是生物学家，而4位男主都是物理学家或工程师。

《生活大爆炸》在种族和民族方面的表现甚至比现实世界还要糟糕。多亏了拉杰什的出现，该剧才大致反映了美国亚裔科学家和工程师的比例（1/5）。可话又说回来，节目中的其余5位科学家都是白人，比例达到83%，而现实世界中的这一比例为65%。《生活大爆炸》的主要科学家都不是黑人或西班牙裔（截至2017年，现实生活中6%的科学家和工程师是黑人，8%是西班牙裔）。而且，任何不时出场的小科学家角色也没有黑人或西班牙裔，尽管天体物理学家尼尔·德格拉斯·泰森（黑人）在某集中扮演自己，与谢尔顿争论冥王星从行星降级为"矮行星"。

《生活大爆炸》也没有任何性少数群体科学家当主角。该剧通过其主要角色来处理性少数群体身份时，倾向于通过其他角色误会霍华德和拉杰什之间的感情关系解决问题。在一集中，拉杰什的父母认为他向他们宣布他"出柜"了，他告诉他们："如果我有什么不同的话，我至多也就是个都市美型男……我喜欢女人，也喜欢她们的护肤品。"[26]因此，该剧反映了性少数群体在现实世界的科学中面临的一些刻板印象和被忽视的现状。[27]

对于《生活大爆炸》呈现残疾科学家的方式上，许多观众（以及一些残疾人权利活动人士）认为谢尔顿固守仪式的敲门和厌恶细菌等行为表明他患有自闭症谱系障碍或强迫性人格障碍。[28]可该剧从未在任何一集中明确证实这一点；它的主创者也没有在采访中认可这个假定。[29]然而，吉姆·帕森斯（Jim Parsons，扮演谢尔顿的演员）支持谢尔顿患有自闭症谱系障碍的观点。对此，马伊姆·拜力克（Mayim Bialik，饰演艾米，也是现实生活中的神经科学博士）则建议诊断谢尔顿患有强迫性人格障碍。该剧第6季的一集，她扮演的艾米一角给谢尔顿"一系列练习，以帮助你满足你对封闭的强迫性需求。"[30]撇开谢尔顿模棱两可的案例不谈，该剧对残疾科学家的最突出描绘可能已经以理论物理学家斯蒂芬·霍金在现实生活中因肌萎缩侧索硬化症（ALS）而使用轮椅的形式呈现出来。

为了更全面地描述黄金时段科学家在性别和种族方面的情况，我们重新审视了"文化指标项目"的数据。事实证明，就黄金时段的科学家的性别差距而言，《生活大爆炸》的成功并非侥幸。在这项长达50年的研究中，电视中虚构科学家的男女性别占比为68%与32%，性别失衡率大于黄金时段的仅62%的男性科学家占比。从20世纪70年代到21世纪早期，虚构科学家的性别比例大致保持不变：每10年中，男性人数至少是女性的2倍。这一差距在21世纪10年代因艾比·舒托（《海军罪案调查处》）和唐普兰斯·贝伦（《识骨寻踪》）等女科学家在热门节目中担任关键角色，而开始缩小。然而，即使在这10年中，58%的黄金时段科学家仍是男性，只有42%是女性。

我们在2016年10月的调查结果反映了黄金时段的科学界的性别差距。大多数受访者被问及具体的电视中的虚构科学家时都选择了男性。其中一些是早期节目中的角色，例如，《星际迷航》中的斯波克、《吉利根岛》（Gilligan's Island）里的教授和《迷失太空》里的史密斯博士。其他角色来自最近的影视作品，包括《生活大爆炸》的男性科学家、《绝命毒师》的沃尔特·怀特和《犯罪调查现场》的男性法医科学家。较少受访者被问及具体的女性科学家时，倾向于选择《海军罪案调查处》的艾比·舒托或《识骨寻踪》的唐普兰斯·贝伦。其余的被提及的电视中的女性科学家只有三位：《星际迷航：下一代》（Star Trek: The Next Generation）的贝佛利·克拉希尔（Beverly Crusher）、《X档案》的黛娜·斯卡利和《星际奇兵》的萨曼莎·卡特（Samantha Carter）。

正如黄金时段的科学家往往是男性一样，他们往往也是白人。这在一定程度上反映了白人角色在黄金时段更广泛的优势。1973~2015年，所有影视角色中白人占84%，而黑人为12%，其他种族为4%（"文化指标项目"没有对角色是否为西班牙裔进行编码）。然而，不管怎样，这种差异在虚构的科学家之间尤其明显。黄金时段的科学家中有89%是白人，7%是黑人，4%是其他种族。此外，随着时间的推移，黄金时段的科学界并没有变得更加种族多元化，并且，黄金时段的白人科学家的比例从20世纪70年代的80%和20世纪80年代的77%上升到20世纪90年代的89%、21世纪初的96%和21世纪10年代的91%。

同样，我们2016年的调查结果反映了黄金时段的科学家的统计数据。受访者提及的几乎所有虚构的科学家都是白人：《生活大爆炸》的谢尔顿、莱纳德和霍华德，《海军罪案调查处》的艾比·舒托，《识骨寻踪》的唐普兰斯·贝伦，《犯罪现场调查》的吉尔·葛瑞森和尼克·斯托斯克，《绝命毒师》中的沃尔特·怀特，《X档案》中的黛娜·斯卡利，《吉利根岛》的教授，《老友记》的罗斯·盖拉等。受访者准确地提到了一个亚裔角色（《生活大爆炸》的拉杰什，他是来自印度的移民）、一个西班牙裔角色（《闪电侠》的西斯科·雷蒙，他是波多黎各人），但完全没有提到黑人角色。

虽然"文化指标项目"没有记录角色的性身份或残疾情况，但我们从其他研究中了解到，黄金时段的科学家或普通角色中都很少出现性少数群体或残疾人。反歧视同志联盟（GLAAD）2017年的一项研究发现，性少数群体角色仅占所有黄金时段角色的5%，而路德曼家族基金会（Ruderman Family Foundation）2017年的一项研究发现，只有2%的电视角色身患残疾。[31]有色人种的性少数群体角色和残疾的性少数群体角色等具有多重边缘化身份的角色，在黄金时段的节目中更加稀少。[32]因此，我们的调查受访者中很少有人提到残疾科学家（除非将《生活大爆炸》中的谢尔顿算作残疾的话）或性少数群体科学家，这并不奇怪。一个例外是仅有一位受访者提到了《超人前传》(Smallville)的斯旺博士（Dr. Swann），他是一位使用轮椅的天文学家［由现实生活中使用轮椅的克里斯托弗·里夫（Christopher Reeve）扮演］。

关于科学家的身份认知

培养理论的研究表明，娱乐电视的人口统计很重要。具体来说，看电视可以极大影响观众对现实世界中社会群体的看法。例如，基于培养理论的研究发现了收看电视的习惯和对性别角色的认知之间的联系。[33]同样，收看电视的习惯有助于解释对边缘化种族群体、性少数群体和残疾人的看法。[34]

我们利用2016年11月全国调查的数据来测试这种模式是否也适用于对现实生活中理工类职业性别比例的看法。[35]这一调查询问受访者们平均每天收看娱乐电视的时长，还要求他们估计在生物学、化学、物理学、天文学、工程学和计算机科学6个领域工作的男性和女性的百分比。平均而言，受访者估计女性生物学家的占比为44%，有点低于现实世界中的52%。[36]同时，他们略微高估了女性化学家的占比：39%，而实际占比为35%。他们在女性天文学家方面的估计也比现实情况偏高：36%和29%。与之相反，受访者对其他理工类职业女性的估计大大高于现实情况：计算机科学为41%与26%，物理学为34%与17%，工程学为35%与15%。

在培养效果❶方面，即使控制了观众自己的性别和其他背景因素，观众收看娱乐电视节目越多，他们对女性从事理工类工作的比例做出的估计越高，二者是相辅相成的（图3-3）。那些每天收看4个小时或以上娱乐节目的人与不收看该类节目的受访者相比，对物理专业的估计值平均高出2个百分点，对生物学、天文和工程学的估计平均高4个百分点，化学则平均高5个百分点，计算机科学平均高6个百分点。尽管这些差异并不是特别大，但它们在6个领域中的5个领域都具有统计学意义（物理学是唯一的例外）。

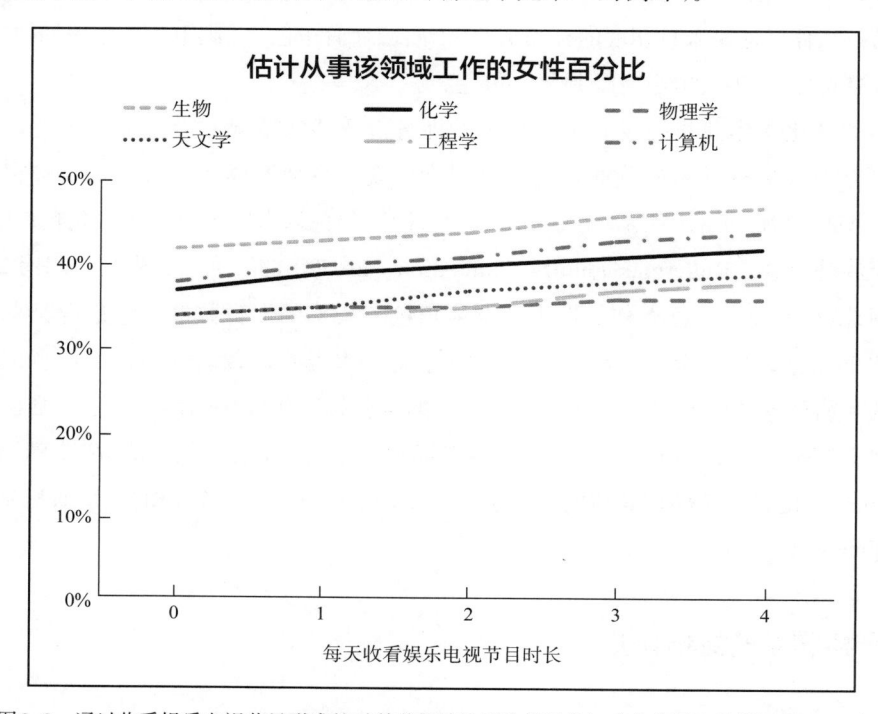

估计从事该领域工作的女性百分比

（图表：横轴为每天收看娱乐电视节目时长0-4，纵轴为0%-50%，包含生物、化学、物理学、天文学、工程学、计算机六条曲线）

每天收看娱乐电视节目时长

图3-3　通过收看娱乐电视节目形成的对科学领域性别比例的认知（合作国会选举调查，2016年）

这些调查结果提出了一个问题：当黄金时段的男性科学家人数仍然超过女性时，收看娱乐电视节目如何导致观众高估现实世界的科学和工程职业中女性的比例？一种可能的解释是，黄金时段的科学界的性别差距比在现实世界中缩小更快。在黄金时段，科学家们的男女性别比例从20世纪90年代的2∶1发展到21世纪10年代的略超3∶2。与此同时，现实生活中的科学界和工程界的男女比例从20世纪90年代的3∶1发展到21世纪10年代的略低于2∶1。因此，娱乐电视可能会让观众觉得现实世界的科学界的性别平衡比实际情况要好。

2016年11月的调查不包括要求受访者估计有色人种、性少数群体或残疾科学家和工程师的比例的问题。因此，我们无法测试收看电视的习惯与看待这些比例之间的关系。然而，鉴于黄金时段鲜有非白人科学家，娱乐电视的高收视率与对非白人科学家和工程师在实际劳动力中所占百分比的估计降低似乎是合理的。同样，黄金时段没有性少数群体科学家和

---

❶ 培养效果（cultivation effects）指以培养理论（cultivation theory）为支撑的对于收看电视节目对大众的科学认知的影响的研究结果。——译者注

残疾科学家的出现可能会导致经常看电视的观众认为现实世界中很少有（如果有的话）科学家公开这些身份。除非黄金时段节目中的科学界的人口结构发生巨大变化，否则未来的研究人员将有很多机会在这里检验我们的推测。

我们还应该指出，计算电视中属于不同人口群体的科学家的比例并不能完全说明这些群体的代表性。如果黄金时段也根据他们的群体身份对科学家进行不同的描述，那么即使从数字上看来是公平的描述，也可能会强化刻板印象。例如，像《生活大爆炸》一样，将女性描绘成生命科学家、将男性描绘成物理科学家的倾向，可能会加强观众对性别和特定科学领域之间建立联系的倾向。[37] 同样，描绘亚洲和美籍亚裔科学家在爱情上挫折的倾向（《生活大爆炸》早期剧集描绘拉杰什那样），可能会强化对亚洲人和美籍亚裔的交叉刻板印象，即书呆子和生来缺乏阳刚之气。[38]

准社会接触和"斯卡利效应"

如果所有的娱乐电视节目和特定的电视节目类型都会影响观众对科学的看法，那么也许个别电视节目也可以做到这一点。特别是，越来越多的研究表明，观众与电视角色之间的"准社会"互动"parasocial" interactions 有时会产生类似于现实世界的社会互动的效果。[39] 例如，一项研究发现，观众收看情景喜剧《威尔与格蕾丝》（*Will & Grace*），减少了观众中反性少数群体的偏见。[40] 另一项研究发现，观众与电视剧《神探阿蒙》（*Monk*）中患有强迫症的主角形成一种"准社会"关系（"parasocial" relationship），与他们对强迫症的积极看法密切相关。[41] 那么，与电视角色的准社会接触如何影响观众对科学家的看法？

在《X档案》的案例中，由吉利安·安德森（Gillian Anderson）所演绎的FBI探员黛娜·斯卡利的角色可能影响了年轻人，尤其是年轻女性，让她们对科学抱有更积极的看法，并将自己视为潜在的科学家。"我一直收到很多观众来信，"安德森回忆道，"这些正在准备进入医学界、科学界、联邦调查局或我在影片中角色所涉猎的其他领域的女孩常常告诉我，正是斯卡利这一角色，使得她们正在追寻这些理想。"[42]

该剧的科学顾问、病毒学家安妮·西蒙（Anne Simon）认为这个角色为她自己的许多学生提供了榜样。"我问我生物概论课程班上的学生……他们中有多少人因受到《X档案》中斯卡利角色的影响而进入科学领域，"她说，"房间里有一半的人举起了手……我想是的，那就是'斯卡利效应'。"[43] 西蒙还讲述了一位高中生告诉她的故事，"我想成为一名科学家，但我不是书呆子，我不是极客，我不丑，我也不疯狂。然后，我开始看《X档案》，我看到了斯卡利——她很漂亮，她很聪明，她很可信，而且她是一个真实的人。"[44] 最后一句话——"她是一个真实的人"，包含了与电视中的科学家产生的准社会关系，这是一种潜在的力量，足以影响她对这一职业的看法。

为了在更广泛的范围内测试以证明"斯卡利效应"，21世纪福克斯（制作了《X档案》）

和吉娜·戴维斯媒体性别研究所（Geena Davis Institute on Gender in Media）赞助了一项针对2000多名女性的调查。[45]他们的研究发现，经常观看《X档案》的受访者认为应该鼓励年轻女性学习理工类专业的可能性特别高，并说她们会鼓励自己的女儿或孙女进入理工类领域。经常观看该剧的观众自己就在理工类专业领域学习和工作的可能性也更大。此外，几乎所有熟悉斯卡利性格的受访者都将她视为女孩和女性的榜样。这些调查结果印证了该研究报告的作者的观点，即该节目挑战了观众对科学的刻板印象，并由此影响了女性观众为自己设想的职业可能性。

"斯卡利效应"的论据与我们自己的研究中关于培养效果和收看特定类型节目的影响的论据有一个共同局限：它来自调查数据中的相关性。然而，这些效果与随机实验研究的结果相吻合，这表明电视节目可以影响观众对性别、种族和民族、性少数群体身份和残疾群体等广泛相关主题的看法。[46]我们还进行了一项实验，旨在测试另一部剧集《生活大爆炸》可能如何影响大众对科学家的刻板印象以及对女性进入科学界的机会的看法，其结果也与我们前面讨论过的潜在影响相符。

《生活大爆炸》和科学的刻板印象

然而，我们最好先仔细研究一下剧集要传达的信息，再进行实验，以便我们可以推测它们的影响。我们对《生活大爆炸》进行的研究表明了它描绘其科学家角色的方式有两个显著特征。第一个是，全剧即便是抱有同情，也倾向于将他们呈现为刻板形象。该剧将4个最初的科学家角色——莱纳德、谢尔顿、拉杰什和霍华德，都呈现为典型的书呆子形象，例如，社交无能和穿着不合时宜的衣服，并且对艾米也采用了几乎如出一辙的描绘手法。[47]此外，这些角色都热切接纳从《星际迷航》到漫画书里的讷客文化。❶尤其是谢尔顿，表现出古怪和反社会的科学宅男的刻板印象。莫妮卡·贝德纳雷克（Monika Bednarek）对其对话的语言分析表明，即使是他的说话风格也能使他成为"一个完全的讷客或极客"。[48]例如，他在日常对话中使用学术语言（"我接受你的前提，我拒绝你的结论"），并经常强调他自己学识渊博（"我不需要那些不如我的人来认可我"）。[49]

《生活大爆炸》描绘科学家的第二个显著特征则是围绕科学家的性别角色展开。该剧除了最初的4位男性科学家和非科学家佩妮之间的性别差异之外，最突出的性别刻画就是围绕着伯纳黛特和艾米进行的。希瑟·麦金托什（Heather McIntosh）和玛格丽特·维特坎普（Margaret Weitekamp）分别对这部剧进行了独立的分析，最后得出的结论都认为，虽然该剧对这两个角色的刻画有时会挑战传统的性别刻板印象和角色，但最终都强化了传统观点。尽管伯纳黛特是一名微生物学家，但该剧很少将她置于实验室环境中，并且经常突出她的不专业行为——例如，她混合了埃博拉病毒与感冒病毒。[50]此外，她为了保护男友霍华德

---

❶ 讷客文化（nerd culture）指植根于技术、服务于技术的流行文化，也称书呆子文化或技术宅文化。——译者注

的自我而装糊涂。剧集更多地强调了艾米在神经生物学方面的科学知识和成就，例如，她获得了"一台全新的、最先进的fMRI机器"的资助。[51]然而，从故事的角度来看，她的才智也将她定位为谢尔顿的和睦又浪漫的伴侣。[52]正如维特坎普所写，"女科学家的角色主要服务于支持核心男性角色的发展。"[53]

在另一项研究中，李瑞秋（Rachel Li）和林迪·奥西娅（Lindy A. Orthia）利用一系列专题小组讨论来研究剧中科学家和非科学家如何诠释《生活大爆炸》对科学的看法。[54]他们的数据中出现了几个主题：①该剧描绘角色进行科学工作的方式（从拉杰什用他的望远镜到艾米解剖大脑）；②该剧将科学呈现为"主观的和充满理论的"的方式（例如，通过展示莱纳德和另一位物理学家辩论弦理论和圈量子引力论）[55]；③该剧集将科学呈现为"植根于社会和文化之中的方式，其中一些人物（尤其是谢尔顿）非常重视等级（拥有博士学位的人与拥有硕士学位的人）和领域（科学家与工程师，物理学与地质学）的区别"的方式。[56]

李和奥西娅的专题小组还讨论了（有时甚至赞同）该剧对科学家的刻板印象。"我经常和物理学家打交道"，一位参与者解释说，"从某种意义上说，他们确实表现得有点奇怪，因为他们是非常讲究实证并为证据所驱动的，所以他们选了很多大多数人认为的'论据'。但他们更感兴趣的是发现真相。"[57]

《生活大爆炸》实验

我们考虑了上述情况后，进行了一项实验，以测试收看《生活大爆炸》如何影响观众对科学家的刻板印象以及对科学中性别偏见的看法。2017年春季，我们征集了437名大学本科生参与研究。这些参与者绝不是所有电视观众的典型代表。然而，他们确实来自一个特别相关的公众亚群体：一群有朝一日可能成为科学家、媒体专业人士或两者兼而有之的学生。

我们的实验方法使我们能够单独实验特定电视场景对观众的影响。我们选取了5个视频片段并随机分配每个参与者收看其中的1个，其中4个都来自《生活大爆炸》：

- 第一个视频（以下称为"谢尔顿"片段）是谢尔顿试图教佩妮学物理。事实证明，她是个跟不上老师的学生。当他问，"我们可以从MA等于MG中知道什么？"她回答说，"呃，我们知道……牛顿是一个非常聪明的家伙。哦！纽顿曲奇（Fig Newtons）就是这么来的吧？"[58]对佩妮而言，谢尔顿就是一个傲慢无情的老师。当她开始哭泣并称自己很愚蠢时，谢尔顿告诉她："那可不是哭的理由。一个人哭是因为他难过。例如，我哭是因为别人愚蠢，这让我难过。"这个片段将科学家描绘成一个古怪和不善社交的人，这就是他们的经典刻板印象。

- 第二个视频（"莱纳德"片段）是佩妮到莱纳德的实验室拜访他的片段。她对他的设备做了一系列典型的愚蠢评论，然后问他当前项目的进展。他展示了"与基于激光技术的手指跟踪相结合的前投影全息显示器"，并说，"全息原理表明……我们的生活实际上只是在宇宙中最大的画布上演出一幅画。"[59]她则回应说请他脱掉衣服。我们选择的片段描述了一位男性科学家，尽管书呆子气十足，但善于社交并成功获得爱情。

- 第三个视频（以下简称"伯纳黛特"片段）是伯纳黛特担心她的雇主会如何对待她怀孕这件事的片段。"我准备进行一项重大的免疫疗法研究项目，"她告诉艾米，"如果他们发现我怀孕了，他们可能会把这个项目给别人做……我知道他们会的——去年我告诉大家芭芭拉·陈怀孕时，他们就是这样干的。"[60]我们选择这个片段为例来说明该剧是如何描绘一位在科学工作场所遭受性别偏见的女性的。

- 在第四个视频（"艾米"片段）中，艾米带上佩妮去她大学母校参加了一个派对。"老实说"，艾米说，"此'派对'非彼派对，更像是不同学科的科学家的聚会，他们聚在一起聊聊彼此的工作，并随时更新其他领域的最新动态。"主持人先是讲了些和地质有关的双关语，然后告诉佩妮，艾米是"校园里最酷的女孩。"[61]这个片段提供了一个该剧展示女科学家在她的科学同行中很受欢迎的例子——要是按照佩妮的"正常"标准来看，她仍然够古怪的。

第五个片段来自另一部电视情景喜剧《杰茜驾到》（*The New Girl*），一点都不涉及科学内容。这是分配给对照组的片段，用来提供与《生活大爆炸》片段的观众进行比较的基准。

然后，我们向每位参与者询问了一系列有关科学和科学家的问题。三个问题的答案与科学家的常见刻板印象一致，即"怪异的人""往往社交困难"和"着装老土"。另一组问题衡量的是人们对"女性在科学领域的代表性是否不足"以及"从事科学工作的女性是否可能经历性别偏见"的看法。

收看《生活大爆炸》的影响

《生活大爆炸》中的人物经常讨论他们的实验结果，范围从粒子物理学的实验室测试到恋爱同居试验，再到在别人的"处女作"鸡尾酒饮料中掺烈酒（这种不道德的研究行为是我们不能容忍的）。我们对该剧的实验结果表明，剧中的场景以多种方式影响观众的认知。

首先，收看《生活大爆炸》让人们更加认同科学家是奇怪的、不善社交的和老土的这一刻板印象（图3-4）。在观看该剧片段的参与者中，53%的人认为科学家是怪异的，51%的人认为科学家往往社交困难，42%的人认为科学家着装很老土。相比之下，没有收看《生活大爆炸》片段的参与者认为科学家怪异的比例降低了15%，认为科学家社交困难的比例降低了13%，认为科学家着装老土的比例降低了11%。在电视上看到一个讷客科学家（无论是谢尔顿、莱纳德、伯纳黛特还是艾米）会促使观众认同科学家普遍都是怪人。

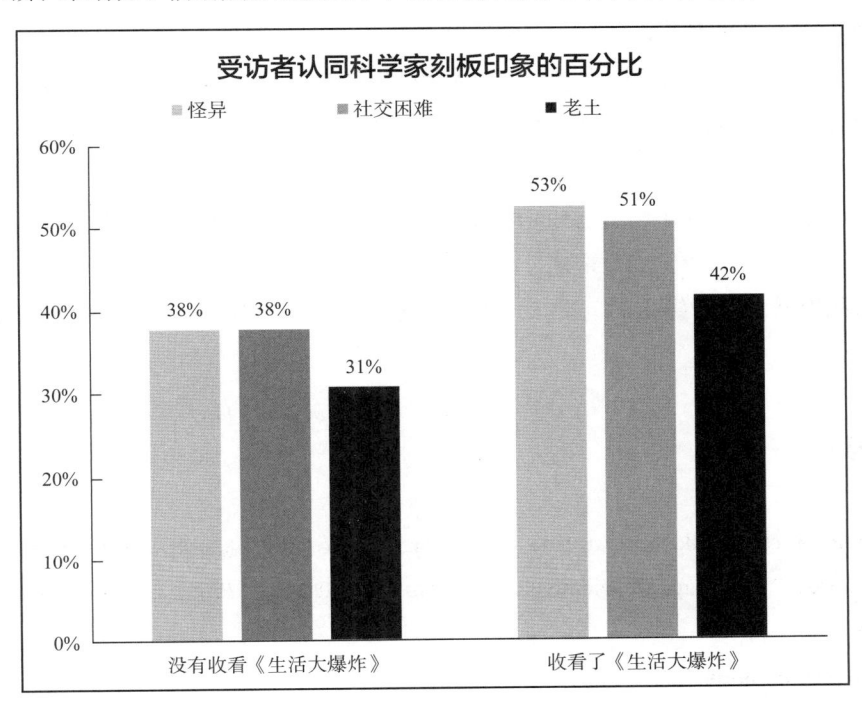

受访者认同科学家刻板印象的百分比

	怪异	社交困难	老土
没有收看《生活大爆炸》	38%	38%	31%
收看了《生活大爆炸》	53%	51%	42%

图3-4 设定《生活大爆炸》收看条件下形成的科学家的刻板印象（《生活大爆炸》实验，2017）

同时，观看《生活大爆炸》对性别偏见看法的影响取决于参与者看到的片段。观看艾米片段让观众感受到科学领域的性别偏见减少（66%同意，而对照组为80%），女性在科学领域的代表性不足也减少了（76%同意，而对照组为86%）。这些结果表明，将女性科学家描绘成"酷"的电视形象可能会促进观众更乐观地看待女性在真实科学界氛围中的现状。收看莱纳德片段还减少了人们对科学领域的性别偏见（65%同意）和对女性在科学领域的代表性不足（72%同意）的看法，这可能是因为它描绘了佩妮对她男友的科学研究的热情参与。其他两个片段都没有对科学中的性别偏见和女性代表性的看法产生任何明显的影响。

综上所述，我们的《生活大爆炸》实验结果表明，个别黄金时段节目就足以塑造对科学家的认知——无论是好是坏。在这种情况下，我们发现与情景喜剧科学家的准社会接触促进了大众对科学家的刻板印象。我们还发现，这种接触导致对科学界性别偏见的看法更加乐观（无论是否有根据）。

黄金时段以外的电视科学

收看娱乐电视可以对公众如何看待科学产生复杂的影响。总的来说，它促进观众更积极地看待科学家，也促使他们认为科学工作很危险。此外，它可能会导致观众高估女性在天文学、化学、计算机科学和工程等领域工作的比例，从而影响观众对真实科学界的性别平衡的看法。最重要的是，科幻等类型的节目可以对公众看法产生独特的影响（例如，以强化科学有害健康的方式来对公众的科学认知产生独特影响）。即使是《X档案》和《生活大爆炸》等个别节目，也可以通过附和或挑战常见的刻板印象来影响观众对科学和科学家的看法。

但是请注意，这些结论是通过虚构的娱乐电视得出的。其他类型的电视节目则专注于向观众传达真实世界的信息。事实上，如探索频道、动物星球和国家地理频道等整个频道都致力于制作融信息于娱乐的节目。这种"信息娱乐"类型对科学认知的潜在影响值得深入研究。

注释

[1] Heyman, Karen,"Talk nerdy to me," Science 320, no. 5877 (2008): 740–741;Weitekamp, Margaret A., "The image of scientists in The Big Bang Theory," *Physics Today January* (2017): 40–48.

[2] Heyman,"Talk nerdy," 741.

[3] Wikipedia,"The Big Bang Theory U.S. ratings," September 7, 2020.

[4] 有关本次调查的详细信息，请参阅附录。

[5] Stossel, Scott,"The man who counts the killings," *Atlantic*, May 1997.

[6] Gerbner, George, and Larry Gross,"Living with television:The violence profile," *Journal of Communication* 26, no. 2 (1976): 172–199; Gerbner, George, Larry Gross, Michael Morgan, and Nancy Signorielli. "The 'mainstreaming' of America: Violence profile number 11," *Journal of Communication* 30, no. 3 (1980): 10–29.

[7] Morgan, Michael, and James Shanahan,"The state of cultivation," J*ournal of Broadcasting & Electronic Media* 54, no. 2 (2010): 337–355.

[8] Potter, W. James, "A critical analysis of cultivation theory," *Journal of Communication* 64, no. 6 (2014): 1015–1036.

[9] Gerbner, George, "Science on television: How it affects public conceptions," *Issues in Science and Technology* 3, no. 3 (1987): 109–115; Gerbner, George, Larry Gross, Michael Morgan, and Nancy Signorielli, "Scientists on the TV screen," *Society* 18, no. 4 (1981): 41–44.

[10] Gerbner,"Science on television," 115.

[11] Nisbet, Matthew C., Dietram A. Scheufele, James Shanahan, Patricia Moy, Dominique Brossard, and Bruce V. Lewenstein, "Knowledge, reservations, or promise? A media effects

model for public perceptions of science and technology," *Communication Research* 29, no. 5 (2002): 584–608.

[12] Nisbet et al.,"Knowledge, reservations, or promise?" 587.

[13] 同[12]: 588。

[14] Dudo, Anthony, Dominique Brossard, James Shanahan, Dietram A. Scheufele, Michael Morgan, and Nancy Signorielli, "Science on television in the 21st century: Recent trends in portrayals and their contributions to public attitudes toward science," *Communication Research* 38, no. 6 (2011): 754–777.

[15] Kirby, David A.,"The changing popular images of science," in *The Oxford handbook of the science of science communication*, ed. Kathleen Hall Jamieson, Dan Kahan, and Dietram A. Scheufele, Oxford University Press, 2017: 291–300; Nisbet, Matthew C., and Anthony Dudo, "Entertainment media portrayals and their effects on the public understanding of science," in *Hollywood chemistry: When science met entertainment*, ed. Donna J. Nelson, Kevin R. Grazier, Jaime Paglia, and Sidney Perkowitz,American Chemical Society, 2013: 241–249; Perkowitz, Sidney, *Hollywood science: Movies, science, and the end of the world*, Columbia University Press, 2007.

[16] 我们感谢南希·西诺里利（Nancy Signorielli）与我们分享这些发现。有关"文化指标项目"的更多信息，请参阅Signorielli, Nancy, Michael Morgan, and James Shanahan, "The violence profile: Five decades of cultural indicators research," *Mass Communication and Society* 22, no. 1 (2019): 1–28.

[17] 有关本次调查的详细信息，请参阅附录。

[18] Johnson-Smith, Jan, *American science fiction TV: Star Trek, Stargate, and beyond*, Wesleyan University Press, 2005;Telotte, Jay P., ed., *The essential science fiction television reader*, Uni- versity Press of Kentucky, 2008.

[19] Nisbet, Matthew C., and Robert K. Goidel,"Understanding citizen perceptions of science controversy: Bridging the ethnographic—survey research divide," *Public Understanding of science* 16, no. 4 (2007): 421–440.

[20] Brossard, Dominique, and Anthony Dudo,"Cultivation of attitudes toward science," in *Living with television now: Advances in cultivation theory and research*, ed. Michael Morgan, James Shanahan, and Nancy Signorielli, Peter Lang, 2012: 120–146.

[21] 牛津英语词典将"biatch"定义为"贬低的称呼形式"。

[22] Orthia, Lindy A., and Rachel Morgain,"The gendered culture of scientific competence: A study of scientist characters in Doctor Who 1963–2013," *Sex Roles* 75, no. 3–4 (2016): 79–94.

[23] Morgain, Rachel, and Lindy Orthia, "Ahead of its time: Doctor Who's 56 inspiring female

scientists," *The Conversation*, May 18, 2016, https://theconversation.com/ ahead-of-its-time-doctor-whos-56-inspiring-female-scientists-58491.

[24] 参阅第1章。

[25] National Science Board,"The state of U.S. science and engineering 2020," National Science Foundation/National Science Board, 2020.

[26] *The Big Bang Theory*, "The Transporter Malfunction" (Season 5, Episode 20).

[27] 参阅第1章。

[28] Harbour, Wendy. "The Big Bang Theory: Mad geniuses and the freak show of higher education," *Review of Disability Studies: An International Journal* 11, no. 2 (2015);Walters, Shannon, "Cool aspie humor: Cognitive difference and Kenneth Burke's comic corrective in *The Big Bang Theory and Community*," *Journal of Literary & Cultural Disability Studies* 7, no. 3 (2013): 271–288.

[29] Collins, Paul,"Must geek TV," Slate, August 30, 2010.

[30] *The Big Bang Theory*, "The Closure Alternative" (Season 6, Episode 21).

[31] GLAAD, *Where we are on TV*, '17–'18: GLAAD's annual report on TV inclusion, 2017; Squire, Tari Hartman, Kristina Kopić, and Daryl "Chill" Mitchell, *The Ruderman white paper on the challenge to create more authentic disability casting and representation on TV*, Ruderman Family Foundation, 2017.

[32] GLAAD, *Where we are*.

[33] Morgan, Michael, James Shanahan, and Nancy Signorielli, eds., *Living with television now: Advances in cultivation theory and research*, Peter Lang, 2012.

[34] Farnall, Olan, and Kim A. Smith.,"Reactions to people with disabilities: Personal con- tact versus viewing of specific media portrayals," *Journalism & Mass Communication Quarterly* 76, no. 4 (1999): 659–672; Jones, Philip Edward, Paul R. Brewer, Dannagal G. Young, Jennifer L. Lambe, and Lindsay H. Hoffman,"Explaining public opinion toward transgender people, rights, and candidates," *Public Opinion Quarterly* 82, no. 2 (2018): 252–278; Morgan et al., Living with television.

[35] 有关本次调查的详细信息，请参阅附录。

[36] National Science Board,"The state of U.S. science and engineering 2018," National Science Foundation/National Science Board, 2018.

[37] Li, Pei-ying Rashel, "Communicating science through entertainment television: How the sitcom The Big Bang Theory influences audience perceptions of science and scientists," unpublished doctoral dissertation, Australian National University, May 2016.

[38] SMZ, "Asian Stereotypes in The Big Bang Theory and The Boondocks: The inability of

television to multitask with subalterns," *Radical Compounds*, Feb.18,2013.

[39] Giles, David C.,"Parasocial interaction:A review of the literature and a model for future research," *Media Psychology* 4, no. 3 (2002): 279–305; Perse, Elizabeth M., and Rebecca B. Rubin,"Attribution in social and parasocial relationships," *Communication Research* 16, no. 1 (1989): 59–77.

[40] Schiappa, Edward, Peter B. Gregg, and Dean E. Hewes,"Can one TV show make a difference? Will & Grace and the parasocial contact hypothesis," *Journal of Homosexuality* 51, no. 4 (2006): 15–37.

[41] Hoffner, Cynthia A., and Elizabeth L. Cohen,"Responses to obsessive compulsive dis- order on Monk among series fans: Parasocial relations, presumed media influence, and behavioral outcomes," *Journal of Broadcasting & Electronic Media* 56, no. 4 (2012): 650–668.

[42] Vineyard, Jennifer, "Nearly everything *The X-Files'* David Duchovny and Gillian Anderson said this weekend," *Vulture*, Oct. 14, 2013.

[43] Lane, Carly, "The new *X-Files* science advisor explains how the reboot will stay 'realistic,'" Vice, Aug. 10, 2015.

[44] Lane, Carly,"The new X-Files."

[45] 21st Century Fox, Geena Davis Institute on Gender in Media, and J.Walter Thompson Intelligence,"The 'Scully effect': I want to believe … in STEM," Geena Davis Institute on Gender in Media, 2019.

[46] See, e.g., Elliott, Timothy R., and E. Keith Byrd, "Attitude change toward disability through television: Portrayal with male college students," *International Journal of Rehabilitation Research* 7, no. 3 (1984): 320–322; Hall, Heather, and Patricia Minnes, "Attitudes toward persons with Down syndrome:The impact of television," *Journal of Developmental and Physical Disabilities* 11, no. 1 (1999): 61–76; Mastro, Dana, and Riva Tukachinsky, "The influence of exemplar versus prototype-based media primes on racial/ethnic eval- uations," *Journal of Communication* 61, no. 5 (2011): 916–937; Schiappa, Edward, Peter B. Gregg, and Dean E. Hewes,"The parasocial contact hypothesis," *Communication Monographs* 72, no. 1 (2005): 92–115; Ward, L. Monique, and Kristen Harrison,"The impact of media use on girls' beliefs about gender roles, their bodies, and sexual relationships: A research synthesis," in *Featuring females: Feminist analyses of media*, ed. Ellen Cole and Jessica Henderson Daniel, American Psychological Association, 2005, 3–23.

[47] Bednarek, Monika, "Constructing 'nerdiness': Characterisation in The Big Bang Theory," Multilingua 31, no. 2 (2012): 199–229; Cooper, W. Jeff, "Stereotypes in television and film: The impact of The Big Bang Theory," *Men & Masculinities Knowledge Community* Fall

(2014): 8–10; McIntosh, Heather, "Representations of female scientists in The Big Bang Theory," *Journal of Popular Film and Television* 42, no. 4 (2014): 195–204; Weitekamp, Margaret A. "'We're physicists': Gender, genre and the image of scientists in *The Big Bang Theory*," *Journal of Popular Television* 3, no. 1 (2015): 75–92.

[48] Bednarek, Monika, "Constructing 'nerdiness,'" 223.

[49] 同 [48]: 208–211。

[50] McIntosh, "Representations of female scientists," 198.

[51] *The Big Bang Theory*, "The Retraction Reaction" (Season 11 Episode 2).

[52] McIntosh, "Representations of female scientists."

[53] Weitekamp, "'We're physicists,'" 86.

[54] Li, Rashel, and Lindy A. Orthia, "Communicating the nature of science through *The Big Bang Theory*: Evidence from a focus group study," *International Journal of Science Education*, Part B 6, no. 2 (2016): 115–136.

[55] Li and Orthia, "Communicating the nature," 116.

[56] 同 [55]。

[57] 同 [55]: 129。

[58] *The Big Bang Theory*, "The Gorilla Experiment" (Episode 10, Season 3).

[59] *The Big Bang Theory*, "The Holographic Excitation" (Episode 5, Season 6).

[60] *The Big Bang Theory*, "The Military Miniaturization" (Episode 2, Season 10).

[61] *The Big Bang Theory*, "The Dependence Transcendence," (Episode 3, Season 10).

第4章
纪录片中的科学

尼尔·德格拉斯·泰森：这一冒险是由几代研究者严格遵守一套简单规则而促成的。通过实验和观察来检验想法，将通过检验的那些想法立为基础，将那些没能通过检验的想法彻底扬弃。追随证据的指引，勇往直前，并质疑一切。接受这些条款，宇宙就是你的了。

——《宇宙时空之旅》(*Cosmos: A Spacetime Odyssey*，2014；第1集：立于银河系)

亚当·萨维奇（Adam Savage）：记住，孩子们，科学和胡作非为的唯一区别就是把过程写下来。

——《流言终结者》(*MythBusters*，2012；第10季第8集：弹跳的子弹)

"宇宙就是现在的，或者曾经的，或者将是永远的一切。"天文学家卡尔·萨根（Carl Sagan）在他1980年的纪录片《卡尔·萨根的宇宙》(*Cosmos: A Personal Voyage*，简称"宇宙"）的开头宣称："我们将乘坐想象的飞船去探索宇宙，不受速度和大小的常规限制。"他在13集的节目中探讨了从宇宙起源到人类可能的命运的各种话题。该纪录片将这些科学信息与旨在吸引和娱乐观众的元素融合在一起，包括当时最先进的特效、流行音乐家万吉利斯（Vangelis）的高频电子合成音乐，以及萨根自己令人欣喜的诗意叙述。"宇宙也在我们心中"，他用一段特有的语言对听众说，"我们就是星体物质的组合体。"

《宇宙》是美国公共电视网（PBS）的收视保证，吸引的观众比之前制作的任何节目都多。[1]萨根本人也成为他这一代最有名的科学家，甚至知名到《深夜秀》(*Tonight Show*)主持人约翰尼·卡森（Johnny Carson）开始喜欢模仿天文学家对"十亿"这个词的喜爱。[2]可萨根对此似乎并不介意；他经常出现在深夜喜剧演员的节目中讨论科学话题。他还写了一部关于发现外星智慧生物的科幻小说《超时空接触》(*Contact*)，后来被改编成由朱迪·福斯特（Jodie Foster）主演的同名电影并大获成功。许多年轻的科学家和科学传播者，包括天体物理学家尼尔·德格拉斯·泰森和教育电视节目主持人比尔·奈（Bill Nye），后来都认为卡尔·萨根激发他们走上了自己事业的发展之路。[3]

《宇宙》播出五年后，新成立的美国探索通信公司（Discovery Communications）推出了一个以纪录片为主题的有线电视频道，希望吸引观众和科技广告商。[4]这家公司不同于美国公共电视网，因为它不依赖公共资金或捐赠，也不同于主要的广播电视网，因为它并没有试图吸引普通观众。相反，有线电视行业的新经济学促使探索频道通过为其纪录片节目建立小而忠诚的观众群而蓬勃发展。[5]探索频道从购买二手内容发展到开发自己的节目，之后与其母公司（最终将自己更名为 Discovery Inc.）一起，通过将科学信息与真人秀风格和戏剧性吸引力相结合而制作的节目，取得了收视率的成功。多年来，探索网络频道最热门的节目包括年度最佳鲨鱼纪录片《鲨鱼周》（*Shark Week*），以及通过反复实验揭示流言真相的《流言终结者》。

探索频道也不是唯一通过科学纪录片节目创造收视率的电视网络。探索频道大受欢迎推动了其他有线频道，包括动物星球（Animal Planet）和国家地理频道（National Geographic Channel），开发了许多科普节目。《宇宙》节目也在2014年重新火了，当时福克斯电视网和国家地理频道联手制作了由尼尔·德格拉斯·泰森主持的新版《宇宙》。在这一期间，美国公共电视网一直在播放自己的科学纪录片，包括《新星》（*NOVA*）和《自然》（*Nature*）。

总体而言，此类科学纪录片节目的受众相当可观。在2017年皮尤研究中心对美国公众进行的一项调查中，几乎一半的受访者（45%）表示，他们经常从"纪录片或其他科学视频节目"中获得科学新闻。[6]在其他提供非虚构内容的媒体形式中，只有经常提供科学新闻来源的大众新闻媒体排名更高。此外，科学纪录片和视频的观众对它们充满信心，三分之二（68%）的人表示这些信息来源大多数时间"在报道科学事实时都展示了真相。"

科学纪录片在其可信度的巨大光环下，呈现科学的方式大相径庭，尤为不同的是它们结合信息价值和娱乐价值的方式。几乎所有科普电视节目都至少在一定程度上反映了这两种价值。因此，一些观察家将这种类型的节目称为"信息娱乐"（"infotainment"）或"寓教于乐"（"edutainment"）。[7]然而，特定的纪录片节目可能介于纯信息和纯娱乐之间任何一处。一方面，《新星》倾向于强调教育内容，《宇宙》的新旧两个版本也是如此。另一方面，探索频道的《鲨鱼周》及其"纪实虚构电影（docufiction）"特别节目，如《美人鱼：科学的假设》（*Mermaids: The Body Found*），往往不惜牺牲信息价值来突出戏剧性。而同一电视网络的《流言终结者》则介于这两个极端之间，混合了科学假设检验和对于观众而言更具吸引力的各种戏剧性爆炸效果。

根据他们的主题，以及他们平衡信息与娱乐的方式，科学纪录片节目可能会从各个方面影响公众对科学的看法。一方面，观看耸人听闻的纪录片和纪实虚构电影可能会助长对自然的扭曲理解，引发公众对自然世界的恐惧，并削弱对科学机构的信任。另一方面，观看《宇宙》《新星》和《流言终结者》等纪录片可能有助于消除公众对科学家的刻板印象，重塑对科学工作的看法。反过来，这种效果最终可能会影响观众关于是否支持科学研究、参与日常科学活动，甚至跟随卡尔·萨根和尼尔·德格拉斯·泰森等人追求科学事业的决心。

有线电视娱乐节目中的科学：戏剧和纪实虚构电影

自20世纪80年代以来，探索通信公司一直主导着科学主题的有线电视纪录片。到21世纪10年代后期，它一共运营了20个频道，其收视率占美国所有有线电视的五分之一。[8] 除了其最初的网络电视探索频道外，该公司还拥有另外两个科学纪录片的专业频道：动物星球和科学，两者均于1996年开播。这三个频道合起来播放了各种与科学相关的节目。除了《鲨鱼周》和《流言终结者》之外，探索频道还播放了诸如关于考古学的传说和奥秘的《追密探险队》（Expedition Unknown）、关于病毒的《杀手病毒》（Invisible Killers）、关于著名发明家特斯拉声称自己设计了一种致命的能量光束的《死亡射线：特斯拉死因调查》（Tesla's Death Ray）和内容不言而喻的《食人蟒》（Man-Eating Python）。动物星球频道最受欢迎的节目包括由史蒂夫·欧文（Steve Irwin）一直主持到他2006年去世为止的《鳄鱼猎手》（Crocodile Hunter）、关于环保主义者试图阻止捕鲸者的《护鲸大战》（Whale Wars）和关于淡水捕食者的《河中巨怪》（River Monsters）。低调的科学频道则以原创系列为特色，如科学家和工程师讨论网红视频的《网络影片大解码》（Outrageous Acts of Science），并重播探索频道节目。

2001年，国家地理学会（National Geographic Society）和福克斯有线电视新闻台（Fox Cable Networks）在纪录片电视领域推出要与探索频道一争高下的国家地理频道。该频道联合制作了新的《宇宙》系列，以及从仍由尼尔·德格拉斯·泰森主持的《星语》（StarTalk）和关于地球科学的《被点亮的星球》（One Strange Rock）到以月光动力火箭和"乡巴佬气垫船"为特色的工程主题节目《火箭都市乡巴佬》（Rocket City Rednecks）。在2017年媒体合并后，该频道成为沃特·迪斯尼电视台的一部分。

在研究有线电视上的科学时，要记住探索频道、动物星球、科学和国家地理频道都是依靠有线电视订阅量和广告收入来产生利润的商业网络，这一点很重要。因此，它们的内容反映了娱乐价值与信息价值，有时娱乐价值甚至优先于信息价值。[9] 这些多重且可能相互矛盾的侧重点在涉及公众对科学的理解时，可能会产生复杂的影响。

特别是科学纪录片节目经常以凸显固定的角色和故事情节、生动的隐喻和引人注目的视觉效果来吸引观众。[10] 例如，大卫·皮尔森（David Pierson）发现探索频道的自然类的节目制作在围绕传统善恶观的情节中倾向将动物拟人化。[11] 在《荒野求生》（Wild Discovery）等节目中，照顾幼崽的母熊和学习捕捉鲑鱼的幼熊等一些动物扮演英雄的角色，而如狒狒等其他动物则扮演窃取人类食物的"罪犯"或医学检测的"受害者"等不同的角色。[12] "可爱"的动物（如熊和鲸鱼）往往会受到同情，而"令人厌恶的"动物（如蛇）会激发恐惧，这毫不奇怪。[13] 虽然这些叙述可能会促进观众对科学产生兴趣和联系，但它们也鼓励观众以戏剧化和过于简单的方式看待自然，以及将自己的道德框架投射到自然界。

无独有偶，文森特·坎贝尔（Vincent Campbell）也描述了有线电视纪录片节目使用好莱坞式的叙事和电脑成像技术来提高其娱乐价值的方法。[14]例如,《超级火山》（*Supervolcano*）和《超级风暴》（*Superstorm*）等节目靠的是观众在《后天》（*The Day After Tomorrow*）或《龙卷风》（*Twister*）等灾难电影中可能看到的相同的描述手法,包括对灾难的大规模破坏和幸存者的描述。就电脑成像而言,有线电视纪录片通过《与恐龙同行》（*Walking with Dinosaurs*）再现恐龙,通过《宇宙的奇迹》（*Wonders of the Universe*）再现超新星,通过《超级彗星》（*Super Comet*）和《超级火山》再现自然灾害,从而为观众提供"感性逼真"的奇观的视觉效果。[15]一些观察家批评这些技术是哗众取宠的,但坎贝尔认为,它们与观众自己的经历和情感产生共鸣的能力有助于促进人们对科学"奇迹"的参与。[16]

尽管学者们强调了有线纪录片"寓教于乐"的积极和消极影响,但一些节目却因将哗众取宠的考虑置于既定的科学实践、知识和道德原则之上的特殊方式引起了科学界的强烈谴责。[17]2014年,探索频道为纪录片《生吞》（*Eaten Alive*）所做的网络宣传片里,主角是一名男子,他允许蟒蛇将其吞食并反刍（蛇将胃里的食物逆呕回口腔）,这遭到爬虫学家和观众的强烈反对。[18]进化生物学家克里斯蒂·威尔科克斯（Christie Wilcox）是这一特别节目最激烈的批评者之一,他还就探索频道2016年的纪录片系列《取毒高手》（*Venom Hunters*）撰写了一篇披露文章,指出其所谓的专家处理蛇的错误做法以及其制作人明显的道德失误。[19]威尔科克斯批评《生吞》将对食人蛇蟒的恐惧夸大并永久化,批评《取毒高手》鼓励业余爱好者模仿这一危害自己也危害蛇类的行为。

海洋科学家对探索频道和动物星球上一系列水生专题节目也做出了类似的反应。2012年,两个频道都播出《美人鱼：科学的假设》,表明美国国家海洋和大气管理局（NOAA）隐藏了真实美人鱼存在的证据。该机构就此发表了反驳,但该节目获得了足够高的收视率,以至于催生了2013年的续集《美人鱼：新证据》（*Mermaids：New Evidence*）。[20]科学家批评这种炒作型的节目可能会损害公众对科学事业的支持和对科学机构的信任。深海生态学家大卫·安德鲁·泰勒（David Andrew Thaler）写道：

> 这些类型的节目玷污了电视教育节目……它们表面上试图通过这些野生动物教育公众,但却通过虐待动物来对它们造成伤害。像《美人鱼》这样的节目,胆大妄为且彻头彻尾地编造谎言,削弱了公众对政府和科学组织的信任。这些节目通过将这些作品中真实的、通常是无党派的机构（如NOAA）塑造为反派,不仅以迫使该机构回应虚假争议的手段来将资源从该机构的实际工作中转移出去,而且为旨在诋毁这些组织的其他运动提供了支持。[21]

他甚至引用了他在飞行途中遇到的一位教师的话："如果NOAA在是否有美人鱼的问题上向我们撒谎,那么他们肯定也在气候变化问题上向我们撒谎。"[22]简而言之,这些《美人鱼》节目可以利用创造感知现实主义光环的纪录片技术,在人们心中播下对科学和科学组织不信任的种子并建立探索频道自己的信誉。

《鲨鱼周》：你还会再下水吗？

如果泰勒和其他批评探索通信公司的人认为哗众取宠的纪录片节目具有使观众更加恐惧自然界并驱使他们对科学组织冷嘲热讽的力量这一看法是正确的，那么这种类型的节目也可能对诸如保护工作等科学倡议产生现实的影响。以《鲨鱼周》为例，该节目自1988年开播以来一直是探索频道收视皇冠上的明珠。该节目的网站称其为"电视史上播出时间最长且备受期待的夏季电视节目，融合了创新的研究技术，为观众提供了令人耳目一新的鲨鱼故事。"[23]《鲨鱼周》不仅获得探索频道的大力宣传还经常获得高收视率。[24] 在我们2016年10月对美国公众的调查中，有三分之一的受访者（34%）看过这个节目，这很可能是自1975年大片《大白鲨》（Jaws，电影宣传标语为"你再也不会下水了"）放映以来，最出类拔萃的鲨鱼节目了。[25]

苏珊娜·埃文斯（Suzanne Evans）通过对《鲨鱼周》2001~2012年剧集的内容分析，研究了《鲨鱼周》描绘其明星掠食者所使用的框架或故事元素。[26] 她发现娱乐框架占主导地位，这与有线电视网络一直存在的吸引观众的需求相一致。她编码的剧集通常以采访受害者以及拍摄鲜血染红的海水或挣扎的游泳者的镜头来关注鲨鱼攻击。该系列还使用事件重演、恐怖音乐和快速或慢速镜头来强调此类攻击。正如埃文斯所指出的，《鲨鱼周》将鲨鱼描绘成"杀手"，夸大了它们对人类构成的威胁——并且，这样做削弱了公众对科学家保护濒临灭绝的鲨鱼物种的努力的支持。尤其是，该节目引发的担忧可能会减少观众帮助鲨鱼物种保护工作的意愿，进而减少与家人或朋友讨论鲨鱼保护话题、签署请愿书递交公职人员以及向保护组织捐款等相关保护行动。[27]

埃文斯确实发现2010年之后的《鲨鱼周》在故事框架的某些方面发生了变化，当时探索频道承诺要针对科学家和保护主义组织的批评做出整改。例如，该节目涵盖了更多的科学资料和保护信息，以及呈现了更少的鲨鱼攻击的真实画面。然而，在埃文斯完成她的研究后不久，该频道又恢复了老样子，在鲨鱼的纪实虚构电影系列节目中照样哗众取宠。探索频道在2013年《鲨鱼周》节目版块中播出了《巨齿鲨：怪物鲨鱼还活着》（Megalodon: The Monster Shark Lives），并在片中错误地暗示一种灭绝的鲨鱼物种导致了一艘渔船的沉没。这期特别节目很受欢迎，在2014年获拍续集，并在2015年再拍续集《黑暗鲨鱼：海底霸主之怒》（Shark of Darkness: Wrath of Submarine），片中弄虚作假地将客船倾覆归咎于一条大白鲨。2017年，该网络承诺展示奥运金牌游泳运动员迈克尔·菲尔普斯（Michael Phelps）和一只大白鲨之间的比赛，然后提供一条电脑成像的鲨鱼（它"击败"了菲尔普斯，但没有吃掉他），这就是为观众设计制作的一场新的诱饵游戏。[28] 所有这一切表明，商业有线网络在创造收视率和广告收入时，要抵制哗众取宠的诱惑是多么困难。

在研究发现《鲨鱼周》经常强调戏剧性和暴力内容的基础上，埃文斯和杰西卡·加尔·迈里克（Jessica Gall Myrick）进行了一项随机实验，以测试参与者对收看该节目中的鲨鱼袭击视频的反应。[29]事实证明，收看此类视频会引发观众对鲨鱼攻击的焦虑。该研究还发现近期收看《鲨鱼周》与对鲨鱼产生恐惧之间存在联系，但长期收看该节目与这种恐惧之间没有联系。这些结果与迈里克和埃文斯的观点一致，《鲨鱼周》主要通过激活现有记忆来影响观众，这就是启动效应。相比之下，研究人员没有发现任何证据表明长期观看该节目会滋生对鲨鱼的恐惧。从更广泛的意义上讲，作者的研究结果强调了《鲨鱼周》具有通过强化鲨鱼的危险形象来阻碍现实世界对其进行保护的潜在负面影响。

鲨鱼纪录片中的恐怖配乐可能会进一步放大观众对鲨鱼的敌意。《大白鲨》以著名的只有两个音符的主题音乐来营造悬念，《鲨鱼周》和其他关于鲨鱼的纪录片电视节目的配乐也如出一辙，经常以营造恐怖氛围为特色。安德鲁·诺萨尔（Andrew Nosal）和他的同事为了了解这些配乐选择的影响，进行了一系列实验，他们随机分配参与者收看探索频道在美国播出的BBC系列《蓝色星球：生命之海》（*Blue Planet: Seas of Life*）中鲨鱼纪录片的片段，片中包含令人振奋的配乐、恐怖的配乐或没有配乐。[30]参与者在收看带有恐怖配乐的片段后，对鲨鱼表达了特别负面的看法。研究人员也得出结论，"恐怖的配乐可能会增强鲨鱼纪录片的娱乐性"，但"也可能会因造成观众有失偏颇的看法而阻碍合法的鲨鱼保护工作。"[31]

积极的一面是，传播学者和海洋科学家已经探索了如何抵消《鲨鱼周》等节目中潜在的破坏性信息。作为实验的一部分，迈里克和埃文斯将探索频道自己制作的公益广告（PSA）纳入实验对象，测试了其对鲨鱼保护的影响。这些广告包含诸如"我们不应该害怕鲨鱼，我们应该为它们担惊受怕"之类的信息。[32]迈里克和埃文斯发现结果令人喜忧参半：收看公益广告增加了观众对鲨鱼保护的支持，但并没有减少他们对鲨鱼的恐惧感。

安德鲁·大卫·泰勒（Andrew David Thaler）和大卫·希夫曼（David Shiffman）在回应探索通信公司哗众取宠的鲨鱼纪实娱乐片时，采取了不同的策略。两位科学家为了反驳《巨齿鲨》和《黑暗鲨鱼》中的错误信息，撰写了揭穿这些节目假面具的文章，并将它们发表在一个受欢迎的海洋科学与保护网站——Southern Fried Science上，然后使用搜索引擎优化技术和社交媒体来使该文在鲨鱼节目运行时的关注度最大化。[33]泰勒和希夫曼对《巨齿鲨》的批评吸引的在线观众数量不多，但为他们的下一步努力奠定了基础。当他们发起反对《黑暗鲨鱼》的运动时，他们的网站成功地吸引了50万的独立访客，并使他们关于"假纪录片"的文章成为谷歌"黑暗鲨鱼"的热门搜索结果。此外，他们可能使关于该纪录片系列的负面推文得到传播。泰勒和希夫曼将他们的活动所产生的反响视为海洋保护工作对假信息的胜利。他们的努力还展示了科学传播者如何使用跨媒体平台（从搜索引擎到脸书和推特的跨媒体（transmedia）策略，为观众提供工具，以批判性地参与科学主题的电视信息的讨论并将这些信息置于更广泛的社会背景中。[34]

《流言终结者》：打破科学的刻板印象？

尽管《鲨鱼周》展示了有线电视纪录片频道助长对自然世界的恐惧并破坏科学努力的负面影响力，但探索频道的另一个节目可能代表了此类频道具有重塑公众理解科学实践和文化的潜力。虽然网络流行的鲨鱼主题的节目倾向于强调哗众取宠的戏剧性，但探索频道的热门剧集《流言终结者》在描述科学如何运作、科学工作是什么样的以及谁可以参与科学等方面平衡了娱乐价值和教育价值。

《流言终结者》由探索频道和澳大利亚电视频道于2003年推出，由特效专家杰米·海尼曼（Jamie Hyneman）和亚当·萨维奇（Adam Savage）利用演示法来测试广为流传的谣言和传奇故事是否属实。[35]在大多数剧集中，三位联合主持人——托利·贝勒西（Tory Belleci）、卡丽·拜伦（Kari Byron）和格兰特·今原（Grant Imahara）也都亲自参与测试。在每个片段的结尾，主持人决定流言是"证实""有此可能"还是"彻底破解"。例如，他们检查将手指伸入枪管是否会导致子弹向后射出（彻底破解），是否有可能骗过警察测速摄像机（有此可能但困难），以及子弹击中水产生的冲击波是否会杀死鱼（证实）。《流言终结者》在2016年结束播出之前共播出了14季。2017年，探索通信公司与该节目的新主持人一道在其科学频道上重启了该节目。

在最初的运行期间，《流言终结者》通过在有线电视上播出并以其高水准吸引大量观众。例如，2010年关于时任美国总统巴拉克·奥巴马（Barack Obama）的特集吸引了超过200万观众。[36]事实上，我们在2016年10月对美国公众的调查中发现，超过一半的受访者（56%）表示他们看过该节目。《流言终结者》大获好评，8次获艾美奖提名。[37]海纳曼和萨维奇也成为科学和工程领域的杰出使者，成为电视谈话节目嘉宾，并受邀在教师大会上发言。[38]最初的节目结束时，奥巴马录制了一条语音信息，感谢其主办方"激励我们的许多年轻人提出关于我们世界的重大问题，并通过数学、科学和工程寻求答案。"[39]

与他一起赞扬了《流言终结者》的还有一些科学家和工程师。例如，生物医学工程师埃里克·扎夫雷尔（Erik Zavrel）表示，该节目对科学和工程的描述可以帮助观众——尤其是年轻人，也包括成年人——了解这些领域在现实世界中是如何运作的。[40]值得一提的是，他认为该节目提出了对科学方法的许多关键要素的一种基本合理的看法，包括假设的形成、实验中控制条件的使用、替代假设的测试、可量化措施的开发以及复制的重要性。与此同时，《流言终结者》还使用了促进主动学习、避免使用技术术语、通过重复来增强对信息的记忆、从熟悉的流行文化资源中汲取灵感以及培养科学探究的热情等一系列教学技巧。最重要的是，该节目通过有趣的演示（包括频繁的爆炸演示）来说明观点。在一项对比研究中，扎夫雷尔和埃里克·夏普斯汀（Eric Sharpsteen）发现，完成了基于《流言终结者》的课堂活动的高中生对实验方法的理解程度更高，并且对寻找这些方法更有信心。[41]

与此同时，持怀疑态度的评论员和科学技术研究（STS）学者强调了《流言终结者》

在促进对科学的批判性参与方面存在潜在局限性。例如，布莱恩·邓宁（Brian Dunning）认为该节目"从未真正挑战其观众"，因为它通常避免"打破"大众广泛持有的关于通灵和治疗能量场等伪科学信念。[42] 与此同时，大卫·柯比提出《流言终结者》传达了一种"科学实践过于简单化"的观点"，以及"它代表了科学权威的过度权威。"[43] 虽然节目的这些方面可能会阻碍批判性思维并加强大众的顺从性而不是积极的参与性，但邓宁和柯比也注意到《流言终结者》如何为观众提供参与科学的途径和达到自我参与科学的功效。前者称赞该节目使用科学测试来回答问题，而后者则称该节目有助于"揭开"科学的神秘面纱。[44]

柯比的观点得到扎夫雷尔的呼应，他认为《流言终结者》不仅描绘了科学的过程，还提供了对其产生的文化和社会环境的通俗易懂的描述。[45] 与好莱坞老电影中陈规定型的疯狂科学家不同，《流言终结者》的主持人给人的印象是踏实、有趣、讨人喜欢的。他们还走入社会各界，与从警察到医生的各种专家合作，传达一种与基于科学技术研究的协作和参与式科学的概念相吻合的形象。[46] 甚至海纳曼和萨维奇自己作为特效专家而不是传统科学家的背景，也说明普罗大众能在科学研究和科学传播中发挥积极作用——这是公众理解科学模型的关键原则，强调普通民众也可以对科学知识、方法和实践做出贡献和见解。[47]

此外，《流言终结者》为观众提供了一种科学的愿景，其中包括谨慎的实践和有原则的探究。海纳曼和萨维奇的演示通常具有潜在危险，但该节目强调了他们采用穿戴防护服和口罩等安全预防措施。主持人的实验还展现出对道德伦理的遵从（例如，通过使用假鱼而不是真鱼来展示在桶中射击鱼的效果），并论证科学的社会影响（例如，在他们测试病毒如何传播时）。[48]

鉴于这一切，观看《流言终结者》可以让观众将科学视为一种令人愉快的职业，人们以负责任的方式一起工作，从而有助于消除人们对科学工作是与社会隔绝的、可怕的且普遍缺乏吸引力的刻板印象。本着真正的《流言终结者》的精神，我们将用我们自己的数据重新审视这个假设，以测试它是否成立。然而，在此之前，让我们看一下纪录片电视节目类型中更靠近信息端的两个节目：《宇宙时空之旅》和《新星》。

尼尔·德格拉斯·泰森和《宇宙时空之旅》重归荧幕

尽管《鲨鱼周》和《流言终结者》等节目帮助探索频道成为21世纪10年代最著名的有线纪录片频道，但其他两个网络电视频道（福克斯和国家地理）制作了十年来最引人注目的科学纪录片电视节目之一：《宇宙时空之旅》。与原版《宇宙》不同的是，新版本不是在公共电视网上播出，而是在商业广播和有线网络上播出。因此，它的制作、内容和发行既反映了初始系列的教育初衷，也反映了推动营利性电视收视率的考虑，包括需要一位明星科学家追随卡尔·萨根的脚步。[49]

《宇宙》重回荧幕源于纽约海登天文馆馆长尼尔·德格拉斯·泰森和福克斯戏剧卡通片

《恶搞之家》(Family Guy)的创作者赛思·麦克法兰(Seth MacFarlane)之间的会面。虽然，他们一位是天体物理学家，一位是好莱坞作家兼制片人，但他们有两个共同点：对促进公众参与科学兴趣盎然和对萨根原创的《宇宙》充满钦佩。[50]他们与萨根的合著者及遗孀安·德鲁扬(Ann Druyan)合作，计划了一个将由泰森主持的新版本《宇宙》系列。"《宇宙》在此时此刻重现荧幕，恰逢其时"，麦克法兰在2014年该剧集首映时说，"因为事实上，科学曾经是国家和物种多样性的自豪之源，我们却在很多方面都完全忽视和拒绝了它。"[51]

与其前身《宇宙》一样，新作的特色是借助引人入胜的叙述和精心制作的特效传达科学信息。在麦克法兰的参与下，该节目重回荧幕还呈现了描绘科学研究史的动画序列。第一集结尾时，泰森描述了他作为一名17岁高中生，收到了萨根的邀请，参观了他在康奈尔大学的实验室，泰森接受邀请并乘坐公共汽车从他在布朗克斯的家前往纽约伊萨卡，这种经历回顾是向萨根致敬。"我早已知道我想成为一名科学家"，他告诉观众，"但那天下午我从卡尔那里了解到了我想成为的那种人。他向我和无数其他人伸出援手，激励我们中的许多人研究、教学和实践科学。科学是一项跨越几代人的合作事业，是一个回溯古代、走向未来的思想共同体。"

泰森的《宇宙》涵盖了与萨根系列相同的一些内容，包括宇宙的历史、太阳系的形成以及地球上和其他地方的生命的发展，同时融入了新的科学见解，并解决了气候变化等新的大众关注的话题。节目在这样的制作过程中，强调了科学过程的重要性以及呈现了个别科学家的生活。有时它说明了当科学工作由与社会大众格格不入的人进行时，是如何成为一项危险而孤独的事业的，例如，16世纪意大利天文学家乔尔达诺·布鲁诺(Giordano Bruno)因挑战地球是宇宙的中心这一概念而被置于火刑柱上。然而，更多时候《宇宙时空之旅》将科学描述为一个协作创业。例如，它描绘了艾萨克·牛顿和埃德蒙·哈雷(Edmund Halley，因哈雷彗星而闻名)如何合作研究宇宙定律，克莱尔·帕特森(Clair Patterson)和哈里森·布朗(Harrison Brown)如何共同确定地球的年龄，以及哈佛计算机学院包括安妮·坎农(Annie Jump Cannon)、亨丽埃塔·斯旺·莱维特(Henrietta Swan Leavitt)以及塞西莉亚·佩恩(Cecilia Payne)在内的一组研究人员如何对银河系的恒星进行了分类。

据估计，总共有4500万美国观众在2014年至少观看了《宇宙时空之旅》系列的部分节目。[52]两年后，我们在2016年10月进行的调查发现，超过四分之一的美国公众(28%)看过该系列。该系列也获得了一致好评，包括获得4项艾美奖。[53]新一季《宇宙时空之旅：未知世界》也于2020年首播。[54]

《宇宙》重归荧幕巩固了节目主持人作为这个时代最杰出的科普人之一的地位，这一角色的前身则是萨根。2014年之前，泰森已经通过他的著作、他的媒体曝光(包括频繁出席斯蒂芬·科尔伯特的《科尔伯特报告》和《深夜秀》)以及他将冥王星从行星中降级的事件而获得了很高的知名度。[55]泰森在《宇宙时空之旅》第一季之后获得了更大的名气。事实上，他成了一位科学明星，以至于喜剧演员基冈-迈克尔·皮尔(Keegan-Michael Peele)

和乔丹·基（Jordan Key）就像约翰尼·卡森曾在《今夜秀》（The Tonight Show）中模仿卡尔·萨根一样，在2015年的电视节目《基和皮尔》（Key & Peele）中恶搞了他。他们在幽默小品中描绘了一个通过讲述宇宙的奇迹来回避与妻子争论的泰森。例如，当她问他为什么不能在遛狗这事上注意小细节时，他告诉她，"嗯，实际上，根据定义，这是无法跟踪的小细节。1927年，一位名叫维尔纳·海森堡（Werner Heisenberg）的德国大学讲师得出了一个看似自相矛盾的结论：我们对粒子在物理空间中的位置了解得越多，对其动量的了解就越少，反之亦然。"

我们的民意调查结果表明，泰森在《宇宙时空之旅》之后成为超火的科学偶像。在我们2016年7月对美国公众的调查中，大多数受访者对泰森熟悉到能对他做出评价，而大多数评价者都对他持正面看法。[56]当我们在2016年10月对美国的调查中询问受访者能想到的电视节目或电影中的科学家时，几乎有十分之一（9%）的公众提到了泰森，这使他成为继《比尔·奈教科学》之后的第二大真实科学人物。这些发现表明，泰森是当今媒体中最引人注目和最受欢迎的科学传播者之一。如果是这样，那么也许他的节目培养了对科学家的更积极的看法，鼓励观众参与科学，甚至为潜在的科学家提供了效仿的榜样——就像萨根的节目为泰森提供了榜样一样。

然而，《宇宙》系列的案例也说明了使用纪录片电视平台向公众讲述科学的挑战。在2014年对美国公众的一项调查中，希瑟·阿金（Heather Akin）和她的同事发现，至少看过一集《宇宙时空之旅》的受访者已经拥有相对较高水平的科学兴趣和知识，使他们成为其信息的"公认的合唱团"。[57]这些调查结果突出了在衡量以信息价值而非娱乐价值为先择条件的科学纪录片节目的潜在影响时要牢记的重要一点：它们可能无法接触到对科学的好奇心最弱的公众[58]。丹·卡汉（Dan Kahan）等研究人员提出的"观众缺失"假设表明，一些潜在观众会避开《宇宙》之类的节目，因为他们认为此类节目威胁到他们的政治或宗教价值观。[59]例如，福音派基督徒或对全球变暖持怀疑论的保守派认为泰森关于进化或气候变化的信息与他们自己的文化身份相冲突，他们可能只需选择不看他的节目即可。此外，这类科学纪录片更注重信息的传达，那些认为科学无聊的人对这一节目的冷漠和那些拒绝其结论的人对节目的敌意可能会限制信息类科学纪录片的影响，这一类别不仅包括有线电视的《宇宙》，还包括公共电视网的《新星》。

公共电视网的科学：《新星》

公共电视网并没有介入泰森重启《宇宙》系列纪录片，因为其附属公司制作《宇宙》初始系列后，于1989年出售了它的版权，但公共电视网直到今天仍然是科学纪录片节目的主要渠道之一。2017年，公共电视网在收视率排行榜排名第六，黄金时段的观众人数比探索频道多70%。[60]此外，信赖公共电视网的观众人数是不信赖它的人的三倍，这使其成为美国最值得信赖的媒体机构。[61]

公共电视网的旗舰科学纪录片系列《新星》将人物采访与其他镜头相结合,以探讨广泛的话题。例如,2017~2018年的剧集考察了太阳能飞机首次环球飞行、统计预测科学、西半球发现的一些最古老的人类遗骸以及气候变化对地球天气系统的影响。《新星》自1974年首映以来,赢得了无数奖项。[62]它也是收视率最高的黄金时段的科学系列节目,拥有约500万固定观众。[63]我们2016年10月的调查发现,超过三分之一的美国公众（37%）看过该系列节目。

除《新星》外,公共电视网还播放各种其他科学主题的节目。1982年,公共电视网推出了《自然》,这是一部获得艾美奖的野生动物系列纪录片,截至本书出版,已经播出了36季有余。[64]典型的剧集主题包括蝴蝶交配习惯、猎豹的家庭生活以及拯救世界上最后一只雄性白犀牛的努力。自2000年以来,公共电视网还播出了《死亡之谜》(*Secrets of the Dead*),该节目使用"最新的调查技术、法医科学和历史检验"来解读诸如塞勒姆女巫审判案、图坦卡蒙国王陵墓和泰坦尼克号沉没等话题。

鉴于公共电视网是一家非营利性节目发行商,人们可能会期望其科学纪录片将教育价值置于娱乐价值之上——这与探索频道和动物星球等私营营利性有线电视网络的科学节目形成鲜明对比。然而,即使是公共电视网也面临着吸引观众的压力,其本身的资金来源依赖于企业赞助商、基金会和美国政府,其附属电视台则依赖于观众的捐款。[65]与此同时,《新星》等公共电视节目的制作人面临来自另一个方面的压力:他们的科学顾问,因为顾问们希望这些节目有助于保持科学的正面公众形象。毕竟,科学家们自己在进行研究时往往依赖公众的支持。公共电视面临的综合压力促生了一种"将教育与娱乐和宣传相结合"的制作方法。[66]

考虑到这一切,苏珊娜·霍尼格（Susanna Hornig）分析了1988年的《新星》剧集,以探索该系列如何描绘科学工作的本质。她发现它将科学戏剧化为"一种具有近乎超自然特征的抽象且极其强大的力量。"[67]例如,关于"超导体"的一集将这项技术描述为具有"几乎神奇的力量"。[68]节目中,科学家们穿着实验室外套,周围是布满方程式的黑板和摆满书的办公室等背景,这表明他们作为"在他们的神秘世界和我们的更平凡的世界之间为我们进行谈判的大祭司"的"特殊地位"。[69]霍尼格指出,《新星》通常将科学家的角色描绘为"解释事情"而不是"做事情";与此同时,不知名的助手会执行节目展示的实际工作。[70]她认为,这些描绘也许"更可能有助于科学的神秘化,而不是揭开它的神秘面纱",这与"该节目宣称的让非科学界人士能够接触科学的目标相矛盾"。[71]

为了提供更近期的关于《新星》的另一项信息,我们的研究助理D.J.麦考利（D. J. McCauley）从2011~2017年播出的《新星》中随机选择了12集进行研究。她特别探讨了该系列是否将科学工作描述为危险的,以及它是否将科学家描述为总是单独工作或与团队工作、怪异的而且与社会疏离的一个群体。在这12集中,有几集强调了科学探究的潜在风险。一集展示了研究人员重现蒙哥菲尔（Montgolfier）兄弟最初的热气球飞行（"这两个人只靠一只脆弱的气球和以干草为燃料的明火来让他们保持在3000英尺的高空"），另一集则描绘工程师封闭乌克兰受损的切尔诺贝利核反应堆（"这份工作，极度危险"）。[72]然而，大多剧集所显现的危险都不过于被招潮蟹（一种"致命武器"——但仅对其他螃蟹而言）夹到或由于参加机器人锦标赛而面临精神疲惫（"恢复至少需要几个月的时间"）。[73]

麦考利分析的《新星》剧集也强调了科学工作的协作性质。12集中的大多数都描绘了研究团队：例如，建造热气球的蒙哥菲尔兄弟、国防高级研究计划局（Defense Advanced Research Projects Agency or DARPA）的机器人实验室、美国宇航局的喷气推进实验室（Jet Propulsion Laboratory）以及"来自17个机构和4个国家的36名科学家"，他们共同挖掘了斯诺马斯冰河时代遗址（Snowmass Ice Age site）。[74]接受采访的科学家们通常使用"我们"一词，而不是"我"，这加强了科学作为一项集体努力的主题。

至于科学家本身，他们在剧集中也很少给人以陌生或疏远的印象。相反，《新星》将他们展示为渴望与更广泛的受众分享他们知识的社群。例如，有一集展示了一组科学家通过博物馆展示被困在冰河时代湖泊中的动物遗骸来与公众互动。他们甚至拿乳齿象骨头的气味开玩笑（"是的，黑莓、樱桃、橡木味、烟草味，是的……显然已经在橡木桶中放置了三年"）。[75]其他的几集描述了科学家与当地木匠合作帮助重建古埃及战车或使用众包游戏来解决蛋白质折叠的难题。[76]叙述者和采访者通常直呼这些科学家的名字，而不是"某某博士"。剧集还展示了科学家通过保护人们免受放射性污染、监测可能毁灭地球的小行星、开发地震和海啸预警系统或利用神经科学了解大开杀戒的杀手的思维等来帮助社会。[77]

虽然早期的研究强调了《新星》使科学看起来神秘和难以接近的可能性，但麦考利对该节目的最新内容的观察表明了一组不同的效果。根据她的观察，我们估计《新星》的观众极不可能将科学工作视为危险的，也极不可能将科学家视为独自工作或怪异且与社会疏离的一个群体。鉴于《流言终结者》和《宇宙》如何强调科学工作的协作性而非其危险性，并将科学家描绘为更人性化的、由好奇心联合起来的"团队合作者"，我们或许能期待这两个节目的观众有类似的认知模式。

收看科学电视节目和科学认知的新视角

我们2016年10月对美国公众的调查为我们提供了测试这些可能性的数据。除了询问受访者是否看过《流言终结者》《宇宙》和《新星》，我们还询问他们对科学和科学家的认知。具体而言，就是他们是否同意"科学工作是危险的""科学家通常独自工作""科学家往往看不起他人"以及"科学家往往是怪异的人"这些看法。

我们在《流言终结者》的案例中发现，观众和非观众在4个问题中的3个上没有显著差异（图4-1）。这两组人或多或少地都认为科学工作是危险的（非观众为51%，观众为49%）、科学家是怪异的人（48%与46%）、并认为科学家看不起他人（33%与31%）。然而，《流言终结者》的观众（24%）相信科学家独自工作，比非观众（36%）低12个百分点——即使我们控制了其他形式的媒体使用（包括收看《宇宙》和《新星》）以及关键的人口统计因素，这一差距仍具有统计意义。尽管这一发现并不能证明收看《流言终结者》会导致观众的观念发生转变，但这里的数据关系与该系列节目描述海尼曼和萨维奇如何与他们的共同主持人和嘉宾一起进行科学演示的情况相吻合。

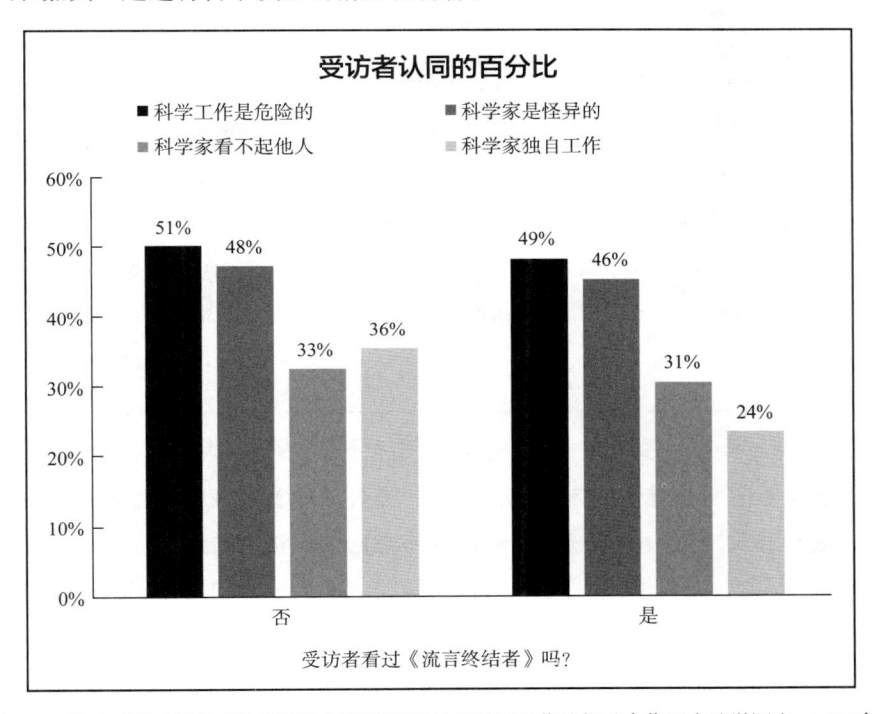

图4-1 收看《流言终结者》而产生的科学家认知和科学工作认知（合作国会选举调查，2016年）

我们在查看《宇宙》和《新星》观众的数据时，发现收看了其中一个节目的人也倾向于观看另一个。因此，我们创建了一个综合衡量标准，衡量受访者是否两个节目都没有收看、或只收看了一个节目或两个节目都看过。看过这两个节目的受访者与一个节目也没有看过的受访者在以上所有问题中都有不同的答案（图4-2），《宇宙》或《新星》的观众不太可能认为科学工作是危险的（37%与57%）、科学家是怪异的（32%与53%）、科学家看不起他人（20%与33%）、科学家独自工作（13%与38%）。所有这些数据的差异都大于10个百分点，而科学家独自工作的数据差异达到25%。此外，我们对其他形式的媒体使用（包括观看《流言终结者》）和关键人口统计数据进行统计控制后，发现了相同的模式。同样，我们的结果并不能最终证明《宇宙》和《新星》影响了观众的科学认知。观众现有的信念也可能促使他们寻找这些节目。然而，我们在这里发现的模式至少表明，观看这两个节目与科学是安全而非危险的形象，以及科学家是脚踏实地的普通人，他们是团队合作而非孤立地工作等认知是一致的。

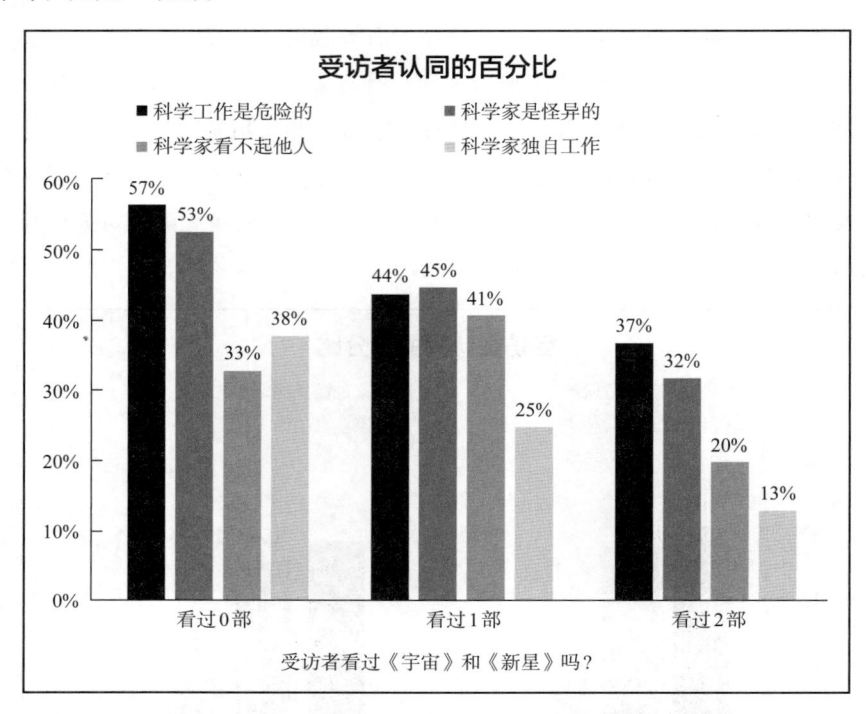

图4-2 收看《宇宙》和《新星》而产生的对科学家和科学工作的认知（合作国会选举调查，2016年）

这确实忽略了另一个重要问题：电视纪录片是否呈现了对该职业的多样化描述。我们已经知道，电影和黄金时段的电视节目倾向于将虚构的科学家描绘成白人、异性恋、身体健全的男性。[78] 那么，科学纪录片节目是如何描绘真实科学家的人口统计特征的呢？历来与节目中的虚构同行大致相同。例如，霍尼格对1988年的《新星》剧集的分析显示，扮演解释自然奥秘的科学家角色的是男性而非女性。[79] 同样，初版《宇宙》和初版《新星》都以白人男性为第一主持，尽管后者包括一位女性联合主持人（卡丽·拜伦）和一位美籍亚裔联合主持人（格兰特·今原）。[80]

最近的一些电视纪录片节目确实提供了这种模式的反例。也许最突出的是重拍的《宇宙》，它启用黑人科学家尼尔·德格拉斯·泰森作为卡尔·萨根的继任者。初版系列和新版系列之间的差异也不止于此，后者更多地强调女性科学家和有色人种科学家的贡献（尽管它讨论的大多数科学家都是白人男性）。其中一集（"太阳的姐妹"）讲述了安妮·加农、亨丽埃塔·斯旺·莱维特和塞西莉亚·佩恩在对恒星进行分类方面的工作，另一集（"藏在光中"）则重点讲述了中国哲学家墨子和阿拉伯科学家伊本·阿尔哈森（Ibn Alhazen）。同样，据麦考利的分析，女性科学家和有色人种科学家在21世纪10年代的《新星》几集中扮演了"解释者"的角色。尽管如此，这些案例仍然是纪录片节目对科学家的主要描绘的例外。

鉴于媒体模式可以影响年轻人的生活选择，女性、有色人种、性少数群体和残疾人在科学纪录片中的代表性持续不足可能会加剧教育和劳动力方面的现有差距。[81]可以肯定的是，观众有时会受到来自跨越人口鸿沟的媒体数据的启发；例如，泰森和美国宇航局的科学家米歇尔·塞勒（Michelle Thaller）都将卡尔·萨根描述为他们自己职业生涯的榜样。[82]然而研究表明，从人口统计学来看，观众也许极有可能认同并效仿那些"看起来跟他们相似"的科学榜样。[83]如果是这样，那么电视纪录片节目向更大的包容性转变可能有助于促进更广泛的科学界的多样性。

非虚构科学媒体与公众：从纪录片到新闻

纪录片科普节目深受大众喜爱和信赖。一方面，这些节目寓教于乐的方式可能会为观众带来扭曲的认知——探索频道的《鲨鱼周》就是如此，节目将鲨鱼描绘成危险的食人动物。另一方面，寓教于乐的节目可能会促进公众对科学工作的更多理解——《流言终结者》便是如此，它强调真实科学的乐趣和团体特性。《宇宙》和《新星》等教育节目也可以促进科学家善于交际而非格格不入的、科学工作是吸引人的而非可怕的这些形象。

到目前为止，我们关注了电视节目，我们还应该提到更广泛的非虚构类媒体在将科学带给公众方面发挥的作用。例如，影院上映的纪录片涉及的话题从南极鸟类（《帝企鹅日记》，March of the Penguins，2005）到大型强子对撞机（《粒子狂热》，Particle Fever，2013）。2006年的纪录片《难以忽视的真相》（An Inconvenient Truth）票房收入2200万美元，并获得奥斯卡最佳纪录片奖，这是一个特别有趣的案例。这部电影结合了美国前副总统阿尔·戈尔（Al Gore）讨论温室气体排放的镜头和他的生活轶事，甚至还穿插了动漫喜剧《飞出个未来》（Futurama）的片段。电影结尾以戈尔描述NASA探测器航海者1号拍摄的照片并援引《宇宙》的原版主持人卡尔·萨根的话发出行动号召：

> 当它到达40亿英里外的太空时，卡尔·萨根说："让我们再拍一张地球的照片。"你见到那个淡蓝色的点了吗？那就是我们。人类历史上的一切都发生在那个像素上。所有的胜利和悲剧，所有的战争，所有的饥荒，所有的重大进展；这就是我们唯一的家。这才是关键所在：我们生活在地球上的能力，作为一种文明去拥抱未来的能力。

《难以忽视的真相》的上映引发了对气候变化的广泛讨论。一些科学界专家批评了这部电影特定的方面，例如，它对气候变化与卡特里娜飓风等个别天气事件之间联系的确定性的描绘。即便如此，回应美联社问卷调查的19位气候学家都同意，戈尔"大部分的科学是正确的。"[84]此外，杰西卡·诺兰（Jessica Nolan）进行的两项实验表明，观看《难以忽视的真相》的人对气候变化、全球变暖的关注度更高并对这一问题采取行动的意愿更大。[85]

电视纪录片和电影也不是非虚构类科学媒体的唯一形式，还有长期运营的杂志，如《科学美国人》（Scientific American）和《国家地理》（National Geographic）；广播节目，如

《科学星期五》（Science Friday）；以及最近的播客，如《无限猴笼》（The Infinite Monkey Cage）和《自然》（Nature）。虽然这些媒体形式在流行度上可能无法与电视纪录片节目和电影相媲美，但它们仍能吸引大量观众。我们在本章开头引用的2017年皮尤研究中心的调查发现，25%的受访者经常从科学杂志、12%的人从播客或广播节目中了解科学话题。此外，这些媒体的观众倾向于信任他们：66%的人表示科学杂志"反映了科学事实"，50%的人表示科学播客和广播也是如此。

然而，在了解科学方面，非虚构类的一般新闻媒体使其他所有媒体都黯然失色。2017年皮尤研究中心调查中的大多数受访者（54%）表示，他们经常从"涵盖一系列主题的新闻媒体"获得科学新闻。与此同时，从一般新闻媒体了解科学的人中相信这些媒体能够正确反映事实的只有38%。[86] 因此，一般新闻媒体以其高流行度和作为科学信息资源的低可信度在非虚构类媒体中引人注目。这一类别的媒体包括从当地报纸到有线电视新闻——值得深入了解。

注释

[1] Trinidad, Elson, "September 1980: Carl Sagan's *Cosmos: A Personal Journey* airs," KCET, Sept. 10, 2014.

[2] Mooney, Chris, and Sheril Kirshenbaum, *Unscientific America: How scientific illiteracy threatens our future*, Basic Books, 2009, 37.

[3] NOVA, "The disciples of Carl Sagan," PBS, Mar. 18, 2014.

[4] Schenider, Steve, "Cable TV notes; a channel with a difference," New York Times, June 16, 1985.

[5] Chris, Cynthia, "All documentary, all the time? Discovery Communications Inc. and trends in cable television," *Television & New Media* 3, no. 1 (2002): 7–28.

[6] Funk, Cary, Jeffrey Gottfied, and Amy Mitchell, "Science news and information today," Pew Research Center, Sept. 20, 2017.

[7] Cooper, Kathryn E., and Erik C. Nisbet, "Documentary and edutainment portrayals of climate change and their societal impacts," in *Oxford Research Encyclopedia of Climate Science*, eds. Joseph E. Uscinksi, Karen Douglas, and Stephan Lewandowsky, Oxford University Press, 2017: 9780190228620-e-373; Evans, Suzannah, "Shark Week and the rise of infotainment in science documentaries," *Communication Research Reports* 32, no. 3 (2015): 265–271.

[8] Lynch, Jason, "After closing scripps deal last week, Discovery sets unified upfront strategy," *AdWeek*, Mar. 12, 2018.

[9] Campbell, Vincent, Science, entertainment and television documentary, Springer, 2016.

[10] Campbell, Science, entertainment and television documentary; Van Dijck, Jose, "Picturizing science: The science documentary as multimedia spectacle," *International Journal of Cultural Studies* 9, no. 1 (2006): 5–24.

[11] Pierson, David P.,"'Hey, they're just like us!' Representations of the animal world in the Discovery Channel's nature programming," *Journal of Popular Culture* 38, no. 4 (2005): 698–712.

[12] Pierson,"'Hey, they're just like us!'" 703.

[13] 同[12]: 704–705。

[14] Campbell, *Science, entertainment and television documentary*.

[15] 同[14]: 47。

[16] 同[14]: 28。

[17] 同[14]。

[18] Wilcox, Christie,"Venom Hunters receives venomous backlash: Reality bites part I," *Discover*, June 21, 2016.

[19] Wilcox, Christie, "How committed is Discovery to no fakes?: Reality bites part IV," *Discover*, June 24, 2016.

[20] Thaler, Andrew David,"The politics of fake documentaries," *Slate*, Aug. 31, 2016.

[21] Thaler,"The politics of fake documentaries."

[22] 同[21]。

[23] Discovery Go, "About *Shark Week*, season 2012," Oct. 24, 2020.

[24] Evans, *Shark Week*.

[25] 有关本次调查的详细信息，请参阅附录。

[26] Evans, *Shark Week*.

[27] Myrick, Jessica Gall, and Suzannah D. Evans, "Do PSAs take a bite out of Shark Week? The effects of juxtaposing environmental messages with violent images of shark attacks," *Science Communication* 36, no. 5 (2014): 544–569.

[28] Otterson, Joe, "Discovery defends Michael Phelps *Shark Week* special after backlash," *Variety*, July 25, 2017.

[29] Myrick and Evans,"Do PSA take a bite out of Shark Week?"

[30] Nosal, Andrew P., Elizabeth A. Keenan, Philip A. Hastings, and Ayelet Gneezy, "The effect of background music in shark documentaries on viewers' perceptions of sharks," *PLOS One* 11, no. 8 (2016): e0159279.

[31] Nosal et al.,"The effect of background music,"13.

[32] Myrick and Evans,"Do PSA take a bite."

[33] Thaler, Andrew David, and David Shiffman,"Fish tales: Combating fake science in popular media," *Ocean & Coastal Management* 115 (2015): 88–91.

[34] Jenkins, Henry, "Transmedia storytelling and entertainment: An annotated syllabus," *Continuum* 24, no. 6 (2010): 943–958.

[35] Discovery Go, "About MythBusters," Oct. 28, 2020.

[36] Collins, Scott, "Obama episode of MythBusters draws 2.2 million viewers," *Los Angeles Times*, Dec. 9, 2010.

[37] Television Academy, "*MythBusters*," Oct. 28, 2020.

[38] Schwartz, John,"The best science show on television?" *New York Times*, Nov. 21, 2006.

[39] Lecher, Colin, "Watch Obama say goodbye to the MythBusters," *The Verge*, Mar. 7, 2016.

[40] Zavrel, Erik A., "How the Discovery Channel television show *MythBusters* accurately depicts science and engineering culture," *Journal of Science Education and Technology* 20, no. 2 (2011): 201–207; Zavrel, Erik,"Pedagogical techniques employed by the television show MythBusters," *The Physics Teacher* 54, no. 8 (2016): 476–479.

[41] Zavrel, Erik, and Eric Sharpsteen,"How the television show MythBusters communicates the scientific method," *The Physics Teacher* 54, no. 4 (2016): 228–232.

[42] Dunning, Brian,"*MythBusters*: Where is the MythBusting?" *SkepticBlog*, Sept. 2, 2010.

[43] Kirby, David A., "The changing popular images of science," in *The Oxford handbook of the science of science communication*, ed. Kathleen Hall Jamieson, Dan Kahan, and Dietram A. Scheufele, Oxford University Press, 2017: 295–296.

[44] Kirby,"The changing popular images of science," 295–296.

[45] Zavrel,"How the Discovery Channel."

[46] Hess, David J., *Alternative pathways in science and industry:Activism, innovation, and the environment in an era of globalizaztion*, MIT Press, 2007.

[47] Brossard, Dominique, and Bruce V. Lewenstein, "A critical appraisal of models of public understanding of science," in *Communicating science: New agendas in communication*, eds. LeeAnn Kahlor and Patricia Stout, Routledge, 2010: 11–39; Irwin, Alan, and Brian Wynn, eds., *Misunderstanding science? The public reconstruction of science and technology*, Cambridge University Press, 2003; Ley, Barbara L., *From pink to green: Disease prevention and the environmental breast cancer movement*, Rutgers University Press, 2009.

[48] During the COVID-19 pandemic, Savage cited one of the show's demonstrations to encourage mask-wearing. Adam Savage, May 13, 2020.

[49] Campbell, *Science, entertainment and television documentary*.

[50] Davis, Nicola, "Cosmos: How the creator of *Family Guy* remade Carl Sagan's pivotal TV

series," *Guardian*, Apr. 8, 2014.

[51] Davis,"*Cosmos*: How the creator of Family Guy."

[52] Kissell, Rich, "*Cosmos* draws biggest global audience ever for National Geographic Channel," *Variety*, July 7, 2014.

[53] Television Academy, "*Cosmos: A SpaceTime Odyssey*," Oct. 28, 2020.

[54] 新剧集原定于2019年3月首播，但网络推迟了该节目的回归，以回应对泰森性行为不端的指控。2019年3月15日，福克斯和国家地理宣布他们已经完成了自己的调查，并计划继续推进该节目。

[55] Cruz, Giblert,"Q&A: Astrophysicist Neil deGrasse Tyson," *TIME*, Jan. 21, 2009.

[56] 在受访者中，38%的人对他有好感，而23%的人对他没有好感，另有38%的人没有听说过他或无法评价他。

[57] Akin, Heather, Bruce Hardy, Dominique Brossard, Dietram A. Scheufele, Michael A. Xenos, and Elizabeth A. Corley, "The pitfalls of popularizing science beyond the proverbial choir: *Lessons from Cosmos* 2.0," Paper presented at the annual meeting of the American Association for the Advancement of Science, Washington, DC. 2016.

[58] Stiffman,Eden,"KQED to study how to reach and engage millennials with science media," *Current: News for People in Public Media*, Apr. 29, 2019.

[59] Kahan, Dan M., "Evidence-based science filmmaking initiative: Study no. 1," Jan. 11, 2016.

[60] PBS,"About PBS," Apr. 26, 2018.

[61] Mitchell,Amy,Jeffrey Gottfried,Jocelyn Kiley,and Katrina Eva,"Political polarization and media habits," Pew Research Center, Oct. 21, 2014.

[62] PBS,"Awards," Oct. 28, 2020.

[63] PBS,"About NOVA," Oct. 28, 2020.

[64] PBS,"Nature: About the series," Oct. 28, 2020.

[65] Hornig, Susanna, "Television's NOVA and the construction of scientific truth," *Critical Studies in Media Communication* 7, no. 1 (1990): 11–23.

[66] Hornig,"Television's *NOVA*," 14.

[67] 同[60]: 21。

[68] 同[60]: 15。

[69] 同[60]: 16–18。

[70] 同[60]: 17, 22。

[71] 同[60]: 21–22。

[72] *NOVA*, "Ben Franklin's Balloons" (Season 41, Episode 17); "Building Chernobyl's Mega-Tomb" (Season 44, Episode 8).

[73]　*NOVA*, "Extreme Animal Weapons" (Season 44, Episode 26); "Rise of the Robots" (Season 43, Episode 8).

[74]　*NOVA*, "Ben Franklin's Balloons"; "Rise of the Robots"; "Asteroid: Doomsday or Payday?" (Season 40, Episode 24); "Ice Age Death Trap" (Season 39, Episode 5).

[75]　*NOVA*, "Ice Age Death Trap."

[76]　*NOVA*, "Building Pharaoh's Chariot" (Season 40, Episode 5); "The Origami Revolu- tion" (Season 44, Episode 5).

[77]　*NOVA*, "Building Chernobyl's Mega-Tomb"; "Asteroid: Doomsday or Payday?"; "Japan's Killer Quake" (Season 38, Episode 9); "The Mind of a Killer" (Season 40, Episode 7).

[78]　请参阅第2和第3章。

[79]　Hornig, "Television's *NOVA*."

[80]　Zavrel, "How the Discovery Channel."

[81]　O'Keeffe, Moira, "Lieutenant Uhura and the drench hypothesis: Diversity and the repre- sentation of STEM careers," *International Journal of Gender, Science and Technology* 5, no. 1 (2013): 4–24; Steinke, Jocelyn, "Cultural representations of gender and science: Portrayals of female scientists and engineers in popular films," *Science Communication* 27, no. 1 (2005): 27–63.

[82]　PBS, "The Disciples of Carl Sagan," Oct. 28, 2020.

[83]　O'Keeffe, "Lieutenant Uhura and the drench hypothesis"; Steinke, "Cultural representations of gender and science."

[84]　Borenstein, Seth, "Scientists OK Gore's movie for accuracy," *Washington* Post, June 27, 2006.

[85]　Nolan, Jessica M., "An Inconvenient Truth increases knowledge, concern, and willingness to reduce greenhouse gases," *Environment and Behavior* 42, no. 5 (2010): 643–658.

[86]　See also Brewer, Paul R., and Barbara L. Ley, "Whose science do you believe? Explaining trust in sources of scientific information about the environment," *Science Communication* 35, no. 1 (2013): 115–137.

第5章
科学新闻

塔克·卡尔森（Tucker Carlson）：我认为大多数人对气候正在变化的看法持开放态度。顺便说一句，它一直在变化……在我看来，核心问题是气候为什么会发生变化。它是气候变化无休止循环的一部分吗？还是人类活动造成的？这对我来说似乎是一场辩论，似乎是一个悬而未决而非已有定论的问题……

比尔·奈：这不是一个悬而未决的问题，这是一个已有定论的问题，人类活动正在导致气候变化。

卡尔森：气候变化到什么程度？

比尔·奈：已经到了成为未来几十年非常严重的问题的程度……

卡尔森：这个问题还有这么多未知因素。你假装你知道，但你不知道。

——《塔克·卡尔森今夜秀》（Tucker Carlson Tonight），
福克斯新闻频道（2017年2月27日）

克里斯·科莫（Chris Cuomo）：美国宇航局的科学家表示，97%的气候科学家同意气候变暖趋势极有可能是人类活动造成的。

——《科莫黄金时间》（Cuomo Prime Time），
美国有线电视新闻网（2018年10月17日）

2011年8月3日，有线电视新闻和儿童电视两大媒体世界发生了冲突。《福克斯和朋友们》（Fox and Friends）的节目主持人格雷琴·卡尔森（Gretchen Carlson）告诉观众，教育部正在使用来自尼克国际儿童频道（Nickelodeon network）网络热门节目的角色海绵宝宝来教学生有关全球变暖的知识。"政府机构向孩子们展示了这幅漫画……将全球变暖归咎于人类，"她解释说，"但他们没有告诉孩子们，这实际上是一个有争议的事实。哎哟，说漏嘴了！"而联合主持人史蒂夫·杜西（Steve Doocy）认为"显然，尼克国际儿童频道正在推动全球变暖议程。"他接着说，"虽然地球正在变暖这一事实没有争议，但最大的问题是，它是人为的还是只是我们正在经历的巨大的气候阶段之一……双方都在谈科学，一些科学家说是因为这样，其他科学家说是因为那样。"

6天后，另一家有线电视公司加入了这场争斗：喜剧中心网上的一个深夜时政讽刺新闻节目，斯蒂芬·科尔伯特主持的《科尔伯特报告》(*The Colbert Report with Stephen Colbert*)。科尔伯特以保守脱口秀主持人的讽刺口吻宣称，他"（曾）拒绝相信全球变暖的神话。这只是媒体的又一个大谎言……这些狂热的头脑已经开始向我们的孩子灌输这种思想。"在播放了卡尔森对《海绵宝宝》的评论片段后，他补充道，"这就是它的工作原理，伙计们。自由媒体以只有孩子们才能理解的代码，偷偷地将全球变暖的宣传融入他们的卡通片中来给我们的孩子洗脑……显然，这里的真正问题是《海绵宝宝》将人类导致全球变暖的理论视为公认事实。"科尔伯特总结道，"是啊，好好想想吧，科学家们，"他嘲笑道，"你相信你从几十年来同行认可的研究中得出的结论吗？"

总之，这两个电视片段说明了不同的媒体如何以截然不同的方式解释或构建科学。《福克斯和朋友们》暗示科学家在全球变暖的原因上存在分歧，而《科尔伯特报告》则使用讽刺来强调关于气候变化的科学共识，并取笑福克斯主持人对媒体偏见的指控。这种鲜明反差远远超出了《海绵宝宝》引发的小争议。例如，福克斯新闻频道遵循一种强调对全球变暖持怀疑态度的模式，而美国有线电视新闻网和微软全国广播公司两个主要的有线新闻网络则倾向于将人为造成的气候变化表现为绝对的科学事实。反过来说，这些相互冲突的信息可能会影响观众是否接受或怀疑全球变暖的存在，并最终影响他们是否支持采取行动解决这个问题。

发生在气候变化问题上的争议可能会出现在其他的科学主题中，包括那些科学家的说法和许多公众的想法之间存在巨大差距的主题：例如，人类是否从其他形式的生命进化而来，转基因食品是否可以安全食用，以及疫苗对儿童是否安全。[1]对于这每一个问题，新闻媒体信息都可以扩大或弥合科学家和非科学人士之间的鸿沟，并在此过程中，影响我们作为整个社会对一些政策问题做出选择，例如，在学校讲授进化论、在食品中标记转基因生物（GMO）以及要求接种疫苗。

考虑到这一点，我们着眼于新闻媒体如何报道从气候变化到病毒感染等一系列的科学话题。我们还探讨了美国人对全球变暖、进化、转基因食品和疫苗这四个突出主题的看法是否反映了他们从哪里获得有关科学的信息，以及他们如何根据自己的世界观和经验来理解这些信息。不过，首先，我们应该更多地说明新闻媒体如何报道科学以及为什么他们所传达的信息可能会影响受众。为此，我们将以构建理论为研究的基础。

构建描述科学的框架

宇宙很复杂，地球也很复杂，人类本身同样很复杂。因此，任何科学探究领域都不可避免地使用普罗大众或普通记者不熟悉的理论、方法甚至语言。例如，天文学家谈论暗能量，而物理学家谈论希格斯玻色子（Higgs bosons）。这种复杂性给媒体从业者带来了挑战，他们需要找到方法来讲述观众能够理解的科学故事。

解决这个问题的一个方法在于构建框架，这是一个跨越社会科学的概念。欧文·戈夫曼（Erving Goffman）等社会学家从一个角度的研究认为人们通过解释框架来理解他们周围的世界。[2] 丹尼尔·卡尼曼（Daniel Kahneman）和阿莫斯·特沃斯基（Amos Tversky）等心理学家从另一个角度的研究认为在选项的措辞上做细微的改变会影响人们对它的判断。[3] 随后，政治学家和传播学者将这两种研究结合起来，认为新闻媒体构建报道框架的方式可以影响公众对广泛话题的看法——包括科学话题。

那么，框架到底是什么？按威廉·加姆森（William Gamson）和安德烈·莫迪利亚尼（Andre Modigliani）的说法，它们是由流行语、隐喻、图像和符号构建的话题"全部内容"的故事情节。[4] 科学家、活动家、政治家、利益集团、记者，甚至普通公民都可以以多种方式描述几乎任何给定的问题，其中一些方式可能是截然相反的。以核能为例，它可以被构建为破坏气候的化石燃料的替代品，也可以被构建为可能引发失控灾难的危险技术。

正如罗伯特·恩特曼（Robert Entman）所指出的，这些框架可以存在于四个不同的层次上：在记者和脱口秀主持人等信息传播者的头脑中，在从印刷报道到有线新闻片段的媒体信息中，在《纽约时报》的读者亦或福克斯新闻的观众等接收者的头脑中，在为我们提供了一套共享描述框架的更广泛的文化中。[5] 当记者和其他媒体从业者通过强调对问题成因、问题的利害关系或问题的应对措施的具体理解来构建特定问题的描述框架时，观众可能会接受这些解释并通过它们来形成自己的判断。

研究人员探究了新闻媒体构建包括科学在内的话题的方式的各个方面。记者和其他传播者在讲述故事时需要在关注大局（从而使用主题框架）还是关注个案（从而使用情节框架）中做出关键选择。[6] 例如，关于气候变化如何影响北极熊的新闻报道可以关注熊种群的趋势或一只熊在不断变化的环境中挣扎求生的故事。[7] 同样，关于鲨鱼袭击人类的新闻报道可以关注此类攻击的总体发生率或鲨鱼杀死游泳者的单个生动实例。[8]

在构建话题时，记者和其他媒体从业者也会决定要强调话题的哪些方面。马修·尼斯贝特纵观一系列不同的话题后，发现了科学报道中的一组共同框架。[9] 这种类型包括进步框架和失控的科学框架，前者围绕着具有解决问题和提高生活质量的潜力的科技新发展，后者则引发了失控的"弗兰肯斯坦的怪物"或"潘多拉的盒子"里的无法预知的问题。❶ 其他常见的科学框架是道德或伦理框架（对或错）、不确定性框架（已知或未知），以及策略或游戏框架（谁赢、谁输，以及他们在政治或法律斗争中使用的策略）。

干细胞研究的案例说明了新闻媒体如何使用一系列框架来报道科学话题。1998年，成功分离出人类胚胎干细胞引发了一波对其潜在应用的研究，以及有关该话题的大量媒体报道。其中一些报道侧重于描述干细胞研究的潜在医疗价值（进展框架），而其他报道则呈现了疯狂科学家进行医疗技术滥用的可怕形象（道德框架）。[10] 报道还从干细胞研究的未知结果（不确定性框架）或共和党和民主党之间关于此类研究的资助和监管的政治斗争（战略

---

❶ "弗兰肯斯坦的怪物"指电影《科学怪人》中的科学家因滥用科学技术而创造出来的恶毒怪物。"潘多拉的盒子"来源于古希腊神话，后常用来喻指"引起种种祸患"。——译者注

框架）来进行报道。每一个框架都提供了一种不同的方式来解释胚胎干细胞研究并判断政府应该支持它还是禁止它。

最近，关于病毒感染的新闻报道具有自己的不同框架，包括强调经济后果、政府反应和政治影响的框架。[11]与报道干细胞研究的情况一样，这些框架提出了理解病毒感染和对其形成看法的一些替代方法。例如，对经济后果的报道可能会引导受众根据潜在的企业倒闭和失业状况来判断公共卫生部门的反应，而对公共责任的报道则邀请受众判断政府官员在应对大流行病方面的成败。

什么塑造了新闻的框架构建？

媒体故事讲述者面对这么多可能的框架，需要在其中做出选择。指导此类选择的一个专业标准是客观性准则，它要求记者以不偏不倚的方式报道话题。[12]记者在实践中经常努力通过报道话题的"双方"来坚持这一原则，并让观众自己就孰对孰错下定论。[13]例如，关于1989年可能发现"冷聚变"的新闻报道通常既有支持性观点，也有批评性观点——至少在随后的研究没能复制最初的发现之前是如此。[14]同样，我们对1996~2009年有关化学双酚A（BPA）新闻的内容分析表明，新闻通常对两种可能性给予同等重视：它用在塑料产品是安全的，而它对人类健康构成风险。[15]对于每个话题，报道似乎都通过"中立"的观点来维护客观性的标准。

然而，"众说纷纭"的报道风格可能会导致即使证据强烈支持一个而非另一个结论时，新闻媒体也将某个科学话题构建为不确定框架，例如，新闻媒体对2002年涉及信奉外星人的克隆骗局的最初反应。在报道这一科学欺诈行为时，包括有线电视网的桑杰·古普塔（Sanjay Gupta）在内的一些记者重复了克隆援助（Clonaid）这家虚假公司声称通过克隆生产了一个人类婴儿的说法，也报道了来自真正的生物医学科学家的评论。[16]几年后，一连串关于大型强子对撞机（Large Hadron Collider）的新闻报道遵循了类似的模式，既报道了主流物理学家的观点，又报道了关于粒子加速器如何创造毁灭世界的黑洞（实际上，它并没有创造）或产生时间循环来破坏对撞机本身（实际上，也没有产生）。[17]

经济压力也会影响新闻机构报道科学话题的方式。报纸和有线电视网等商业媒体依靠订阅和广告收入生存，而公共媒体如美国公共电视网和美国全国公共电台（NPR）的附属机构则依赖捐赠。吸引观众的需求可能会促使这些机构以突出新颖性、戏剧性和冲突性的方式来报道科学话题——所有的这些方式都会产生引人入胜的故事。例如，关于人工智能的报道已经耸人听闻，报道称这项（不太可能的）技术可能导致像电影《2001：太空漫游》《终结者》和《黑客帝国》中一样的"机器起义"的发生。[18]同样，关于纳米技术的新闻报道通过关注（不太可能的）"灰色黏液"场景中自我复制的纳米机器人摧毁了地球上的所有生命，从而创造了戏剧性。[19]

最后同样重要的一点是，新闻来源可以决定哪些框架出现在科学报道中。除了科学家自己，许多利益集团、政客、企业和活动人士可能也会寻求通过媒体宣传他们自己喜欢的框架。以全球变暖为例，化石燃料行业的发言人甚至连美国总统都提出了怀疑论框架。[20]又如针对进化论、神创论和"智慧设计论"（ID）的倡导者，向科学家提出了就这一话题进行辩论的挑战。[21]或者绿色和平组织（GMO）等激进团体已经在新闻报道中普及了转基因生物的"科学怪食"（"Frankenfood"）标签。[22]或珍妮·麦卡锡（Jenny McCarthy）等名人因假称疫苗与自闭症有关而赢得了媒体的关注。[23]

可以理解的是，许多科学界人士认为，在媒体中对话题构建框架的竞争是一个令人不安的过程。[24]一些人可能会争辩说，科学传播者应该简单地"依靠数据"而不是通过"编造故事"来构建话题的框架，但新闻媒体不能"只坚持事实。"[25]记者讲故事，框架则为他们提供了讲故事的手段。从这个角度来看，框架并不是对传播过程的扭曲；它是传播过程的基础。虽然特定框架可能会促进误解，但是框架本身就是为科学报道，或者其实为科学家自己的发现提供意义的东西。

框架效应❶

正如框架为记者和其他媒体从业者提供了解释复杂科学话题的工具一样，它们也为观众提供了理解这些话题的方法。事实上，几十年的研究发现，新闻框架会影响观众对科学的认知——至少在某些时候是这样。

框架效应从实验中获得了大量证据。例如，索尔·哈特（Sol Hart）发现具有宏观叙事框架的新闻报道（"成千上万的北极熊在北极为食物而战"）比个体化的新闻报道（"北极熊在北极挣扎求存"）更能争取政府对气候变化行动的支持。[26]乍一看，关于一只北极熊的生动故事并没有打动观众，这似乎令人惊讶。然而，宏观叙事鼓励他们将气候变化问题视为政府的责任，并以此推动对政策解决方案的支持。

基于调查的研究还发现新闻媒体构建科学话题的方式与受众看待这些话题的方式之间的联系。以干细胞研究和纳米技术为例，其中，大部分报道强调对其"进步性"的报道框架，即强调其对社会的益处，而非强调"科学异化"或"潘多拉的盒子"这样的负面报道框架。尼斯贝特和他的同事在研究第一个话题时发现，关注科学新闻的受访者特别支持干细胞研究。[27]同样，迪特拉姆·舍费尔（Dietram Scheufele）和布鲁斯·莱文斯坦（Bruce Lewenstein）发现关注科学新闻的人特别看好纳米技术。[28]

框架效应甚至可以超越人们对话题的思考，延伸到他们就话题相互交谈的方式。当威廉·加姆森（William Gamson）在普通市民中进行一系列专题小组讨论时，他观察到他们

---

❶ 框架效应（Framing Effect）由特沃斯基和卡尼曼于1981年首次提出，指人们对一个客观上相同问题的不同描述导致了不同的决策判断。——译者注

援引媒体框架来讨论核电问题。例如，参与者使用"科学异化"这样的负面描述框架来讨论现实生活中诸如切尔诺贝利的事故，并援引《丝克伍时间》（*Silkwood*）中的虚构例子。[29] 简而言之，新闻框架❶可以设定公民之间的对话术语。[30]

构建框架的逻辑表明，无论谁成功地定义了新闻报道中的一个话题，在影响社会对该话题的行为方面都有优势。即便如此，框架不会自动改变观众的想法。当观众带着自己的观点观看新闻报道时，他们可能会拒绝不符合这些观点的媒体框架。[31] 此外，新闻报道中的竞争框架可以"抵消"彼此的影响。[32] 因此，最有可能影响公众舆论的框架是主导观众一直观看的报道并与他们现有的观点产生共鸣的框架。

科学新闻的观众

为了了解公众的认知是否（如果是，何时）反映了科学话题的新闻报道框架，我们在2016年11月对一个具有全国代表性的美国人样本进行了调查，并询问他们从哪里获得有关科学的信息。约1/3的受访者表示他们是从报纸上了解到的（33%），从其他来源获得科学信息的受访者的比例也大致相当，从《科学美国人》和《国家地理》等科学杂志获得这类信息占30%，从美国广播公司（ABC）、美国哥伦比亚广播公司（CBS）和美国全国广播公司（NBC）等广播网络的晚间新闻节目了解这类信息占32%。受访者还从美国有线电视新闻网（CNN，19%）、福克斯新闻（Fox News，16%）和微软全国广播公司（MSNBC，12%）获取科学信息。简而言之，美国公众从各种来源了解科学，其中没有某一渠道占主导地位。与此同时，科学信息有大量"缺失受众"，他们没有从任何新闻来源了解该话题，因此没有直接接触任何科学话题的新闻框架。[33]

在这些模式之下，美国人收看新闻的习惯随党派路线两极分化，其表现方式为选择性收看——也就是说，选择强化自己观点的媒体，避免与自己观点相左的媒体。[34] 我们的民意调查显示，受访者了解科学信息的来源存在明显差异，这取决于他们是民主党人、共和党人还是独立党派人士。民主党人特别有可能从报纸（39%）、广播网络的晚间新闻（42%）、美国有线电视新闻网（28%）和微软全国广播公司（20%）获取科学信息，而共和党人则尤为可能从福克斯新闻（33%）获取这类信息。不过，科学新闻的接收并未完全按照党派两极分化。例如，1/10的民主党人从福克斯新闻获得科学信息（10%），大约相同比例的共和党人也从美国有线电视新闻网获得这类信息（11%）。

在探索这些媒体使用习惯与公众的科学信仰之间的联系时，我们关注了气候变化、进化、转基因生物和疫苗等话题。在过去的二十年里，每一个话题都受到了媒体的极大关注，而且在每一个话题上，许多公众都拒绝主流科学观点。同时，我们的案例不仅在公众接收

---

❶ 媒介框架（Media Frame），即媒介机构信息处理的组织框架，这个概念应用于新闻的选择、加工、新闻文本和意义的构建过程的研究，则称为新闻框架（News Frame）。——译者注

报道模式方面各不相同，而且对公众的政治和宗教的分歧程度的反映也各不相同。因此，对这四个话题的研究应该让我们更好地了解美国人对科学话题的看法是否（如果是，何时以及如何）反映了他们所接收的新闻信息，以及他们早已存在的观念。

关于气候变化的新闻

气候变化很可能是过去30年来最突出、最有争议的科学话题。20世纪80~90年代，在1997年《京都议定书》（一项减少温室气体的条约）的谈判等事态发展的推动下，人们对该话题的关注从科学界扩展到政界。[35]作为回应，美国新闻媒体开始更多地报道该话题，同时也从关注科学家的报道框架转向关注政治家和利益集团的更多报道框架。[36]

政府间气候变化专门委员会（Intergovernmental Panel on Climate Change）2001年的报告发布之后几个月，引发了新一波媒体关注，有关全球变暖的电视新闻和报纸报道数量激增。[37]相关报道在接下来的几年中有所下降，仅在2006~2007年再次激增，并在21世纪10年代末达到新的高度。2010年之后，对气候变化的新闻关注度随着气候事件的发生而起伏，但平均水平远高于2000~2005年的水平。

该报道的内容反映了不同团体为构建该话题的报道框架所做的持续努力。[38]例如，化石燃料行业的盟友和共和党领导人提出了两个旨在削弱对政府应对气候变化行动的支持的报道框架：一个是强调遏制温室气体排放的政策会带来潜在的财务困难的经济后果报道框架，另一个是将有关该话题的科学呈现为"尚未有定论"的不确定性报道框架。与此同时，环保组织和民主党政客推广了强调从海平面上升到极端天气的全球气候变化带来危急性的潘多拉的盒子式的报道框架，以及将他们的对手塑造成发动一场"对科学的战争"的形象的公共问责框架。这种相互竞争的公共关系也为记者自己喜欢的故事情节提供了一种专注围绕该话题的赢家、输家以及政治斗争策略的战略框架。

起初，将气候变化定性为不确定似乎影响了媒体报道的基调。尽管科学家的调查和对气候变化研究的评论一致表明，全球气温正在因人类活动而上升，但美国早期关于该话题的新闻报道却描绘了一场更加难分伯仲的辩论。[39]在两份内容分析中，麦克斯韦·博伊科夫（Maxwell Boykoff）和他的合作者发现，1988~2002年的报纸文章和1996~2004年的电视新闻片段倾向于平衡人类导致全球变暖与气候变化反映"自然波动"这两种说法。[40]博伊科夫得出结论，记者试图讲述话题的"两种结论"，从而导致对科学证据的歪曲。[41]

然而，科学话题的新闻框架会随着时间而改变。就气候变化而言，博伊科夫发现2005年和2006年的报纸报道转向强调科学共识。[42]这一趋势可能反映了媒体对诸如2005年卡特里娜飓风造成的破坏和次年纪录片《难以忽视的真相》的发行等事件的讨论。同样，马修·尼斯贝特发现，2009年和2010年，报纸对气候变化的报道倾向使用"共识框架"——这一时期召开了联合国气候变化会议、发生了气候科学家泄露的电子邮件引发争议，以及巴拉克·奥巴马未能成功推动实施限制温室气体排放的"限额与交易"计划。[43]

不同媒体对气候变化的新闻报道也大相径庭。尤其是，劳伦·费尔德曼（Lauren Feldman）和她的同事发现，福克斯新闻2007年和2008年的报道远比美国有线电视新闻网和微软全国广播电视公司同期的报道更可能对气候变化持轻蔑态度，并以全球变暖怀疑论者作为采访嘉宾。[44]一项对2011年报道的研究还表明，福克斯新闻倾向将对气候变化的担忧视为"政治正确"，而广播网络、美国有线电视新闻网和微软全国广播电视公司则更多地报道了全球变暖的原因和影响。[45]

新闻报道中这种对比鲜明的信息可以影响人们对全球变暖的想法、感受和意图。例如，特蕾莎·迈尔斯（Teresa Myers）和她的同事发现，观众的反应差异，具体取决于他们是否看到新闻片段将气候变化定性为公共卫生或国家安全。[46]同样，马修·范伯格（Matthew Feinberg）和罗伯·威勒（Rob Willer）表明，将气候变化定性为道德问题缩小了保守派和自由派观众看待这一话题的差距。[47]

尽管如此，并非所有框架都会影响所有观众。当朱莉娅·科比特（Julia Corbett）和杰西卡·杜菲（Jessica Durfee）向他们的研究受访者提供一个将气候变化构建为有争议的新闻报道时，它在那些已经持有支持环保信念的人中产生的不确定性更小。[48]埃里克·尼斯贝特（Erik Nisbet）和索尔·哈特（Sol Hart）甚至发现强调全球变暖负面影响的新闻报道在共和党人中产生了"回旋镖效应"，促使他们反对在这个问题上采取行动。[49]在这种情况下，具有强烈先前信念的观众可能会通过在精神上强化他们现有的观点来做出回应，这一过程心理学家称为动机推理（motivated reasoning）过程。

更广泛而言，美国人对气候变化的认知反映了他们的媒体习惯与新闻媒体对该话题的构建方式相吻合。当哈特和他的同事分析2009年的调查数据时，他们发现最关注科学新闻的人最有可能认为气候变化是有害的。[50]然而，在这样的总体模式之下，不同的渠道可能会产生不同的影响。费尔德曼和她的合作者从2008年的调查数据中发现，福克斯新闻的观众尤为可能拒绝关于全球变暖的科学共识。与此同时，美国有线电视新闻网和微软全国广播电视公司的观众尤为可能接受它。[51]她和她的团队还发现，保守的媒体使用和对全球变暖的怀疑在反馈循环中相互强化。[52]

我们2016年的调查让我们重新审视美国人对气候变化的认知是否反映了他们的新闻媒体习惯。除了询问受访者从哪里学到科学知识外，我们还询问他们是否相信"人类活动导致地球正在变暖"。科学新闻传播的大多数形式都与对人为造成气候变化的观点密切相关（图5-1）。例如，我们发现美国有线电视新闻网观众（其中86%相信人为造成气候变化）和非观众（66%）之间存在20%的差距，微软全国广播电视公司观众（87%）和非观众（67%）也存在同样的差距。科学杂志、报纸和广播网络新闻也出现了类似的模式。福克斯新闻则是一个例外：只有一半的福克斯观众（48%）相信人为造成气候变化，与之相比，3/4的非观众（74%）都相信这一观点。

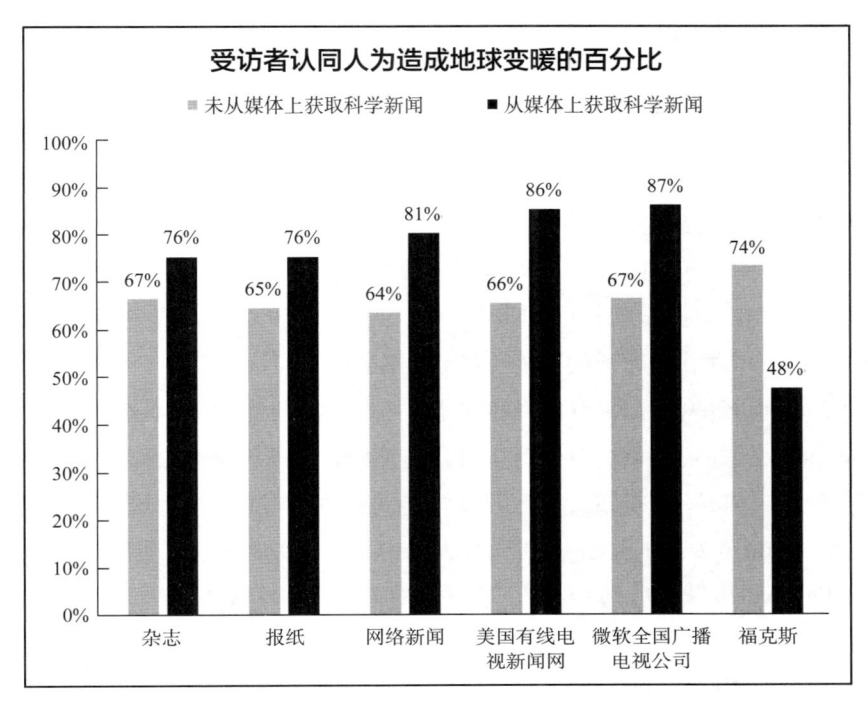

图5-1 通过媒体使用产生的对全球变暖的看法（合作国会选举调查，2016年）

鉴于人们的政治和宗教观点可以影响他们的媒体习惯和对气候变化的看法，我们的发现可能反映了新闻框架的影响、媒体受众的两极分化，或两者兼而有之。因此，在对其他媒体使用形式以及党派、意识形态、宗教信仰和人口统计特征进行统计控制后，我们还测试了每种媒体使用形式与对气候变化的看法的关系。这一次，我们得出了3个清晰的结论：第一，从美国有线电视新闻网和微软全国广播电视公司了解科学与相信人为造成气候变化有关；第二，从报纸上获取科学新闻也是如此，这反映了印刷新闻的共识报道的趋势；第三，从福克斯新闻了解科学与不相信人为造成气候变化有关。

简而言之，媒体习惯和气候认知之间的联系一直延续到21世纪10年代。福克斯新闻的观众在驳斥气候变化方面处于领先地位，并且他们仍然因拒绝人为造成全球变暖这一科学共识而在公众中独树一帜。同时，报纸和其他两个有线新闻网络的观众尤为可能接受这一共识。

2018年国家气候评估的报道说明了对媒体关于气候变化的报道的持续担忧。当美国政府发布这份报告时，全球变暖的新闻关注度飙升。由此产生的大部分报道集中在来自13个不同的联邦机构的科学家得出的结论上：即地球气候正在由于人类活动而发生变化，除非迅速采取广泛的行动，否则气候变化将导致许多人丧生以及数千亿美元的损失。[53]然而，电视新闻节目又凸显了共和党政治家里克·桑托勒姆（Rick Santorum）等非科学家的反对框架，他声称气候科学家"受到他们收到的金钱的驱动。"[54]

关于进化论的新闻

关于进化论及其质疑者的新闻报道比气候变化的新闻报道要追溯到更早时期。科学界早就接受了查尔斯·达尔文在他1859年出版的《物种起源》一书中提出的结论，即包括人类在内的所有生命形式都是通过自然选择进化而来的。然而，直到今天，许多美国人仍然拒绝达成科学上关于进化的共识，而赞成以宗教来解释生命的起源。[55]其说法之一是"年轻地球创造论"（young Earth creationism），它利用对圣经的字面解释来断言：这个星球只有几千年的历史，人类由上帝所创造并一直是现在的形态。

毫无疑问，涉及进化的最具戏剧性的媒体事件是1925年约翰·托马斯·斯科普斯（John Thomas Scopes）因违反了田纳西州禁止在公立学校教授进化论的法律而受到审判。当著名律师克拉伦斯·达罗（Clarence Darrow）同意为被告发言并且前总统候选人威廉·詹宁斯·布莱恩（William Jennings Bryan）也加入起诉时，众所周知的"斯科普斯猴子审判案"（"Scopes Monkey Trial"）进化（或者，也许，退化）成为媒体马戏团。报纸、杂志和广播电台对案件进行了广泛报道，其中，大部分是根据策略和喧闹而不是科学来构建诉讼程序报道（与灵长类动物相关的幽默是另一个常见主题）。[56]至少直到更高法院推翻了技术性细则的裁决前，检方在审判本身中占了上风，但媒体报道中的法院往往更同情辩方。

在1968年美国最高法院做出裁决之前，一些州仍然禁止讲授进化论。之后，反进化论力量以一种新的策略适应了不断变化的环境：推动"科学神创论"（scientific creationism）与进化论共同讲授。他们通过要求与"达尔文主义"一起"平衡"地表达他们的主张来呼吁新闻的客观性规范——并在这一过程中，使其观点在国家新闻媒体上获得了曝光。[57]到20世纪80年代初，反进化论活动人士成功地游说几个州通过了法律，要求在公立学校中以《圣经》为基础对生命起源（现在披上了科学的外衣）进行同等时长的讲授。然而，这些反进化论的胜利并没有持续多久。促进"神创科学"的法律在1987年消失了，当时美国最高法院的一项裁决以它们有建立公共宗教的违宪企图而予以否决。

再次受到阻碍后，反进化论势力想出了另一种方法：推广智慧设计论（ID❶）。与科学神创论不同，智慧设计论正如《关于熊猫与人》（*Of Pandas and People*）等教科书中介绍的那样，省略了任何直接提及上帝或《圣经》的做法；相反，它围绕着生命的复杂性展开，暗示着某种智慧建筑师的说法。由基督教基要主义智库"发现研究所"（Discovery Institute）领导的一项运动成功地动摇了俄亥俄州和堪萨斯州的学校董事会，他们同意设定在公立学校教室讲授反进化论观点的标准。[58]此外，宾夕法尼亚州多佛市当地的学校董事会2004年投票要求学生阅读关于智慧设计论的声明。多佛市的一群父母随后起诉了董事会，此案引起了全国媒体的关注。在这一轮"进化论战争"中，科学家及其盟友将智慧设计论视为将神创论偷偷带入公立学校的"特洛伊木马"。[59]在他们看来，"发现研究所"通

---

❶ ID，即 Intelligent Design。——译者注

过争辩说学校应该"讲授有争议的话题"将进化论和智慧设计论视为科学辩论中同等合理的双方。[60]

遵守客观性规范似乎为智慧设计论拥护者带来了好处：许多关于多佛市、俄亥俄州和堪萨斯州学校董事会行动的新闻报道使支持进化论的框架和支持智慧设计论的框架达到了平衡。在一项研究中，杰森·罗森豪斯（Jason Rosenhouse）和格伦·布兰奇（Glenn Branch）发现，有线新闻媒体经常将进化论和智慧设计论视为两个相互竞争的科学观点——福克斯新闻更进一步，推出《奥莱利因素》（The O'Reilly Factor）这样的节目，将进化论定性为"天生的无神论者"。[61]在另一项研究中，克里斯·穆尼（Chris Mooney）和马特·尼斯贝特（Matt Nisbet）发现，多佛当地报纸上支持讲授智慧设计论教学和支持仅可讲授进化论的评论文章几乎平分秋色。[62]约书亚·格林（Joshua Grimm）观察了堪萨斯州、宾夕法尼亚州和俄亥俄州的十几家报纸，看到了使支持智慧设计论和反对智慧设计论保持平衡的相同报道模式。[63]

就像之前与进化论教学的冲突一样，联邦法院最终做出了有利于其辩护人的裁决。2005年在基茨米勒（Kitzmiller）诉多佛地区学区案中的裁决称智慧设计论"仅仅是对神创论的重新贴标签……而不是科学理论"，并推翻了学校董事会的政策。在裁决之后，俄亥俄州和堪萨斯州放弃了他们先前采用的标准，媒体对该话题的关注也逐渐消失。尽管如此，进化论战争并没有就此结束。自2005年以来，反进化论活动家继续在"学术自由"和"批判性思维"的名义下推动促进智慧设计论的立法。[64] 2008年，路易斯安那州通过了一项《科学教育法》（Science Education Act），允许将反进化论观点带入课堂，4年后，田纳西州也效仿。截至2020年，这两项法律仍然存在。

在过去的十年里，传道者和年轻地球创造论者肯·汉姆（Ken Ham）已经成为另一位著名的进化论批评者。他创立的组织"创世纪的答案"（Answers in Genesis）于2007年推出了"创世博物馆"（Creation Museum），并于2016年推出了"方舟相遇"（Ark Encounter，根据《圣经》中关于洪水和诺亚方舟的记载）。他还在2014年，因科学传播者和电视节目《比尔·奈教科学》的主持人比尔·奈同意与他在"创世博物馆"辩论而成为新闻人物。科学界的一些人担心该事件只会帮助汉姆宣传他的观点，但奈认为这是一个机会，可以揭露神创论"对科学教育不利，对美国不利，从而对人类不利"。[65]

辩论于2014年2月4日举行，引起了媒体的广泛关注。新闻报道在呈现奈和汉姆的论点的同时，很大程度上以战略术语来描述这场辩论——谁是最后赢家、汉姆是否享有"主场"优势等。例如，美国广播公司的《今晚世界新闻》（World News Tonight）谈到了"比赛时间"并得出结论说"争论愈演愈烈"。报道将奈和汉姆描述为一场未有定论的争议中的两位斗士，而不是强调关于该话题的科学共识，这种方式可能强化了公众对科学家在进化问题上存在分歧的看法。

这就提出了一个问题：反进化论力量能否利用媒体框架来影响观众对进化论及其在科

学教育中的地位的看法？从托马斯·尼尔森（Thomas Nelson）和他的同事进行的一项实验来看，也许如此。他们发现，从公平的角度来构建智慧设计论——正如发现研究所在努力影响新闻报道时所做的那样——增加了对讲授进化论的同时，也讲授智慧设计论的支持度。[66]具体来说，这个框架通过影响受众成员对公平原则的重视程度来影响他们判断关于智慧设计论的争论。

同时，如果科学家及其盟友有机会解释科学推理的工作原理，就可以对抗这种框架效应。尼尔森和他的团队在一项后续研究中发现，大学生在学习了自然与超自然的解释的单元后，不太可能支持在学校讲授智慧设计论——即使这个单元从未特别提到进化论。学习"方法论的自然主义"并没有改变学生在形成对智慧设计论的认知时对公平原则的重视程度，但确实使他们更加重视科学价值。

除了对大学生的实验，关于公众对进化论的看法是否反映了他们的新闻媒体习惯的证据也是喜忧参半。当亚伦·文斯特拉（Aaron Veenstra）和他的同事分析2011年的调查数据时，他们发现没有迹象表明保守的新闻媒体（福克斯新闻和保守的广播谈话节目）或自由的新闻媒体（微软全国广播公司和进步广播谈话节目）影响了人们对该话题的看法。[67]然而，关注基督教电视或广播的受访者尤为可能不相信进化论。

为了进一步了解美国人的新闻习惯如何与他们对进化论的看法保持一致，我们询问了2016年的调查受访者是否相信"人类和其他生命形式随着时间的推移而进化"。这里的调查结果没有气候变化观点的调查结果那么引人注目（图5-2）。例如，美国有线电视网的观众（92%）和非观众（82%）在进化论上的差距是10个百分点，微软全国广播电视的观众

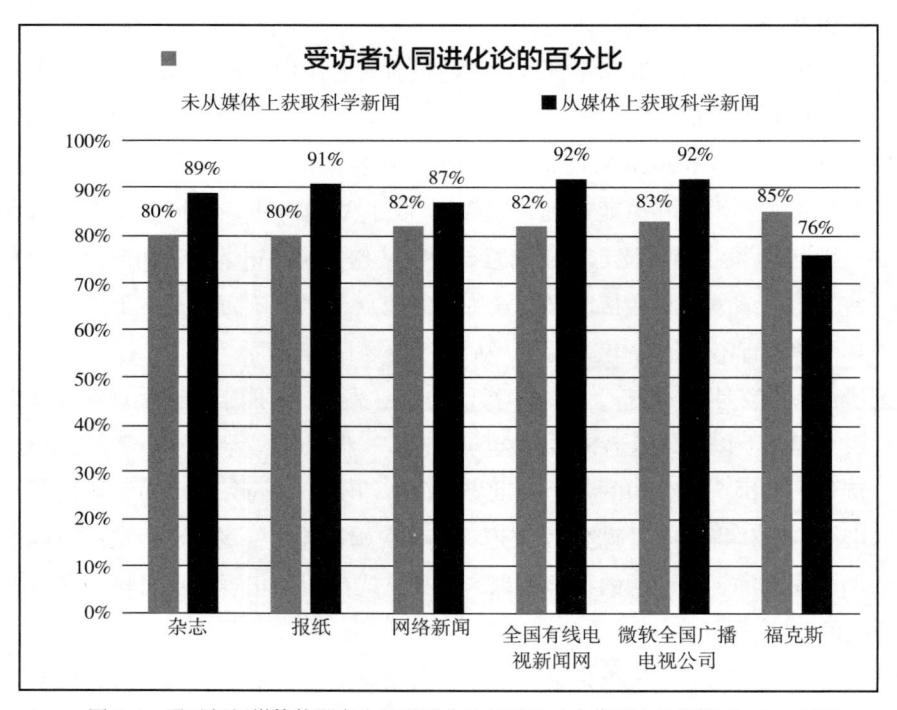

图5-2　通过新闻媒体使用产生的对进化论的看法（合作国会选举调查，2016年）

（92%）和非观众（83%）之间的差距是9个百分点分——这一差距并非微不足道，但只有全球变暖分歧的一半。同样，福克斯新闻观众（76%）和非观众（85%）之间的差距为9个百分点，远低于气候变化26个百分点的差距。此外，当我们控制党派、意识形态、宗教信仰和人口统计特征时，媒体使用与对进化论的认知之间的大部分关系都消失了。对这种较弱关联的一种可能的解释是，关于"进化论战争"的报道少于全球变暖。当我们统计有关进化论、神创论和智慧设计论的有线新闻报道时，我们发现报道量在2005年达到峰值，并在接下来的10年中下降——这与气候变化的趋势相反。

即便如此，我们2016年的调查还是得出了两种明显的结论：观看美国有线电视网和微软全国广播电视网与相信进化论有关，从科学杂志中学习也是如此。在每种情况下，以上提到的媒体在这个话题上可能一直在"向合唱团讲道——多此一举"。大多数阅读《科学美国人》和《国家地理》等杂志或收看美国有线电视网和微软全国广播电视网上比尔·奈节目的美国人可能倾向接受媒体将科学家认可的支持进化论描述为科学共识。出于同样的原因，基督教电视和广播的许多基要主义观众可能属于"唱反调的合唱团"，并准备接受肯·汉姆等神创论者提倡的反进化论框架。

关于转基因生物的新闻

政治分歧导致公众对于全球变暖这一问题产生分歧：大多数自由派和民主党人接受关于气候变化的科学共识，而大多数保守派和共和党人则拒绝科学共识。[68]同样，公众对进化论的看法密切反映了基要主义基督徒和非基要主义基督教徒之间更广泛的分歧。[69]相比之下，媒体构建转基因生物的报道是在一个更加复杂的社会背景下进行的，即增加粮食产量的承诺与激进分子对健康风险、环境影响以及孟山都等农业公司的做法的担忧共存的一个社会。[70]虽然美国国家科学院、美国科学促进会和美国医学会（American Medical Association）等科学组织公开表示，经批准的转基因食品可以安全食用，但从环保团体绿色和平组织到脱口秀主持人穆罕默德博士再到网红博主美食宝贝瓦尼·哈里（Vani "the Food Babe" Hari），都主张限制此类食品或将其贴上标签。

20世纪90年代第一批转基因食品上市时，新闻媒体开始认真报道农业生物技术。这十年的报道往往是积极的，以科学进步和经济效益为主题的。[71]同时，一个新兴的替代性报道框架将转基因食品描述为非天然的和危险的。例如，1992年给《纽约时报》的一封信援引了最著名的"疯狂科学家"弗兰肯斯坦博士的名字来称呼此类产品。"如果他们想卖给我们科学怪食（Frankenfood），"信的作者说，"也许是时候召集村民，点燃些火把，前往城堡了。"[72]

千禧之交，两件事引发了对转基因生物的报道增加。[73]一个是1999年在《自然》杂志上发表的一篇文章，暗示转基因玉米花粉可能伤害帝王蝶幼虫（2001年的一项更深入的研究否定了这一结论,但到那时,帝王蝶已经成为关注转基因生物的象征)。[74] 2000年,包括塔可钟(Taco Bell)的塔可脆等在内的产品因被一种转基因技术生产的、环境保护机构尚未批准供人类食用的星联玉米(StarLink)污染而被召回,引发了又一波媒体报道。[75]

鉴于这些报道对农业生物技术的潜在风险的凸显,20世纪90年代末和千禧年代初期的新闻报道呈现出对转基因生物的喜忧参半也就不足为奇了。玛丽·努奇(Mary Nucci)和罗伯特·库贝(Robert Kubey)在对电视新闻的研究中观察到,支持和反对转基因生物技术的信息大致相当。[76]同样,托比·登·艾克(Toby Ten Eyck)和梅丽莎·威尔门特(Melissa Willement)发现报纸倾向以矛盾的方式对农业生物技术进行辩论。[77]反过来,马特·尼斯贝特(Matt Nisbet)和迈克·赫格(Mike Huge)发现,关于转基因生物的报纸报道呈现出一系列报道框架,包括以研究和政策为中心的技术报道框架,以及涉及战略、不确定性和道德的更具戏剧性的报道框架。[78]

自千禧年代初以来,即使出现了新事件,媒体对转基因生物的报道也依赖于基于机会和基于风险的报道框架。[79]以2011年7月13日美国广播公司关于转基因生物和帝王蝶的新闻报道为例。[80]报道以一个科学异化的报道框架开始,援引一位科学家的话说,使用转基因作物和杀灭乳草的除草剂(如农达、Roundup)是帝王蝶数量下降的"罪魁祸首"。美国广播公司的新闻随后在这一框架与进步和经济效益报道框架之间取得平衡,并观察到农业生物技术一直是"农民的福音"。该报道还通过引用孟山都(Monsanto,农达的生产商)的话说,关于"农业是否以及如何影响帝王蝶种群生物学"的证据"存在争议"并且"仍在不断发展",从而呈现了一个不确定性报道框架。

除了报道新研究外,媒体还报道了关于要求公司标记转基因食品的法律的持续辩论。关于这个问题的一项备受瞩目的运动围绕着2012年加利福尼亚州的一项强制使用此类标签的投票倡议(第37号提案)展开。该倡议的反对者将转基因食品定性为安全且具有经济效益的,同时主张自愿使用标签优于强制性使用标签;相比之下,该倡议的支持者将转基因生物描述为危害健康的存在,而将提案描述为促进信息自由之道。[81]尽管最初的公众民意调查发现多数人支持第37号提案,但加利福尼亚州的选民最终否决了它。类似的提案在2013年华盛顿州和2014年在科罗拉多州及俄勒冈州的投票均以失败告终。

两年后,佛蒙特州成为第一个通过法令要求转基因食品贴标签的州。然而,此后不久,巴拉克·奥巴马总统签署了一项法律,创建了一个撤销任何州级要求的联邦转基因标签系统。2018年,美国农业部制定了将于2022年生效的规则,将食品标记为"生物工程",而不是"转基因生物"或"转基因"。农业行业赞扬这些规则,而批评者则认为它们试图用不熟悉的术语将转基因生物隐藏其后。[82]在这一过程中,关于转基因生物的新闻报道的框架参差不齐,包括批评农业公司在转基因玉米中加入"橙剂基本成分"(2015年2月12日微软全国广播公司的《艾德秀》(The Ed Show)节目,批评连锁餐厅Chipotle在提供被大肠杆菌污染的食物时吹捧其无转基因菜单[福克斯新闻2015年12月8日的《五人组》节目,(The

Five）]，以及名人对转基因标签的争论（2015年4月23日，美国有线电视新闻网络《今夜秀》对奥兹博士的采访）。

　　至于新闻报道是否会影响公众对转基因生物的看法，早期的研究结果好坏参半。苏珊娜·普里斯特（Susanna Priest）在分析2000年的调查数据时，发现几乎没有证据表明媒体对公众对农业生物技术的看法有影响。[83]同样，多米尼克·布罗萨德（Dominique Brossard）和马特·尼斯贝特对2001年调查数据的研究，没有发现受访者的新闻习惯与其对农业生物技术的看法之间存在直接联系的证据。[84]另外，约翰·贝斯利（John Besley）和詹姆斯·沙纳汉（James Shanahan）对2003年调查数据的分析发现，关注电视科学新闻与更多地支持农业生物技术有关。[85]最近，伊万卡·普耶西瓦茨（Ivanka Pjesivac）和她的同事在实验中发现，阅读机会型报道框架新闻的受访者对转基因生物持更积极的态度，而阅读风险型报道框架新闻的人则倾向更消极的观点。[86]

　　我们2016年的调查结果表明，公众对该话题的看法更多地反映了阅读新闻的习惯，而不是收看新闻的习惯。从印刷媒体中学习科学与相信"食用转基因食品通常是安全的"有关（图5-3）的科学杂志的读者（68%）与非读者（48%），以及报纸的读者（65%）和非读者（49%）之间都存在两位数的差距。当我们控制其他形式的媒体使用以及人口统计特征、政治态度和宗教信仰时，这两种结论仍然清晰。与此同时，一旦我们考虑到其他因素，阅读网络新闻（观众为58%，非观众为52%）、有线电视新闻网（63%与52%）、微软全国广播公司（59%与53%）和福克斯（58%与53%）受访者的差异变得更小了。

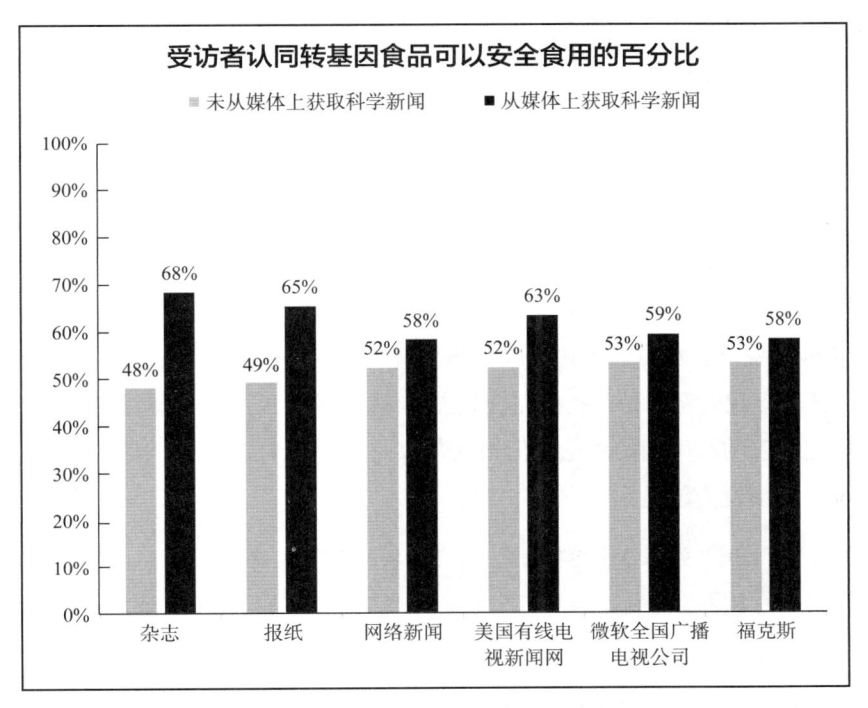

受访者认同转基因食品可以安全食用的百分比

媒体	未从媒体上获取科学新闻	从媒体上获取科学新闻
杂志	48%	68%
报纸	49%	65%
网络新闻	52%	58%
美国有线电视新闻网	52%	63%
微软全国广播电视公司	53%	59%
福克斯	53%	58%

图5-3　通过新闻媒体使用产生的对转基因食品的看法（合作国会选举调查，2016年）

报纸和科学杂志的调查结果可以反映强调转基因食品的社会进步和经济利益的框架，以及科学界认为转基因食品可以安全食用的立场。然而，更广泛地说，这里提到的公众认知反映了新闻媒体的模棱两可的报道框架。正如我们的调查发现，认为转基因食品不安全的受访者和认为转基因食品安全的受访者的比例几乎相等，最近的调查也发现了类似的分歧。[87]只要有关该话题的新闻报道同时强调转基因食品的机遇和风险，它可能会为话题双方的受众提供资料信息，以加强他们现有的观点。

关于疫苗的新闻

1998年——《京都议定书》谈判的第二年和《自然》关于转基因生物和帝王蝶的文章的前一年——著名的医学杂志《柳叶刀》发表了英国医生安德鲁·韦克菲尔德（Andrew Wakefield）的一项研究，将疫苗接种与MMR（麻腮风三联疫苗）和自闭症关联起来。尽管韦克菲尔德的研究仅基于12个自选病例的样本，违背了科学界的共识，但它在普及疫苗可导致自闭症的概念方面发挥了关键作用。

可以肯定的是，公众对免疫接种的担忧并非源于韦克菲尔德的研究。早在1721年，波士顿市民就在为公民接种天花疫苗而争论不休——事实上，争论激烈到甚至有人向免疫接种运动的主要倡导者科顿·马瑟（Cotton Mather）的窗户内投掷了一枚炸弹。19世纪，美国各地形成了反疫苗接种联盟。1982年，一部电视纪录片《白百破：疫苗轮盘赌》（*DPT: Vaccine Roulette*）引发了人们对接种白喉、百日咳和破伤风（diphtheria，pertussis，and tetanus）疫苗产生健康风险的担忧。[88]

韦克菲尔德研究的发表触发了反疫苗接种运动的一个新阶段，以及新一轮涉及疫苗的健康问题的媒体报道。[89]其中一些报道平衡了强调免疫接种益处的报道框架与反疫苗接种者所推崇的报道框架，后者包括涉及意外健康风险的潘多拉的盒子式的报道框架和涉及疫苗接种弊端的道德报道框架。[90]例如，1999年10月5日，美国有线电视网的一个片段专访了一些父母，他们认为免疫接种引发了他们孩子的自闭症。一位家长描述了他的儿子如何"在接种了MMR疫苗、水痘疫苗和口服脊髓灰质炎疫苗之后，几天之内（他）就完全变成了另外一个孩子。我的意思是，我们完全失去了他。"该片段还包含曾否定韦克菲尔德结论并指出他研究缺陷的医生们的评论，但报道却以一位非医学界人士，美国众议员丹·伯顿（Dan Burton）的话音为结尾：

> 新泽西州的"立即终止自闭症"会议现场有1200名家长，他们问了一个问题："你认为你孩子的自闭症是由疫苗引起的还是与疫苗有关？"——有750人举手。自闭症在全国范围内呈爆炸式增长。我们需要找出原因。

就这样，有线电视网把节目的结尾留给了提出疫苗与自闭症之间有关联的某个人。

电视新闻节目也不是报道"自闭症疫苗之争"的唯一渠道。主要报纸刊登的关于该话题的文章数量从1998~2000年的少数几篇飙升到2004年的峰值。[91]这些报道中的大多数都揭穿了疫苗与自闭症存在关联的说法，但超过1/3的报道将此类联系描述为"可能的、合理的，或很可能"。[92]

几年后，反疫苗运动获得了一位著名的新发言人：演员珍妮·麦卡锡（Jenny McCarthy），她于2007年9月8日参加了《奥普拉脱口秀》，将MMR疫苗定为她儿子埃文患自闭症的原因：

温弗瑞：那你认为是什么引发了自闭症？我知道你有你的道理。

麦卡锡：我确实有我的道理……就在他打MMR之前，我对医生说，我对这个打针有一种非常不好的预感。这是自闭症针，不是吗？他说，"不，这太荒谬了。这是一位母亲不顾一切地试图责备某些事情。"他对我发誓……不久之后，我注意到照片中的变化：轰一声！灵魂，从他的眼中消失了。

温弗瑞指出，疾病控制和预防中心（CDC）全然否定疫苗与自闭症之间的关联，但她随后允许麦卡锡回答："我的科学，名为埃文。"

在接下来的几年里，麦卡锡继续充当反疫苗接种运动的公众形象（或者，正如她所说，"支持安全的疫苗"运动）和韦克菲尔德的拥护者。[93]鉴于此，美国广播公司于2013年决定聘请她作为脱口秀节目《观点》（*The View*）的联合主持人，这引起了医生和科学家的强烈谴责。然而，麦卡锡使用的新闻报道经常使用"众说纷纭"的报道框架来介绍她对疫苗的主张以及医学界的回应。[94]

至于韦克菲尔德最初的研究，最终被揭露为医疗欺诈。文章发表后，调查人员发现他操纵了数据，违反了研究的伦理标准，并且没能公开利益纠葛。[95]2010年，《柳叶刀》正式撤回了他的文章。[96]同年，英国综合医学委员会（United Kingdom's General Medical Council）因其职业不端行为而撤销他的行医执照。[97]尽管如此，这并没有阻止韦克菲尔德宣传他对疫苗的看法。他甚至导演了一部2016年的纪录片，名为《疫苗黑幕》（*Vaxxed*），将疾病控制与预防中心的行为描述为掩盖疫苗与自闭症之间的联系。

在过去十年中，新闻机构还强调了政治候选人在疫苗声明上的争议。例如，2011年9月，竞选记者强调了共和党总统候选人米歇尔·巴赫曼（Michele Bachmann）的观点，即人乳头瘤病毒（HPV）疫苗会"危害小孩子的生命"并可能导致"智力迟钝"（美国儿科学会迅速反驳了她的说法）。[98]同样，共和党总统候选人在2015年9月17日的有线电视新闻网的竞选辩论中声称疫苗会导致自闭症，从而引发了媒体争议。"你带着这个漂亮的小宝贝，"他说，"然后你一针下去——我的意思是，针管看起来就像是为一匹马设计的，而不是为一个孩子设计的，我们有很多例子，就在前几天，我的员工两岁的漂亮孩子去打疫苗回来，一周后发高烧，病得很重，现在患上自闭症。"

为了获知媒体信息如何影响公众对疫苗的认知，格雷厄姆·迪克森（Graham Dixon）和克里斯托弗·克拉克（Christopher Clarke）进行了一项实验，他们随机分配参与者阅读有关该话题的不同版本的新闻报道。[99]当报道对MMR疫苗和自闭症的相互对峙的主张保持平衡的态度时，读者不太确定疫苗是否安全，更有可能认为专家在这个问题上存在分歧。这些调查结果表明，反疫苗活动人士宣传的媒体框架有时会影响观众的认知。

纵观全局，亚伦·文斯特拉（Aaron Veenstra）和他的同事几乎没有发现任何证据表明保守的新闻媒体或自由的新闻媒体影响了对疫苗是否会导致自闭症的看法。[100]在很大程度上，我们2016年的调查结果说明了同样的情况。我们询问受访者是否认为"麻疹、腮腺炎和风疹等疾病的疫苗对健康儿童是安全的"。绝大多数人无论他们在哪里学过或没有学过科学都认为是这些疫苗是安全的（图5-4）。科学杂志和报纸的96%的读者相信这个说法，但89%的非读者也相信。如果电视新闻观众和非观众有差异的话，其差异甚至更小：网络新闻为95%与89%，有线电视新闻网为95%与90%，微软全国广播电视公司为94%与91%，福克斯为94%与91%。然而，当我们控制其他因素时，其中两个差距仍然存在：科学杂志读者比非读者更有可能认为疫苗是安全的，广播网络新闻观众比非观众还更可能这样认为。

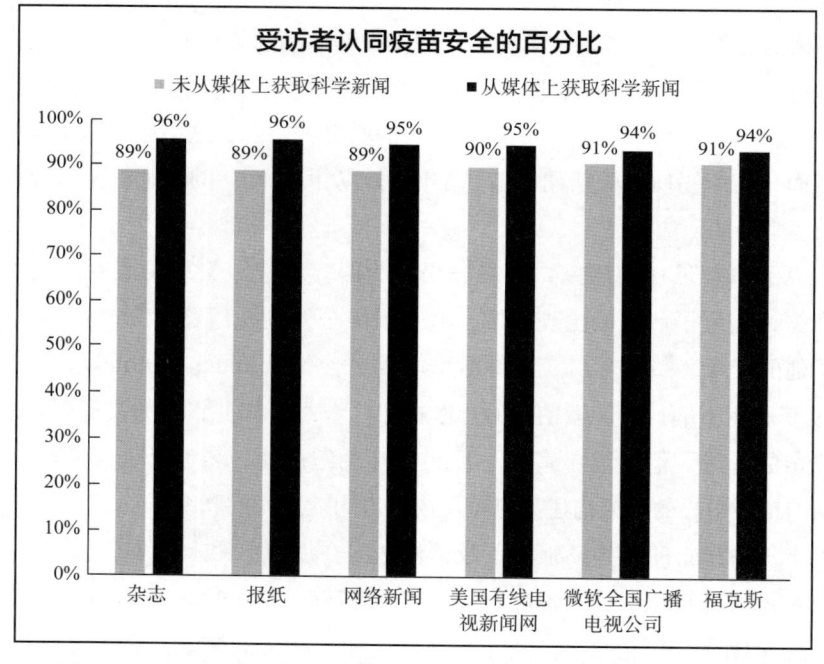

图5-4 通过新闻媒体使用影响对疫苗的看法（合作国会选举调查，2016年）

总体而言，绝大多数公众认为疫苗带来的好处超过了它们带来的任何风险。同时，强调免疫接种带来的社会进步和专家就支持疫苗达成共识的新闻框架对改变反疫苗者的想法可能只产生有限的影响——他们中的许多人不太可能阅读，更不用说信任诸如《科学美国人》的消息来源。此外，对于该话题的冲突性报道似乎不太可能很快消失。例如，2019年

3月3日美国全国广播公司新闻关于一位违背母亲的意愿接种了疫苗的少年伊桑·林登伯格（Ethan Lindenberger）的报道。报道援引他的话说，关于疫苗导致"自闭症、脑损伤和其他并发症的说法（已）在很大程度上被科学界揭穿。"然后引用他母亲的话说，不给儿子接种疫苗"是保护他和保证他安全的最佳方式。"[101]

2020年，与疫苗相关的报道激增，其特点是一系列熟悉的竞争框架以及尖锐的政治分歧。随着研究人员竞相开发病毒疫苗，媒体随后报道了这些疫苗对社会的潜在益处（社会进步框架）、潜在副作用（潘多拉盒子框架）、功效问题（不确定框架），以及政府在其研发和分配中的作用（公共问责框架）。新闻媒体还报道并经常试图揭穿有关疫苗的不实信息，包括揭穿疫苗将用于追踪和控制人们的阴谋论。[102]

与气候变化模式相呼应的是，这一案例进一步凸显了科学报道如何卷入政治两极化。索尔·哈特和他的同事发现，即使在大流行的早期阶段，报纸和电视新闻也呈现出两极化的报道，并且经常出现政客的观点及其科学依据。[103]鉴于此，公众对其认知迅速地随着党派路线分裂，也就不足为奇了。到2020年底，盖洛普民意调查发现，有75%的民主党人愿意接种疫苗，但共和党人只有50%。[104]

其他构建框架的话题与平台

尽管新闻框架对每个话题或每个渠道的影响都不相同，但它对于观众成员如何看待科学很重要。对于某些话题（例如，气候变化和疫苗），有线新闻网络可以在强化观众成员之间的两极化观点方面发挥关键作用。对于其他话题（例如，进化论和干细胞研究），新闻框架的影响可能更温和，并且集中在诸如科学媒体或宗教媒体等的特定受众中。

新闻框架也是一把"双刃剑"：媒体信息可以引导观众接受或拒绝对话题的科学共识。在许多情况下，新闻报道中的框架可以促进受众与科学家的更大共识。此外，教授科学推理的信息可能有助于弥合受众成员和科学家之间的隔阂。同时，框架也可以用作挑战科学界言论的工具。福克斯新闻上经常出现的轻视性报道框架可能会破坏人们对气候变化的信念，就像发现研究所等组织提倡的公平报道框架可以促进在学校讲授智慧创造论的支持一样。同样，风险框架会助长对转基因生物的负面看法，而"平衡"框架会破坏对疫苗安全性的看法。

展望未来，可以肯定的是，新闻媒体将使用我们讨论过的框架来报道其他新出现的科学话题。以"规律间隔成簇短回文重复序列"（CRISPR）为例，这是一种最近开发的方法，可以相对便宜且容易地编辑基因。这项技术的报道从2015年的几个增加到了2018年底的数百个，这主要是由于高风险的专利战、电影《狂暴巨兽》（*Rampage*）的上映（讲述了巨石强森勇斗经过基因编辑的生物的故事）等一系列事件的发生。D.J.麦考利分析这些报道时，发现他们几乎使用了我们讨论过的每一种框架，包括强调医学和农业应用的进步框架、围绕编辑人类DNA的陷阱的伦理报道框架、将"流氓科学"的危险戏剧化的科学异化报道框架，以及突出专利战策略的战略报道框架。[105]正如十多年前报道干细胞研究的新闻框架影响了公众的看法一样，也可能起到同样的作用——特别是如果新闻媒体继续对该话题投入越来越多的关注。

然而，在权衡这种框架的影响时，重要的是不仅要谨记呈现框架的媒体从业者，还要谨记他们的目标受众。公众不是等待装满框架的容器；相反，他们是框架构建过程中的积极参与者，而且往往是批评者。一些受众成员可能会接受与科学相关话题的特定新闻框架，特别是当该框架与他们自己的信仰以及更广泛的文化叙事产生共鸣时。其他受众成员可能会拒绝相同的框架，甚至重新解释它以支持他们早已存在的观点。还有一些人一开始就永远不会接收到这个框架，因为他们不关注提供它的来源，要么是基于他们先前的信念而选择性收看，要么是对传统科学新闻缺乏兴趣。

这就引出了另一个关键点：许多人从杂志、报纸和传统电视新闻之外的来源获取科学新闻。例如，斯蒂芬·科尔伯特在《科尔伯特报告》中关于全球变暖的笑话可能会影响观众对科学相关话题的看法。碰巧的是，他并不是唯一一个谈论我们在本章中讨论过的话题的深夜电视喜剧演员，除了他，还有更多。

注释

[1] Pew Research Center, "Public and scientists' views on science and society," Pew Research Center, Jan. 29, 2015.

[2] Goffman, Erving, *Frame analysis: An essay on the organization of experience*, Harvard University Press, 1974.

[3] Tversky, Amos, and Daniel Kahneman,"The framing of decisions and the psychology of choice," *Science* 211, no. 4481 (1981): 453–458.

[4] Gamson, William A., and Andre Modigliani, "Media discourse and public opinion on nuclear power: A constructionist approach," *American Journal of Sociology* 95, no. 1 (1989): 1–37.

[5] Entman, Robert M.,"Framing:Toward clarification of a fractured paradigm," *Journal of Communication* 43, no. 4 (1993): 51–58.

[6] Iyengar, Shanto, *Is anyone responsible? How television frames political issues*, University of Chicago Press, 1994.

[7] Hart, Philip Solomon,"One or many? The influence of episodic and thematic climate change frames on policy preferences and individual behavior change," *Science Communication* 33, no. 1 (2011): 28–51.

[8] Muter, Bret A., Meredith L. Gore, Katie S. Gledhill, Christopher Lamont, and Charlie

Huveneers, "Australian and US news media portrayal of sharks and their conservation," *Conservation Biology* 27, no. 1 (2013): 187–196.

[9] Nisbet, Matthew C., "Framing science: A new paradigm in public engagement," in *Understanding science: New agendas in science communication*, eds. LeeAnn Kahlor and Patricia A. Stout, Routledge, 2009, 40–67.

[10] Nisbet, Matthew C., Dominique Brossard, and Adrianne Kroepsch, "Framing science: The stem cell controversy in an age of press/politics," *Harvard International Journal of Press/Politics* 8, no. 2 (2003): 36–70.

[11] Colarossi, Jessica, "Comparing how media around the world frames coronavirus news," *The Brink: Pioneering Research from Boston University*, June 25, 2020.

[12] Nelkin, Dorothy, *Selling science: How the press covers science and technology*, rev. edition, W. H. Freeman, 1995.

[13] Entman, Robert M., *Democracy without citizens: Media and the decay of American politics*, Oxford University Press, 1990.

[14] Dearing, James W., "Newspaper coverage of maverick science: Creating controversy through balancing," *Public Understanding of Science* 4, no. 4 (1995): 341–361.

[15] Brewer, Paul R., David Wise, and Barbara L. Ley, "Chemical controversy: Canadian and US news coverage of the scientific debate about bisphenol A," *Environmental Communication* 8, no. 1 (2014): 21–38.

[16] Mooney, Chris, "Blinded by science: How 'balanced' coverage lets the scientific fringe hijack reality," *Columbia Journalism Review* 43, no. 4 (2004): 26–36.

[17] Overby, Dennis, "Gauging a collider's odds of creating a black hole," New York Times, Apr. 15, 2008; Overby, Dennis, "The collider, the particle and a theory about fate," *New York Times*, Oct. 13, 2009.

[18] Obozintsev, Lucy, "From Skynet to Siri: An exploration of the nature and effects of media coverage of artificial intelligence," MA thesis, University of Delaware, 2018.

[19] Fitzgerald, Scott T., and Beth A. Rubin, "Risk society, media, and power: The case of nanotechnology," *Sociological Spectrum* 30, no. 4 (2010): 367–402.

[20] Antilla, Liisa, "Climate of scepticism: US newspaper coverage of the science of climate change," *Global Environmental Change* 15, no. 4 (2005): 338–352; Dunlap, Riley E., Aaron M. McCright, and Jerrod H. Yarosh, "The political divide on climate change: Partisan polarization widens in the US," *Environment: Science and Policy for Sustainable Development* 58, no. 5 (2016): 4–23.

[21] Mooney, Chris, and Matthew C. Nisbet, "Undoing Darwin," *Columbia Journalism Review*

44, no. 3 (2005): 30–39.

[22] Crawley, Catherine E.,"Localized debates of agricultural biotechnology in community newspapers: A quantitative content analysis of media frames and sources," *Science Communication* 28, no. 3 (2007): 314–346; Nisbet, Matthew C., and Mike Huge, "Where do science debates come from? Understanding attention cycles and framing," in *The media, the public and agricultural biotechnology*, eds. Dominque Brossard,Thomas C. Nes- bitt, and James Shanahan, CABI, 2002, 193–230.

[23] Nyhan, Brendan, "Why 'he said, she said' is dangerous," *Columbia Journalism Review*, Jul. 16, 2013.

[24] Nisbet, Matthew C., and Chris Mooney, "Framing science," *Science* 316, no. 5821 (2009): 56.

[25] Kavanagh, Etta (ed.), "The risks and advantages of framing science," *Science* 317, no. 5842 (2009): 1168–1170.

[26] Hart,"One or many?"

[27] Nisbet, Matthew C., and Robert K. Goidel, "Understanding citizen perceptions of science controversy: Bridging the ethnographic—survey research divide," *Public Understanding of science* 16, no. 4 (2007): 421–440.

[28] Scheufele, Dietram A., and Bruce V. Lewenstein, "The public and nanotechnology: How citizens make sense of emerging technologies," *Journal of Nanoparticle Research* 7, no. 6 (2005): 659–667.

[29] Gamson,William A., *Talking politics*, Cambridge University Press, 1992.

[30] Walsh, Katherine Cramer, *Talking about politics: Informal groups and social identity in American life*, University of Chicago Press, 2004.

[31] Cobb, Michael D.,"Framing effects on public opinion about nanotechnology," *Science Communication* 27, no. 2 (2005): 221–239; Druckman, James N.,"On the limits of fram- ing effects:Who can frame?" *Journal of Politics* 63, no. 4 (2001): 1041–1066.

[32] Chong, Dennis, and James N. Druckman, "Framing public opinion in competitive democracies," *American Political Science Review* (2007): 637–655; Nisbet, Erik C., P. Sol Hart, Teresa Myers, and Morgan Ellithorpe, "Attitude change in competitive framing environments? Open-/closed-mindedness, framing effects, and climate change," *Journal of Communication* 63, no. 4 (2013): 766–785.

[33] Kahan, Dan M., "Evidence-based science filmmaking initiative: Study no. 1," Jan. 11, 2016.

[34] Stroud, Natalie Jomini, "Polarization and partisan selective exposure," *Journal of communication* 60, no. 3 (2010): 556–576.

[35] Bolsen, Toby, and Matthew A. Shapiro,"The US news media, polarization on climate change, and pathways to effective communication," *Environmental Communication* 12, no. 2 (2018): 149–163; McCright, Aaron M., and Riley E. Dunlap,"Defeating Kyoto: The conservative movement's impact on US climate change policy," *Social Problems* 50, no. 3 (2003): 348–373.

[36] Trumbo, Craig,"Constructing climate change: Claims and frames in US news coverage of an environmental issue," *Public understanding of science* 5, no. 3 (1996): 269–284.

[37] Boykoff, Maxwell, T., Meaghan Daly, Lucy McAllister, Marisa McNatt, Ami NacuSchmidt, David Oonk, and Olivia Pearman,"United States coverage of climate change or global warming, 2000–2018," Center for Science and Technology Policy Research, Cooperative Institute for Research in Environmental Sciences, University of Colorado, Dec. 31, 2018.

[38] Bolsen and Shapiro,"The US news media"; Hart, P. Sol, and Lauren Feldman,"Threat without efficacy? Climate change on US network news," *Science Communication* 36, no. 3 (2014): 325–351; Feldman, Lauren, P. Sol Hart, and Tijana Milosevic, "Polarizing news? Representations of threat and efficacy in leading US newspapers' coverage of climate change," *Public Understanding of Science* 26, no. 4 (2017): 481–497; Nisbet, Matthew C.,"Communicating climate change:Why frames matter for public engagement," *Environment: Science and policy for sustainable development* 51, no. 2 (2009): 12–23.

[39] Cook, John, Dana Nuccitelli, Sarah A. Green, Mark Richardson, Baerbel Winkler, Rob Painting, Robert Way, Peter Jacobs, and Andrew Skuce, "Quantifying the consensus on anthropogenic global warming in the scientific literature," *Environmental Research Letters* 8, no. 2 (2013): 024024; Oreskes, Naomi,"The scientific consensus on climate change," *Science* 306, no. 5702 (2004): 1686.

[40] Boykoff, Maxwell T, "Lost in translation? United States television news coverage of anthropogenic climate change, 1995–2004," *Climatic Change* 86, no. 1–2 (2008): 1–11; Boykoff, Maxwell T., and Jules M. Boykoff,"Balance as bias: Global warming and the US prestige press," *Global environmental change* 14, no. 2 (2004): 125–136.

[41] Boykoff and Boykoff,"Balance as bias," 126.

[42] Boykoff, Maxwell T, "Flogging a dead norm? Newspaper coverage of anthropogenic climate change in the United States and United Kingdom from 2003 to 2006," *Area* 39, no. 4 (2007): 470–481.

[43] Nisbet, Matthew C., *Climate shift: Clear vision for the next decade of public debate*, American University School of Communication, 2011.

[44] Feldman, Lauren, Edward W. Maibach, Connie Roser-Renouf, and Anthony Leise-

rowitz, "Climate on cable:The nature and impact of global warming coverage on Fox News, CNN, and MSNBC," *International Journal of Press/Politics* 17, no. 1 (2012): 3–31.

[45] Ahern, Lee, and Melanie Formentin, "More is less: Global warming news values on Fox compared to other US broadcast news outlets," *Electronic News* 10, no. 1 (2016): 45–65.

[46] Myers,Teresa A., Matthew C. Nisbet, Edward W. Maibach, and Anthony A. Leiserow- itz, "A public health frame arouses hopeful emotions about climate change," *Climatic Change* 113, no. 3–4 (2012): 1105–1112.

[47] Feinberg, Matthew, and Robb Willer, "The moral roots of environmental attitudes," *Psychological Science* 24, no. 1 (2013): 56–62.

[48] Corbett, Julia B., and Jessica L. Durfee, "Testing public (un) certainty of science: Media representations of global warming," *Science Communication* 26, no. 2 (2004): 129–151.

[49] Hart, P. Sol, and Erik C. Nisbet, "Boomerang effects in science communication: How motivated reasoning and identity cues amplify opinion polarization about climate mitigation policies," *Communication Research* 39, no. 6 (2012): 701–723.

[50] Hart, P. Sol, Erik C. Nisbet, and Teresa A. Myers, "Public attention to science and politi- cal news and support for climate change mitigation," *Nature Climate Change* 5, no. 6 (2015): 541–545.

[51] Feldman et al., "Climate on cable."

[52] Feldman, Lauren,Teresa A. Myers, Jay D. Hmielowski, and Anthony Leiserowitz, "The mutual reinforcement of media selectivity and effects: Testing the reinforcing spirals framework in the context of global warming," *Journal of Communication* 64, no. 4 (2014): 590–611.

[53] McCarthy, Joe, "A major national climate report came out. Then the deniers got on TV," *The Weather Channel*, Nov. 29, 2018.

[54] State of the Union, CNN, Nov. 25, 2018.

[55] Pew Research Center, "Public and scientists' views"; Plutzer, Eric, and Michael Berk- man, "Trends: Evolution, creationism, and the teaching of human origins in schools," *Public Opinion Quarterly* 72, no. 3 (2008): 540–553.

[56] Brod, Donald F., "The Scopes trial:A look at press coverage after forty years," *Journalism Quarterly* 42, no. 2 (1965): 219–226.

[57] Taylor, Charles Alan, and Celeste Michelle Condit, "Objectivity and elites: A creation science trial," *Critical Studies in Media Communication* 5, no. 4 (1988): 293–312.

[58] Slevin, Peter, "Teachers, scientists vow to fight challenge to evolution," *Washington Post*, May 5, 2005.

[59] Wallis, Claudia, "The evolution wars," TIME, Aug. 7, 2005; Forrest, Barbara, and Paul R. Gross, *Creationism's Trojan horse: The wedge of intelligent design*, Oxford University Press, 2007.

[60] Mooney and Nisbet,"Undoing Darwin."

[61] Rosenhouse, Jason, and Glenn Branch,"Media coverage of 'intelligent design,' *BioScience* 56, no. 3 (2006): 247–252.

[62] Mooney and Nisbet,"Undoing Darwin."

[63] Grimm, Joshua,"'Teach the controversy:The relationship between sources and frames in reporting the intelligent design debate," *Science Communication* 31, no. 2 (2009): 167–186.

[64] Matzke, Nicholas J., "The evolution of antievolution policies after Kitzmiller versus Dover," *Science* 351, no. 6268 (2016): 28–30.

[65] Nye, Bill,"Bill Nye's take on the Nye-Ham debate," *Skeptical Inquirer*, May/June 2014.

[66] Nelson, Thomas E., Dana E. Wittmer, and Dustin Carnahan, "Should science class be fair? Frames and values in the evolution debate," *Political Communication* 32, no. 4 (2015): 625–647.

[67] Veenstra, Aaron S., Mohammad Delwar Hossain, and Benjamin A. Lyons, "Partisan media and discussion as enhancers of the belief gap," *Mass Communication and Society* 17, no. 6 (2014): 874–897.

[68] Funk, Cary, Brian Kennedy, Meg Hefferon and Mark Strauss,"Majorities see government efforts to protect the environment as insufficient," Pew Research Center, May 14, 2018.

[69] Funk, Cary,"How highly religious Americans view evolution depends on how they're asked about it," Pew Research Center, Feb. 6, 2019.

[70] Funk, Cary and Brian Kennedy, "The new food fights: U.S. public divides over food science," Pew Research Center, Dec. 1, 2016.

[71] Nisbet, Matthew C., and Bruce V. Lewenstein, "Biotechnology and the American media:The policy process and the elite press, 1970 to 1999," *Science Communication* 23, no. 4 (2002): 359–391.

[72] Lewis, Paul, "Mutant foods create risks we can't yet guess; since Mary Shelley," *New York Times*, June 16, 1992.

[73] Marks, Leonie A., Nicholas G. Kalaitzandonakes, Kevin Allison, and Ludmila Zakharova, "Media coverage of agrobiotechnology: Did the butterfly have an effect?" *Journal of Agribusiness* 21, no. 345–2016–15206 (2003): 1–20; Nucci, Mary L., and Robert Kubey, "'We begin tonight with fruits and vegetables': Genetically modified food on the evening news 1980–2003," *Science Communication* 29, no. 2 (2007): 147–176.

[74] Losey, John E., Linda S. Rayor, and Maureen E. Carter, "Transgenic pollen harms monarch larvae," *Nature* 399, no. 6733 (1999): 214–214; Sears, Mark K., Richard L. Hellmich, Diane E. Stanley-Horn, Karen S. Oberhauser, John M. Pleasants, Heather R. Mattila, Blair D. Siegfried,

and Galen P. Dively,"Impact of Bt corn pollen on monarch butterfly populations: A risk assessment," *Proceedings of the National Academy of Sciences* 98, no. 21 (2001): 11937–11942.

[75] Nisbet and Huge,"Where do science debates come from?"

[76] Nucci and Kubey,"We begin tonight."

[77] Eyck, Toby A. Ten, and Melissa Williment, "The national media and things genetic: Coverage in the New York Times (1971–2001) and the Washington Post (1977–2001)," *Science Communication* 25, no. 2 (2003): 129–152.

[78] Nisbet and Huge,"Where do science debates come from?"

[79] Pjesivac, Ivanka, Marlit A. Hayslett, and Matthew T. Binford, "To eat or not to eat: Framing of GMOs in American media and its effects on attitudes and behaviors," *Science Communication* 42, no. 6 (2020): 747–775.

[80] Potter, Ned, "Are monarch butterflies threatened by genetically modified crops?" ABC News, July 13, 2011.

[81] Zilberman, David, Scott Kaplan, Eunice Kim, and Gina Waterfield, "Lessons from the California GM labelling proposition on the state of crop biotechnology," in *Handbook on Agriculture, Biotechnology and Development*, eds. Stuart J. Smyth, Peter W.B. Phillips, and David Castle, Edward Elgar Publishing, 2014, 538–549; Krause, Amber, Courtney Meyers, Erica Irlbeck, and Todd Chambers,"What side are you on? An examination of the persuasive message factors in proposition 37 videos on YouTube," *Journal of Applied Communications* 100, no. 3 (2016): 68–83.

[82] Prentice, Chris, and Jonathan Otis, "USDA outlines first-ever rule for GMO labeling, sees implementation in 2020," Reuters, Dec. 12, 2018; Kennedy, Merrit, "USDA unveils prototypes for GMO food labels, and they're ... confusing," NPR, May 19, 2018.

[83] Priest, Susanna Hornig, "Misplaced faith: Communication variables as predictors of encouragement for biotechnology development," *Science Communication* 23, no. 2 (2001): 97–110.

[84] Brossard, Dominique, and Matthew C. Nisbet, "Deference to scientific authority among a low information public: Understanding US opinion on agricultural biotechnology," *International Journal of Public Opinion Research* 19, no. 1 (2007): 24–52.

[85] Besley, John C., and James Shanahan,"Media attention and exposure in relation to support for agricultural biotechnology," *Science Communication* 26, no. 4 (2005): 347–367.

[86] 普杰西瓦克，等（Pjesivac），"吃还是不吃"。

[87] Kennedy, Brian, Meg Hefferon, and Cary Funk,"Americans are narrowly divided over health effects of genetically modified foods," Pew Research Center, Nov. 19, 2018.

[88] Novak, Sara, "The long history of America's anti-vaccination movement," Discover, Nov. 26,

2018.

[89] Clarke, Christopher E.,"A question of balance:The autism-vaccine controversy in the British and American elite press.," *Science Communication* 30, no. 1 (2008): 77–107.

[90] Kata, Anna, "A postmodern Pandora's box: Anti-vaccination misinformation on the Internet," *Vaccine* 28, no. 7 (2010): 1709–1716.

[91] Clarke,"A question of balance."

[92] 同[91]: 90。

[93] "Jenny McCarthy:"'We're not an anti-vaccine movement … we're pro-safe vaccine,'" Frontline, Mar. 23, 2015.

[94] Nyhan,"Why 'he said, she said' is dangerous."

[95] Belluz, Julia, "Research fraud catalyzed the anti-vaccination movement. Let's not repeat history," Vox, Feb. 27, 2018.

[96] Harris, Gardiner, "Journal retracts 1998 paper linking autism to vaccines," *New York Times*, Feb. 3, 2010.

[97] Triggle, Nick,"MMR doctor struck from register," BBC News, May 24, 2010.

[98] Holan, Angie Drobnic and Louis Jacobson, "Michele Bachmann says HPV vaccine can cause mental retardation," PolitiFact, Sept. 16, 2011.

[99] Dixon, Graham N., and Christopher E. Clarke,"Heightening uncertainty around certain science: Media coverage, false balance, and the autism-vaccine controversy," *Science Communication* 35, no. 3 (2013): 358–382; Clarke, Christopher E., Brooke Weberling McKeever, Avery Holton, and Graham N. Dixon, "The influence of weight-of-evidence messages on (vaccine) attitudes:A sequential mediation model," *Journal of Health Communication* 20, no. 11 (2015): 1302–1309.

[100] Veenstra et al.,"Partisan media."

[101] Rosenblatt, Kalhan,"Teen who got all his shots despite anti-vaccine mother to testify before Congress," NBC News, Mar. 3, 2019.

[102] Bond, Shannon, "'The perfect storm': How vaccine misinformation spread to the mainstream," NPR, Dec. 10, 2020.

[103] Hart, P. Sol, Sedona Chinn, and Stuart Soroka, "Politicization and polarization in COVID-19 news coverage," *Science Communication* 42, no. 5 (2020): 679–697.

[104] Brenan, Megan, "Willingness to get COVID-19 vaccine ticks up to 63% in U.S.," Gallup, Dec. 8, 2020.

[105] McCauley, Darryn Jayne, "Re-writing the genetic code: An exploration of framing, sources, and hype in media coverage of CRISPR," MA thesis, University of Delaware, 2019.

第6章
深夜科学

阿西夫·曼德维（Aasif Mandvi）：科学声称它正在努力治愈疾病、拯救地球并解开我们最大的谜团，但它真正的目的是什么？从全球变暖……

赫尔曼·凯恩（Herman Cain）：我不相信全球变暖是真实的。

曼德维：……到进化论……

里克·桑托勒姆（Rick Santorum）：绝对不是进化，我不相信这一点。

曼德维：……到HPV疫苗……

米歇尔·巴赫曼（Michelle Bachman）：她的女儿因接种疫苗而精神发育迟缓。

曼德维：……看来科学是有办法的。

里克·佩里（Rick Perry）：有大量科学家操纵数据，以便他们将资金投入他们的项目中。

曼德维：这些共和党候选人会是对的吗？

——《乔恩·斯图尔特每日秀》
（The Daily Show with Jon Stewart，2011年10月26日）

约翰·奥利弗：如果我们开始认为科学是照单点菜而且如果你不喜欢某一项研究，别担心，另一项研究很快就会出现，这就是导致人们认为人为造成气候变化不真实的原因，或者疫苗会导致自闭症，这两者的科学共识都非常明确。

——《约翰·奥利弗上周今夜秀》
（Last Week Tonight with John Oliver，2016年5月8日）

科学可能很严肃，但它也很有趣——以至于深夜喜剧节目长期以来一直以它为笑料。早在20世纪80年代，《今夜秀》（The Late Show）主持人约翰尼·卡森（Johnny Carson）就模仿了天文学家卡尔·萨根对"十亿"这个词的喜爱。[1]同样，现任《晚间秀》主持人斯蒂芬·科尔伯特（Stephen Colbert）曾开玩笑说科学家们正在研究蜘蛛侠爬墙能力（2016年1月22日）、南极洲"冰鬼"发出的声音（2018年10月20日），以及自动驾驶汽车的潜力（2018年11月14日）等一系列合理性。

在某些情况下，深夜秀喜剧演员会提及流行的关于科学家的刻板印象，比如，他们总是一些研究深奥主题的古怪学究。例如，2009年8月5日的有线电视新闻讽刺节目《每日秀》的一个片段就讽刺了两位灵长类动物学家，他们都研究猩猩和黑猩猩与人类的关系，但却各执一词。在一次采访中，"记者"约翰·奥利弗（John Oliver）以假装发现科学家们的研究令人麻木的口吻进行采访：

> 杰弗里·施瓦茨教授（Jeffery Schwartz）：嗯，有趣的是，如果你看看这些化石，人类化石，它们的面部都有猩猩的特征。
>
> 奥利弗："有趣"在科学领域的含义与在日常生活中的含义不同吗？
>
> 奥利弗还借此机会取笑科学出版的令人费解。
>
> 托德·迪索特尔教授（Todd Disotell）：我认为这些论点很容易反驳，它会让我写一篇反驳论文。
>
> 奥利弗：那他又会怎么做——给你的反驳论文写反驳论文？
>
> 迪索特尔：是的。
>
> 奥利弗：然后你会再发表反驳论文，他也会再写一篇反驳论文说他是对的，你是错的，这些文章一篇也没人会读。
>
> 迪索特尔：不幸的是，这可能是真的。

这位喜剧演员甚至拿迪索特尔的莫霍克发型开玩笑，问他："当黑猩猩失去所有头发时……是否在头顶还保留了一绺头发？"

然而，深夜主持人也使用幽默的方式来肯定科学家所说的话并反驳反科学的声音。乔恩·斯图尔特（Jon Stewart）就引领了这种潮流：他于1999~2015年担任《每日秀》（*The Daily Show*）的主持人，期间，他和他的团队经常处理与科学相关的问题。例如，2011年10月26日的那一集，标题为"科学：这是怎么回事？"。节目中，阿西夫·曼德维调查并嘲笑了共和党政客关于气候变化、进化论和疫苗的声明。这位喜剧演员兼记者首先采访了声称科学家在"欺骗美国人民"的政治战略家诺艾尔·尼克普尔（Noelle Nikpour），随后又参观了哥伦比亚生物学教授（诺贝尔化学奖得主）马丁·查尔菲（Martin Chalfie）的"豪华科学宫殿"（实际上是一个看起来很普通的实验室），称该教授为"臭名昭著的骗子"，并指责他经营着"有文字记载的最古老的骗局"。该集以曼德维参加科学博览会的旅程结束，他警告年轻的参与者不要"迷上这笔拨款"。

斯图尔特的继任者特雷弗·诺亚（Trevor Noah）延续了这种讽刺科学评论的传统，其他几位由《每日秀》同僚转为深夜主持人的人也是如此——包括斯蒂芬·科尔伯特［《科尔伯特报告》（*The Colbert Report*）和《深夜秀》（*The Late Show*）］、拉里·威尔莫尔［Larry Wilmore，《晚间秀》（*The Nightly Show*）］、约翰·奥利弗［《上周今夜秀》（*Last Week Tonight*）］和萨曼莎·比［Samantha Bee，《正面交锋》（*Full Frontal*）］。同样，吉米·坎摩尔［Jimmy Kimmel，《吉米鸡毛秀》（*Jimmy Kimmel Live!*）］、吉米·法伦［Jimmy Fallon，

《今夜秀》(*The Tonight Show*)]和塞斯·梅耶斯[Seth Meyers,《深夜秀》(*Late Night*)]都在他们的节目中谈论了科学话题。

深夜电视也曾为科学家提供直接与公众对话的平台。除了模仿卡尔·萨根，约翰尼·卡森还经常邀请他作为嘉宾参加20世纪70年代和80年代的《今夜秀》节目，让天文学家有机会向观众推广太空探索。[2]从那时起，其他主持人纷纷效仿卡森，邀请一大批科学家进行采访。因此，深夜观众有机会听到珍·古道尔（Jane Goodall）、史蒂芬·霍金（Stephen Hawking）、米奇奥·卡库（Michio Kaku）和尼尔·德格拉斯·泰森（Neil deGrasse Tyson）等嘉宾讨论他们自己的研究以及涉及科学和社会的更广泛问题。

这些深夜节目全部都很重要，因为它们吸引了大量观众。例如，在2019年5月，《深夜秀》《今夜秀》和《吉米鸡毛秀》每晚都吸引了超过200万观众。[3]同时，《每日秀》《上周今夜秀》和《全面开战》的片段经常在油管等视频共享网站上获得数百万甚至数千万的观看量。凭借其广泛的影响力，这些节目可以帮助促进公众参与科学并影响公众对诸如人类活动是否导致气候变化、疫苗对儿童是否安全以及转基因食品是否可以安全食用等问题的认知。对于那些不刻意寻找科学新闻的观众来说尤其如此。

讽刺是通向科学的门户

正如我们所见，传统媒体可以而且有时确实会塑造人们对气候变化、进化论、疫苗和转基因生物等问题的认知。然而，科学信息的"缺失受众"（missing audience）很少（如果会）关注报纸、广播晚间新闻节目或有线电视新闻频道等信息来源，更不用说关注诸如《新星》或《国家地理》等科学信息的媒体。[4]此外，鉴于过去几十年投入科学新闻的资源不断减少，即使是新闻迷可能遇到的科学报道也相对较少。[5]"卓越新闻计划"（Project for Excellence in Journalism）的一项研究发现，2008年主流新闻资源用于科学和技术的报道不到2%，这个数字从那时起可能就没有改善过。[6]

与传统新闻相比，深夜电视节目有时看起来像是一种科学报道。事实上，"卓越新闻计划"研究还发现，《每日秀》在2008年对科技的报道是更"严肃"的媒体的两倍。例如，2008年6月18日的《每日秀》讨论了太空探测器在火星上发现的"神秘白色物质"："我们无法确认火星上的生命，"斯图尔特宣布，"但似乎我们能够确认火星上的夜生活。"那一年的一些嘉宾访谈也谈到了科学，例如，2008年5月27日《每日秀》与物理学家布莱恩·格林（Brian Greene）的一次访谈中，他将科学塑造成更广泛的公众都能参与的话题。"这样做的目标是改变公众对科学的看法，"他解释道，"很多人被科学吓倒了……很多人只是认为科学是教科书上的内容，但科学是积极的探索。科学是世界上最伟大的冒险故事。"

如果说《每日秀》的衍生节目《科尔伯特报告》与其在科学报道上有什么不一样的话，那就是它在其11年的运行中为促进科学做出了更多贡献。该节目的主持人，自称是科学爱好者，不仅在多集中讨论了这个话题，还利用他的深夜平台为太空计划发声。[7]在2010年4月8日的节目中，他甚至把他一贯讽刺的角色（一个保守的脱口秀主持人比尔·奥莱利的风格）都搁在一边，而直接请求拯救美国宇航局的宇航员计划。[8]更幽默的是，他还竞选美国宇航局空间站上的乘员舱以他的名字命名的资格（航天局决定不这样做，但确实以他的名字"科尔伯特"命名了一个零重力跑步机：组合式操作承重外部阻力跑步机，the Combined Operational Load-Bearing External Resistance Treadmill或COLBERT）。

这种深夜电视报道有助于培养公众对科学的兴趣。[9]正如劳伦·费尔德曼（Lauren Feldman）和她的同事所指出的，深夜喜剧节目这类以娱乐为主的"软新闻"媒体，通常是参与公众事件的门户。实际上，这些节目在吸引观众的轻松内容之上"搭载"了关于实质性话题的信息。[10]费尔德曼和她的团队查看2008年的调查数据后发现，观看《每日秀》和《科尔伯特报告》与更多地关注科学和技术二者相辅相成。此外，在受教育程度最低的受访者中，观看深夜节目和参与科学之间的联系最为密切。实际上，收看乔恩·斯图尔特和斯蒂芬·科尔伯特的秀有助于弥合知识较渊博的美国人和知识较浅薄的美国人之间的科学"参与鸿沟"。

从《科尔伯特报告》转到《深夜秀》后，科尔伯特继续担任科学啦啦队长的角色，尤其是太空探索的科学。例如，他在2017年2月24日的节目中突出了他到美国宇航局总部参加宇航员培训的情况，而2018年9月21日的节目则显示他和尼尔·德格拉斯·泰森在曼哈顿试驾火星探测器（同一时间，科尔伯特一直乐于讽刺美国宇航局更令人质疑的行为——例如，它提出通过"太空广告"筹集资金的提议，以及由于"缺乏合适尺寸的宇航服"而取消全女性太空行走的计划）。[11]科尔伯特也不是唯一一位在促进科学方面努力的主持人：吉米·法伦在《今夜秀》中的"小小发明者"（Fallonventions）环节专注于进行科学发明创造的儿童，吉米·坎摩尔定期邀请"科学鲍勃"（Science Bob）普弗鲁格费尔德（Pflugfelder）用飞行乒乓球和爆炸的南瓜进行古怪的示范。这些主持人以幽默的方式包装科学信息，使其可以接触到可能永远不会收看《宇宙》或阅读《科学美国人》的观众。

气候喜剧

深夜喜剧节目不仅激发了公众参与科学，还可能塑造观众对科学话题的认知。研究人员发现，这些节目会影响公众对从总统候选人到网络中立等复杂政策问题的讨论——那为什么疫苗或转基因食品问题不能依葫芦画瓢呢？[12]

以气候变化为例，这是一个在深夜电视上持续了20年的恒定话题。劳伦·费尔德曼（Lauren Feldman）分析1999~2012年的《每日秀》报道和2005~2012年的《科尔伯特报告》报道时发现，这些节目总共用了183集来处理全球变暖问题。[13]就这两个节目报道这个话题的方式而言，二者一致认可气候变化正在发生这一科学共识。例如，斯图尔特2005年10月4日的独白引用了"近乎普遍的共识",即北极冰层融化"部分由全球变暖造成"。同样,2007年2月5日的《每日秀》节目片段包括土拨鼠普克苏托尼·菲尔(Punxsutawney Phil)的一个名为"警告"的配音信息——"将发生人为造成的灾难性气候变化。冰盖将以一个不断加速的速度融化……我说的是实话!"——以及斯图尔特对政府间气候变化专门委员会(IPCC)结论的描述:"总而言之,报告指出全球变暖正在发生,这几乎肯定是人为的现象。"

此外,两位主持人经常嘲笑气候变化怀疑论者。斯图尔特倾向使用讽刺手法,将他们比作在无糖口香糖广告中"推荐含糖口香糖"的1/5的牙医,并嘲笑他们攻击"有钱的科学家用轻松的双盲研究资金"(2009年12月14日)。与此同时,科尔伯特扮演反讽角色来讽刺气候变化怀疑论者。在关于政府间气候变化专门委员会报告的独白中,他说:"当然,这份新报告听起来很可怕,但只要我们能找到一位科学家说它没有发生,那么它就不会发生……因为即使99.9%的专家相信全球变暖正在发生,只要有任何分歧,嗯,所有的科学都得出局"(2007年2月5日)。在另一集中,他宣称:"所有人听着,没有人能说服我全球变暖是真实存在的——就像没人能说服我相信真有蔓越莓干一样。优鲜沛(Ocean Spray),你大可抛出你所相信的科学论点,但蔓越莓干也算是葡萄干?那可是魔鬼的零食"(2011年4月26日)。

费尔德曼研究《每日秀》和《科尔伯特报告》的这段时间里,两个节目还对许多确定全球正在变暖的嘉宾进行了采访。其中一位是美国前副总统,他参加了斯图尔特的节目(2009年11月4日)和科尔伯特的节目(2011年9月13日),并讨论了人为引起的气候变化的证据。其他确认气候变化存在的嘉宾还有美国能源部部长朱棣文,他向斯图尔特概述了总统关于限制温室气体排放的《总量控制与交易》提案(2009年7月21日),以及职业冲浪者莱尔德·汉密尔顿(Laird Hamilton),他告诉科尔伯特"全球变暖会造成更大的风暴,其实已经发生并且还将发生"(2010年12月15日)。主持人友好地接待了这些嘉宾。相比之下,斯图尔特在2007年2月13日的采访中对气候变化怀疑论者克里斯托弗·霍纳(Christopher Horner)采取了对抗性的立场,挑战他的论点("你是说所有这些科学家都被利益驱使了?"),并嘲笑他的书缺乏数据。

作为晚间秀的主持人,科尔伯特一直在关注气候变化怀疑论者。例如,2018年12月14日的一集是以动画恶搞为主,雪人弗罗斯特(Frosty the Snowman)在片中嘲笑全球变暖:"一切都很好,"他反复说着,即使在他融化之后。2019年2月22日的一集则使用了另一个动画恶搞——这次是儿童电视节目《地球超人》(Captain Planet)——来嘲笑总统任命全球变暖怀疑论者加入一个研究气候变化的特别委员会。

科尔伯特也不是唯一传递此类信息的深夜电视主持人。例如,萨曼莎·比于2017年11月15日在她的节目《正面交锋》中专门介绍了气候变化导致的海平面上升如何逐渐淹没了弗吉尼亚州的丹吉尔岛。在这一集中,记者阿拉娜·哈金(Allana Harkin)采访了一位海洋生物学家,他戴着墨镜、草帽,穿着淡雅的沙滩装,展示了他发达的二头肌:

哈金：大卫·舒尔特（David Schulte）是美国陆军工程兵团的科学家，也是吉米·巴菲特在世界上最铁的粉丝。他研究这个岛十五年了。

舒尔特：大多数居民根本无法接受气候变化是这儿的一个真正的问题。他们将这一切归咎于侵蚀。

同样，特雷弗·诺亚（Trevor Noah）在2018年10月16日的《崔娃每日秀》节目中指出，气候变化可能会威胁到世界啤酒供应："如果你告诉美国人马绍尔群岛将在十年后被淹没，没人会在意，"他开玩笑说，"但告诉他们科罗纳啤酒会涨价，他们会立马上街游行！"

考虑到这些信息，我们使用2016年秋季对美国公众的调查来测试深夜电视节目是否与公众相信人为造成气候变化有关。[14]乍一看，答案似乎是肯定的（图6-1）。在表示他们从深夜喜剧节目（如《深夜秀》或《上周今夜》）中获得科学信息的受访者中，有95%的人认为地球因人类活动而变暖。与此同时，对于非观众来说，这个数字低了近30%（67%）。这一差距甚至比我们发现的全国有线电视新闻网的观众与非观众以及微软全国广播公司的观众与非观众的差距更大。[15]

然而，观看深夜喜剧节目与相信人类行为造成气候变化之间的联系可能反映了谁会收看此类节目。虽然收看这些节目的观众对科学有不同程度的兴趣，但他们往往是相对自由的、民主的和没有宗教信仰的，这3个特征也与相信气候变化密切相关。为了换个角度来看深夜喜剧的影响，让我们看看，当我们向人们展示有关全球变暖的特定片段后再测试他们的看法时发生了什么。

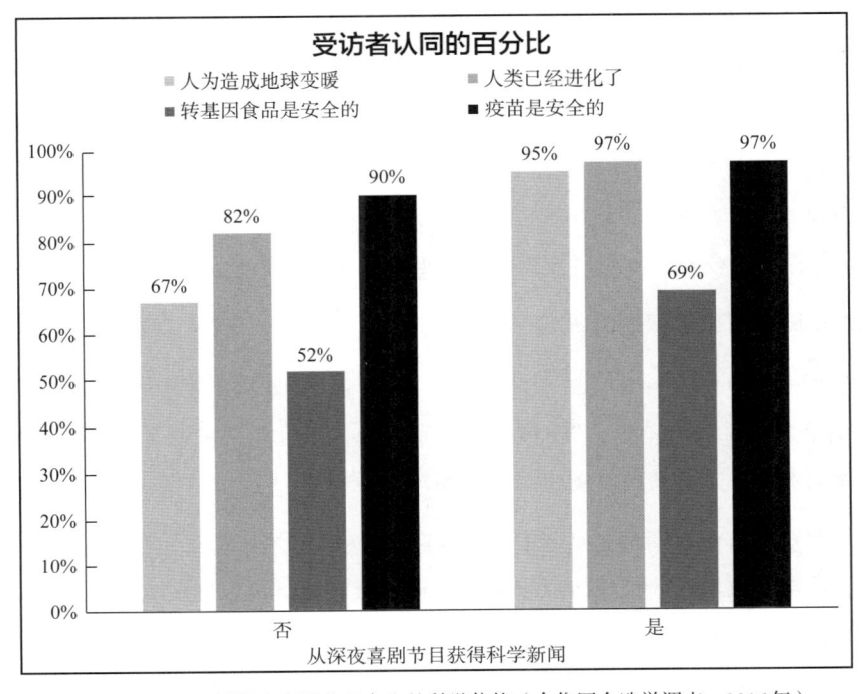

图6-1 通过观看深夜喜剧节目产生的科学信仰（合作国会选举调查，2016年）

气候讽刺的两种风格

此处，我们应该指出，深夜主持人使用了两种不同类型的讽刺幽默：讽刺和反讽。前者通过语调和手势提供了喜剧演员真实意图的清晰信号。[16]乔恩·斯图尔特在《每日秀》任职期间，经常采用这种方法来讨论气候变化。例如，他在2011年10月26日对一项新的全球变暖研究的描述中就使用了讽刺：

> 要是一个公正的仲裁者可以进场，消除这场关于全球变暖的辩论的政治影响，只就科学论科学多好。要是此人可以由全球变暖辩论中很少听到的一个产业——石油行业——的两大巨头大力资助多好。是的，伯克利大学物理学教授理查德·穆勒（Richard Muller）接受了重新审查气候数据的挑战，他最大的私人资助者是科赫兄弟……石油亿万富翁和茶党（Tea Party）的万人迷查尔斯·科赫和大卫·科赫（Charles and David Koch）。所以，你明白这个"研究"的结果了吧。

斯图尔特继续描述穆勒的研究结果：

> 哇哦，全球变暖是真的耶！你没见到全球正在变暖？是的，这项由科赫兄弟资助的研究证实了最初的研究实际上是正确的。地球正在变暖——或者，从这张图表来看，变得越来越窘迫。

另一种讽刺风格是以反讽表现的，喜剧演员说某件事的时候一脸正经，却期待观众得出相反的结论。[17]斯蒂芬·科尔伯特在《科尔伯特报告》中扮演保守脱口秀主持人的角色时，经常采用的方法就是一本正经地肯定气候变化和嘲笑怀疑论者。例如，2013年1月28日的一集，他以一段独白开场，佯装不相信全球变暖：

> 上周，总统愤世嫉俗地利用就职演说来推动他支持生存的激进议程……伙计们，我认为他的这部分演讲不会引起任何关注，因为全国在气候变化问题上没有达成共识。就像J.F.肯尼迪当初宣布了阿波罗计划，但一半国民都否认月球存在一样。

科尔伯特随后引用了穆勒的研究：

> 但是……即使是科赫兄弟资助的气候变化怀疑论者和喷子理查德·穆勒也来了个180°的大翻转，现在他说："全球变暖是真实的，而且几乎完全是由人类造成的。"现在世界上唯一比冰川消融得更快的是穆勒博士的资助。

那么，观众们有没有听懂这些笑话，他们是否被斯图尔特和科尔伯特的讽刺所左右？在研究深夜喜剧的效果时，记住两点很重要。第一点，幽默可以促使人们更多地关注信息，同时也解除他们对违背他们先前存在的信念的信息的抵制。正如丹纳加尔·杨（Dannagal Young）在她的《反讽与愤怒》（*Irony and Outrage*）一书中所说，深夜讽刺的俏皮和乖讹

（incongruity）促使观众重新解释信息并填补缺失的空白，以便他们能够理解幽默。这样做，观众可能会说服自己接受幽默的潜在信息，而不是产生对它的驳斥。[18] 凭借其自带的矛盾和复杂的含义，科尔伯特在《科尔伯特报告》中使用的那种反讽可以特别有力地促进观众参与科学这类话题。

理解深夜节目的讽刺效果的第二个关键点是观众可能会以不同的方式解读幽默。当笑话模棱两可时，尤其容易发生这种情况，反讽幽默则通常如此。事实上，希瑟·拉马尔（Heather LaMarre）和她的同事进行的一项研究发现，保守派观众比自由派观众更有可能认为科尔伯特在《科尔伯特报告》中嘲笑自由派和赞扬保守派时所说的话是真的。[19] 按照同样的逻辑，观众可以通过他们自己的政治信仰的棱镜来看待科尔伯特对气候变化的幽默。

2013年，我们中的一员（保罗）和杰西卡·麦克奈特（Jessica McKnight）进行了一项实验，以发现深夜节目的讽刺对气候认知的影响。[20] 我们将424名大学生随机分为3组（学生可能不包括所有观众的典型，但他们是深夜喜剧节目的关键人群）。第一组观看了斯图尔特谈论穆勒研究的《每日秀》片段；第二组看了《科尔伯特报告》片段，其中科尔伯特讨论了同一项研究；第三组——控制组，观看了一个无关话题的视频，并作为测试深夜节目的幽默效果的基准。

该研究中的大多数观众都理解斯图尔特关于气候变化的讽刺幽默。观看《每日秀》片段的参与者中有2/3（67%）正确地识别出他认为全球变暖正在发生，而23%的人表示他的立场不明确，只有10%的人表示他不认为全球变暖正在发生。此外，观众对斯图尔特的信息的解读方式与他们自己的政治观点大体相似：73%的自由派、67%的温和派，甚至61%的保守派认为他相信气候变化（图6-2）。

对于科尔伯特的反讽幽默，情况则有所不同。该研究中只有约一半（52%）的观众认为他相信全球变暖正在发生，1/3（32%）的人表示不清楚他的想法，另有16%的人表示他不认为全球变暖正在发生。此外，一些观众似乎根据自己的政治信仰听到了他们想听的内容：只有41%的保守派观众认为科尔伯特相信全球变暖，而自由派观众的这一占比为65%（图6-2）。这种模式突出了使用反讽幽默的一个风险：并非每个观众都会以相同的方式解读同一个笑话。

即便如此，斯图尔特相对明显的评论和科尔伯特更为一本正经的笑话产生了类似的整体效果。观看《每日秀》片段的82%的参与者与观看《科尔伯特报告》片段的79%的参与者均表示全球变暖正在发生，而基准组中只有68%的人表示如此。简而言之，这些节目中的讽刺幽默和反讽幽默都对观众接受关于气候变化的科学共识产生了影响。[21]

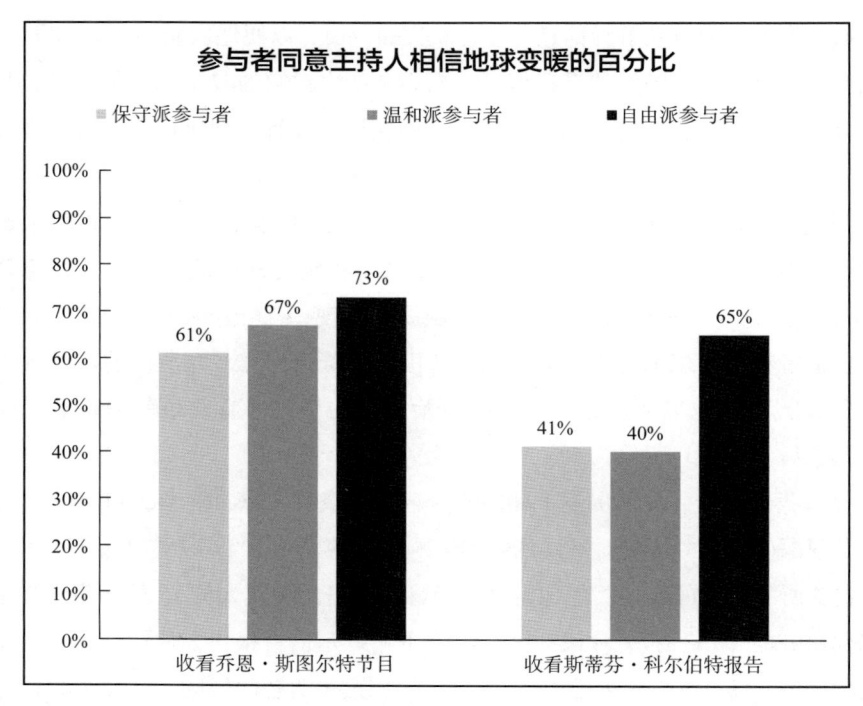

图6-2 对深夜主持人关于全球变暖的看法的认知（《每日秀》《科尔伯特报告》实验，2013年）

"具有统计代表性的气候辩论"

深夜节目也可以影响人们对气候科学本身的看法。以《上周今夜秀》为例，它在几集中讨论了全球变暖话题，其中一集是2014年5月11日播出的，它采用巧妙的方式来传达关于该话题的科学共识。约翰·奥利弗的一种粗俗幽默开场方式可能会吸引寻求娱乐感的观众，而不一定是知识渊博的观众：

> 地球：你可能知道它是布鲁斯·威利斯一直试图拯救的那个蓝色的玩意儿，或者从它跟风与火的著名作品了解它，或者只知道它是乔治·克鲁尼居住的地方。无论如何，地球这周有一些真正闹心的消息。

随后，奥利弗开始介绍白宫的一份报告，其结论是全球变暖威胁着美国的每一个地方，并且"现在正在影响我们"。"这是明智之举，"他说，"这是如何谈论气候变化的关键转变，因为我们都已经证明，我们不能相信将来时态。"他指出"1/4的美国人对气候变化持怀疑态度"之后，又描述了全球变暖的科学证据：

> 关于这个话题研究堆积如山。全球气温正在上升，热浪变得越来越普遍，海面温度也在上升，冰川正在融化，当然，如果没有北极熊小心翼翼地站在一块冰上应景的照片，任何气候报告都是不完整的……在一项对气候变化持有立场的数千篇科学论文

的调查中发现，97%的人赞同人类行为正在导致全球变暖的立场。

接着，奥利弗转而批评有关气候变化的电视新闻报道，回应媒体研究人员对"平衡即偏见"的担忧。[22]"我想我知道为什么人们仍然认为这个话题值得辩论，"他说，"因为它在电视上就争论不休，而且总是一个人支持，一个人反对，而且通常支持者是同一个人。"镜头展示了由有线电视新闻节目剪辑而成的多个片段，每个片段都有一个气候变化怀疑论者和"《比尔·奈教科学》的比尔·奈"之间的辩论。"是的，没错，"奥利弗说，"通常是比尔·奈与某个家伙对阵，当你盯着屏幕时，结果是50比50，这本身就是一种误导。"

此时，主持人引入"具有统计代表性的气候变化辩论"的概念来讽刺媒体的持平报道并肯定科学共识，认为"如果必须就气候变化的现实进行辩论（而事实上并没有），那么只有一种数学上公平的方法可以做到这一点。"片段切入坐在一张桌子旁的奥利弗，旁边是比尔·奈和另一个扮演的气候变化怀疑论者：

奥利弗：晚上好。欢迎收看今晚的节目，加入我、气候变化怀疑论者，当然还有《比尔·奈教科学》的比尔·奈的辩论。

奈：约翰，人类正在导致气候变化，毫无疑问……

奥利弗：等等，等等，在我们开始之前，为了数学上的平衡，我将带出两个同意你气候怀疑论者观点的人，而你，比尔·奈，我还将带出同意你的人为气候变化论的其他96位科学家。这有点笨拙，但这是真正进行有代表性的讨论的唯一方法。

奥利弗说话时，舞台上挤满了穿着实验室外套的科学家。主持人随后向此刻与另外两个人坐在一起的气候变化怀疑论者讲话：

奥利弗：气候变化怀疑论者，请提出反对气候变化的理由。

怀疑论者：嗯，我只是不认为整个科学界都支持这个观点。

奥利弗：整个科学界的压倒性观点是什么？

所有的科学家立刻开始说话。奥利弗问气候变化怀疑论者，"对此有何回应？"怀疑论者试图回答，但主持人大喊："我听不见你有什么有力的科学证据！"当该部分结束时，他继续大喊："整个辩论本不应该发生。我为此向电视机前的每个人道歉。我感谢比尔·奈和压倒性的科学共识。"

通过强调科学家之间就人类行为正在导致气候变化达成的共识，奥利弗的讽刺遵循了在这个话题上主张"达成共识"的科学传播研究人员的建议。特别是，这些学者认为，让人们认识到关于气候变化的科学共识是说服他们相信人类行为正在导致气候变化的关键一步，并最终说服人们就这个问题采取行动。[23]共识信息传送研究通常关注非幽默的信息，但带有讽刺意味的共识信息——特别是奥利弗的"具有统计代表性的气候辩论"——是否会产生类似的效果？

2014年，我们中的一员（又是保罗）和杰西卡·麦克奈特招募了288名大学生的新样本，并将他们随机分成两组。[24]第一组观看了《上周今夜秀》片段；而第二组没有观看任何有关气候变化的视频。与基准组的参与者相比，观看"具有统计代表性的气候辩论"的人更有可能说大多数科学家认为人为造成的全球变暖正在发生（在六分量表上超过半个点，图6-3）。此外，接受关于这个话题的科学共识使这些参与者也相信人为引起的气候变化——正如共识信息传送的倡导者所预测的那样。

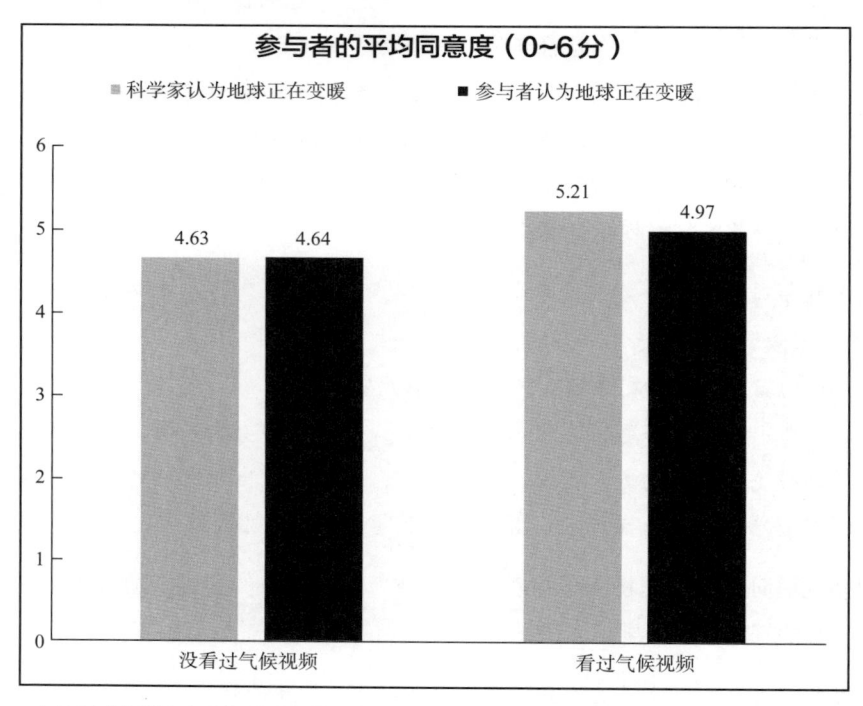

图6-3 在控制《上周今夜秀》观看条件下产生的关于全球变暖的信念（《上周今夜秀》实验，2014年）

该研究还产生了其他的迹象，表明深夜节目的幽默如何影响那些通常不参与科学并且不太可能听到科学家对关键话题的看法的人。奥利弗的全球变暖幽默在对科学不感兴趣的观众中的影响尤其强烈，这与费尔德曼及其同事提出的"门户假说"相一致。具体来说，在认识气候变化的科学共识方面，收看该短片缩小了这些观众和对科学极为感兴趣的观众之间的差距。[25]

五年后，比尔·奈再次出现在《上周今夜秀》节目中，讨论气候变化问题，并在此过程中讽刺深夜电视节目喜欢通过有趣的演示来说明科学原理。这一次，奥利弗请奈解释"碳定价背后的复杂逻辑"：

奈（戴上护目镜，指着黑板架）：当某样东西价格更高时，人们就会买得更少。（护目镜摘下。）解释完毕。

奥利弗：老实说，我期待比这更有趣和更视觉化的东西，比尔。你能不能解释一下碳定价的长期影响，同时用一个很酷的噱头来使你的说明更加生动？继续……

于是，奈给出了一个深入的解释，然后补充道："因为，出于某种原因，约翰，你是一个42岁的男人，通常需要用小把戏来维持注意力，喏，这里有一些该死的曼妥思和一瓶健怡可乐，拿去。"在该部分的最后，奥利弗再次邀请奈，并要求他使用另一个"令人愉快的轻松示范"来强调应对气候变化的紧迫性。"到21世纪末，"奈说，"如果排放量继续上升，地球的平均温度可能会再上升4~8℃。我的意思是这个星球要着火了。"说完，他用喷枪点燃了一个地球。

从我们早前的调查结果来看，奈的激烈演示可能至少已经让一些观众接受了科学家对全球变暖的看法。

"进化论还是蠢化论？（Schmevolution）"❶

深夜电视节目对进化论的看法看起来很像它对气候变化的看法。在过去的20年里，乔恩·斯图尔特和吉米·坎摩尔等主持人通常站在科学共识的一边支持进化论，同时嘲笑那些吹捧诸如"年轻地球创造论"和"智慧设计论"等基于宗教的替代解释的人。

2005年，"进化论战争"进入高峰期，《每日秀》以"进化论还是蠢化论"的名义播出了一系列剧集，讽刺反进化论活动人士在公立学校推广"智慧创造论"的努力。传统新闻媒体通常对这一问题进行"中立"报道——从而怂恿"智慧创造论"支持者呼吁"讲授有争议的内容"，而斯图尔特和他的团队强调科学共识。[26]在2005年9月12日播出的一集中，主持人将进化论描述为"几乎所有科学家都广泛接受"，并称"智慧创造论"为"魔幻且儿戏的疯狂言论"。记者埃德·赫尔姆斯（Ed Helms）随后假装将当代进化论怀疑论者误认为是在案件重演"斯科普斯猴子审判案"。

2005年9月14日播出的一集通过小组讨论来模拟"智慧创造论"以及"讲授具有争议的内容"的概念。斯图尔特邀请了一位解释进化论的科学家、一位"智慧创造论"的支持者和一位主张"形而上学创造论"的人组成专家小组讨论生命的起源。主张"形而上学创造论"的人认为"创造就像一个能量球……它是心理几何学的一部分……它是虚拟现实在眼睛里形成的投影。"当她说完后，斯图尔特问"智创论"支持者，"为什么这种理论不应该在学校讲授呢？"这样一来，他挑战了"智创论"认为应该与进化论在公立学校和新闻报道中平分秋色的想法。

自2005年以来，进化论之争已从公众视线中逐渐淡出，在讽刺喜剧电视中越来越少见。[27]尽管如此，深夜节目中偶尔也会出现有关该话题的笑话，尤其喜欢拿反进化论者开玩笑。看看阿西夫·曼德维在2011年的《每日秀》的"科学：这是要干嘛？"这一集里的交流片段：

---

❶ Schmevolution是一个合成词，此处译者将其理解为为schmuck+evolution，根据语境译为"蠢化论"。——译者注

尼克普尔：对于一个孩子来说，从只教授进化论的学校回到家后，父母却说"等一下，你知道，是上帝创造了地球"的家庭，是非常令人困惑的。

曼德维（一本正经脸）：如果教孩子事实只会让他们感到困惑，那又有什么意义呢？

同样，《吉米鸡毛秀》（Jimmy Kimmel Live!）在2019年5月7日播出的一集中播放了一个公益广告，介绍一个名为"联合辟谣并支持科学"（United to Defeat Untruthful Misinformation and Support Science，or UDUMASS）的模拟组织，由演员乔治·克鲁尼担任旁白。克鲁尼告诉观众，向UDUMASS（试着大声把这个词说出来）捐款200美元将有助于"让10只大猩猩知道恐龙的存在，但不是与人类同时存在。"

深夜笑话是否影响了公众对进化论的看法？我们2016年秋季的调查发现，在人类和其他生物是否随着时间的推移而进化的问题上，深夜节目的观众和非观众之间存在15%的差距：97%与82%（图6-1）。与我们对传统新闻来源的发现相似，深夜节目的观众和非观众之间在对进化论的看法方面的差距比在对气候变化看法方面的差距更小。[28]当我们考虑到其他影响对进化论看法的因素时（如人口统计特征、政治意识形态和宗教信仰），这一差距会进一步缩小。尽管如此，深夜电视节目的影响力可能在千禧年代初期的"进化论战争"高峰期更大些。如果我们的气候变化实验的结果有任何指导意义，那么关于进化论的讽刺笑话、反讽幽默和模拟辩论全都会影响观众对生命起源的看法。

"孩子们，像伊桑一样"

深夜喜剧节目嘲笑了在气候变化和进化论上的反科学声音，同样，它们也讽刺了反疫苗运动。例如，2014年的一系列麻疹暴发（包括加利福尼亚州迪士尼乐园的一次）促使拉里·威尔莫尔和吉米·坎摩尔都处理了这个问题。威尔莫尔在2015年1月27日的《晚间秀》中用独白嘲弄了珍妮·麦卡锡说她通过"谷歌大学"了解到了所谓的疫苗与自闭症之间的联系（"我认为接受来自非医生人士的医疗建议不是个好主意……但我的很多老朋友却不这么认为，现在我每天都想念他们活着的时候。"），而2015年2月27日的《吉米鸡毛秀》播放了一段来自沮丧的医生们的话，他们告诉观众，"你还记得你得小儿麻痹症的时候吗？不，你不记得，因为你父母给你注射了疫苗。"

随着美国麻疹病例数量的增加，深夜喜剧对疫苗的宣传仍在继续。例如，2017年6月25日的《上周今夜秀》用了近半个小时来讨论这个话题。"有关疫苗的大部分恐惧源于它们与自闭症的假设关联，"约翰·奥利弗解释说，"是啊，这一理论在20世纪90年代后期获得了关注，这可多亏了医学杂志《柳叶刀》上发表的一项表明MMR疫苗与自闭症之间存在关联的研究文章。这项研究只有12个孩子，而且是由这个人——安德鲁·韦克菲尔德选的。"在解释了韦克菲尔德因学术欺诈和不道德行为而被撤销行医执照后，他继续说道，"他基本上就是医生中的兰斯·阿姆斯特朗"[1]——奥利弗谈道了不愿打疫苗现象背后的一些担忧：

> 我比较坚持认为疫苗和自闭症之间准有个什么关联。儿童应该接种MMR疫苗的年龄恰好与可诊断的自闭症症状开始出现的年龄相同。但相关性不是因果关系。这就是科学研究的目的，而且……他们真的很清楚：那个关联不存在。

讨论结束时，他强调了疫苗对公共健康的巨大益处，并描述了他自己作为父母的经历："如果分享这事儿有帮助的话，我有一个儿子。他19个月大。他在一次非常艰难的怀孕后早产，而且……我仍然非常担心他的健康，但我们正在按时为他接种疫苗。"

同样，2019年4月3日的《全面出击》强调了疫苗的重要性并讽刺了"反疫苗者"。和奥利弗一样，萨曼莎·比强调韦克菲尔德的MMR—自闭症研究是"一个无证医生的虚假研究"。她还告诉观众"不要把自闭症患者的存在看得比流行病更糟糕。"然后，她采访了伊桑·林登伯格（Ethan Lindenberger），一个"在父母不愿意的情况下自己接种疫苗的青少年"，并让他参加了电视节目《河谷》（*Riverdale*）的"反—反疫苗"短剧：

比（扮演高中啦啦队长）：天啊，阿奇，你受伤了吗？

阿奇：事实上，我很好，因为我接种了疫苗。

比：打疫苗？我不干那种事，我爸妈不同意。（咳血到手帕里）

阿奇：我上网查了一下，发现我不想死于肺结核，我宁愿以更正常的方式死去：被邪教所杀。

比：哇，你搞得打疫苗听起来很酷哦。也许感染疾病从中世纪开始就不是好事儿。

比在短剧结尾时说："孩子们，像伊桑一样！"

在2016年秋季调查中，几乎所有深夜电视观众（97%）都同意疫苗对健康儿童是安全的（图6-1）。这个数字在不收看深夜电视的观众中也很高，但没有那么高，为90%。正如奥利弗所指出的，相关性并不总是因果关系。然而，在这种情况下，即使将从教育到新闻媒体使用等可能影响人们对疫苗的看法的其他因素考虑在内，我们也发现深夜电视观众和非观众之间存在明显差距。相比之下，这一差距与科学杂志的读者和非读者在同一话题上的差距一样大，也一样清晰。[29]

因此，对于一些对接种疫苗犹豫不决的观众来说，来自奥利弗和比等人的幽默信息可能会真正增强他们科学共识，即麻疹等再度流行的疾病的疫苗是安全且有益的。同样，深夜节目可以通过为支持疫苗的发言人提供平台（正如特雷弗·诺亚在2020年11月20日对比尔·盖茨的采访中所做的那样），并将支持疫苗接种的信息编入笑话（正如斯蒂芬·科尔伯特在2020年12月3日的一集中邀请前总统在他的节目中接种疫苗那样的做法），从而有助于

---

[1] 兰斯·阿姆斯特朗：美国职业自行车运动员，环法车手七连冠得主，后因兴奋剂丑闻被取消七连冠头衔并终身禁赛。——译者注

加强公众对新疾病疫苗的信任。

"什么是转基因生物？"

2014年10月9日，吉米·坎摩尔谈论了另一个科学话题：转基因食品。"对转基因生物或GMO的批评者声称它们会带来健康风险，"他在独白中解释道，"不过，这是一个复杂的问题，因为没有太多证据支持这一点。尽管如此，有些人还是坚决反对它们。一直有立法旨在限制转基因生物，你会看到有关它的纪录片和愤怒的脸书帖子。"主持人接着问："你们中有多少人不希望体内有转基因生物？"当演播室的观众鼓掌喝彩时，坎摩尔直言不讳：

> 当人们在一个复杂的问题上采取立场时，我通常会这样做，我想知道"有多少反对转基因生物的人真正知道它们是什么？"所以，我们派了一个工作人员到我们当地的一个农贸市场询问人们为什么避免使用转基因生物，然后，具体说出GMO代表了什么字母。

第一个受访者说他避免转基因生物，仅仅因为它们"有一种不好的印象"。他正确识别了缩写中的"转基因"（GM）部分，然后就卡在"生物"（O）上了。第二位受访者引用"我想，只是考虑到对我自己的影响"作为她避免转基因生物的原因，但无法解释其中的任何一个字母代表的是什么。该片段中的其他受访者同样难以就该话题说出任何合乎逻辑的道理。该部分的笑点来自观看人们试图解释自己时的信口胡诌，但坎摩尔幽默的潜在信息是，许多转基因怀疑论者对农业生物技术背后的科学模糊不清。

《每日秀》在其2015年4月22日的一集中讽刺了一把"转基因生物"评论家们。乔恩·斯图尔特在介绍这个话题时说："如果你花很多时间看食品包装——像我一样，因为你懂的，当你心情好时，你想知道自己在吃什么——你可能会认为英语中最可怕的三个字母就是G-M-O。但为什么呢？"然后，阿西夫·曼德维前去调查了美国食品和药物管理局（US Food and Drug Administration）批准转基因辛普劳（Simplot）马铃薯的决定。首先，他采访了转基因评论家杰弗里·史密斯（Jeffrey Smith），史密斯说"转基因作物可能是我们有史以来食品供应中最危险的添加剂之一。"记者随后采访的一位马铃薯遗传学家驳斥了史密斯的说法，解释说"转基因食品作物不会改变人类DNA。"曼德维得出结论："辛普劳的恶魔马铃薯实际上是一个天使小土豆。"他还指出，杰弗里·史密斯根本不是科学家，并引用皮尤研究中心"88%的科学家认为转基因生物是安全的"的发现。

尽管吉米·坎摩尔和《每日秀》都讽刺了GMO批评者，其他深夜电视节目偶尔还会播放反转基因生物的观点。例如，《科尔伯特报告》2013年11月6日播出的一集嘲笑了反对给转基因食品贴标签的论点，主持人讽刺地宣称"我们往嘴里放的东西才不关我们的事呢"。同样，2016年5月27日的科尔伯特《深夜秀》为音乐家尼尔·杨（Neil Young）提供了一个批评转基因生物的平台。主持人提到，一项研究发现转基因和非转基因饮食在营养方面没有差异，但他允许杨回答："那一定是孟山都公司❶做的研究。"杨随后与一名打扮成转基因玉米穗的实习生辩论，结果该实习生变得恼羞成怒，爆炸成爆米花。

然而，总的来说，讽刺喜剧的粉丝倾向同意曼德维和科学界对转基因生物的看法。我们在2016年调查的深夜电视观众中，约有2/3（69%）认为转基因食品是安全的；与此同时，只有大约一半（52%）的非观众持相同观点（图6-1）。在这个话题上，深夜电视的观众与非观众之间的差距与科学杂志读者与非读者之间以及报纸读者与非读者之间的差距大致相同。[30]即使在我们控制了包括传统媒体消费在内的其他因素之后，深夜电视观众在对转基因食品的信任度方面仍然脱颖而出。此处与疫苗话题一样，讽刺幽默可能因为它可以吸引更广泛的观众并解除一些观众因倾向拒绝更传统的信息来源而产生的抵抗，进而有助于加强他们对科学共识的接受程度。

除了转基因食品，深夜喜剧还可以帮助观众了解生物技术的最新发展。以2018年7月2日的《上周今夜秀》关于CRISPR的片段为例。CRISPR是一种相对便宜且易于使用的基因编辑技术，已受到越来越多的媒体关注。[31]"我们需要弄清楚如何平衡基因编辑的风险和潜在回报，"奥利弗说，"这事会很棘手，因为正在做的所有事情往往会被（媒体报道）混在一起——将一丝不苟的专业科学家和随心所欲的生物黑客相提并论……将轻率理论和实际应用混为一谈。最好的案例场景莫过于，如用30英尺高的狼的灾难性预言来终结疟疾。"在整个片段中，他讽刺了对CRISPR不合理的"科学异化"的报道框架，同时鼓励观众权衡该技术衍生的实际和伦理问题。

对科学的讽刺和批判性参与

深夜喜剧节目偶尔会将科学家定型为象牙塔怪人或宣传令人质疑的科学主张的人。然而，更多的时候，这些节目将科学描绘成令人兴奋的事物，强化科学家对重要话题的看法，并揭穿反科学的声音。与我们已经探索过的案例一样，病毒感染的深夜报道说明了这些节目的模式。在2020年期间，《上周今夜秀》动用了11个不同的环节来报道病毒感染，每次时长约为20分钟。他们使用幽默来解释病毒感染的科学，回应公共卫生建议，并反驳有关病毒感染大流行的不实信息。例如，该节目在2020年7月20日的一集中对一部虚假纪录片《预谋流行病》（Plandemic）有关病毒感染的阴谋论进行了深入反驳。"问题不仅在于这部电影歪曲了阴谋论者朱迪·米科维茨（Judy Mikovitz）的背景故事，"奥利弗说，"而是在歪曲时，他们还在她发表毫无依据的胡扯言论时，赋予她一种可信度。"

许多观众也参与了这个笑话。在气候变化、疫苗和转基因生物等问题上，嘲笑科学和了解科学之间存在共生关系。收看深夜喜剧节目可以培养对科学的兴趣，并接受对重要问

---

❶ 孟山都公司（Monsantos Company）是美国一家跨国农业公司，也是全球转基因（GM）种子的领先生产商。——译者注

题的科学共识。此外，这些节目似乎特别有效地影响了对科学知之甚少和对科学不感兴趣的美国人。通过使用讽刺幽默来吸引这些观众，深夜喜剧演员可以与传统科学传播的部分"缺失观众"对话。

深夜电视讽刺能达到的最好的情况是不仅可以促进公众的科学参与和增强科学意识，还可以鼓励公众对科学信息的批判性思考。例如，约翰·奥利弗和比尔·奈的"具有统计代表性的气候辩论"挑战了传统新闻媒体有时在报道全球变暖时采用的"众说纷纭"的方法。同样，乔恩·斯图尔特关于进化论和智慧创造论的三方辩论让"讲授有争议的内容"的概念乱了阵脚。这两个片段都提醒人们注意到看似客观的新闻如何对科学观点进行扭曲的报道。

2016年5月8日播出的《上周今夜秀》生动地说明了幽默如何促使观众积极思考科学本身及其新闻报道。与大多数媒体的科学信息不同，该片段强调并讽刺了科学研究发生的社会背景以及常见的科学实践的局限性。奥利弗首先描述了新闻媒体对科学研究报道的几个常见错误。这些错误包括偏向于发表积极的结果（"没有人发表研究，说'巴西莓没有任何问题'"），统计数据的潜在滥用［"P值篡改（P-hacking）……基本上意味着收集大量变量，然后用你的数据玩游戏，直到你找到具有统计意义但很可能毫无意义的东西"］，以及缺乏重复研究的激励措施（"诺贝尔奖没有设立事实核查奖"）。

奥利弗随后讨论了新闻对科学研究的报道如何经常选择性地报道结果（"在科学中，你不只是挑选那些证明你无论如何都会做的事情的部分"）和耸人听闻的复杂发现（"一项初步研究结果带有细微差别的小型研究在呈现给我们普通公众时被夸大了，这已司空见惯"）。他节目中大部分时间都在讽刺电视上的科学报道，特别是在早间新闻节目《今日》和《早安美国》，但他也没放过社交媒体。"当电视上不报道各种研究时，"他说，"他们会在你的脸书提要上塞满诸如'研究发现自由派比保守派更擅长用眼睛微笑''你的猫可能正在考虑杀了你'（全都是头条新闻的真实例子）。所以，让我们从《上周今夜秀》中汲取灵感，看看脸书、推特、照片墙和油管等社交媒体平台上有关科学的消息——毕竟，许多人（包括我们在内）经常在这些平台上刷到奥利弗自己的科学传播节目《上周今夜秀》。"

注释

[1] Mooney, Chris, and Sheril Kirshenbaum, *Unscientific America: How scientific illiteracy threatens our future*, Basic Books, 2009, 37.

[2] Mooney and Kirshenbaum, *Unscientific America*.

[3] "Late night ratings, May 6–10, 2019: Late Show slips," *TV by the Numbers*, May 30, 2019.

[4] 请参阅第5章。

[5] Guenther, Lars, "Science journalism," in *Oxford research encyclopedia of communication*,

Oxford University Press, 2019.

[6] Project for Excellence in Journalism,"Journalism, satire or just laughs? The Daily Show with Jon Stewart, examined," Pew Research Center, May 8, 2008.

[7] Feldman, Lauren, Anthony Leiserowitz, and Edward Maibach,"The science of satire: The Daily Show and The Colbert Report as sources of public attention to science and the environment," in *The Stewart/Colbert effect: Essays on the real impacts of fake news*, ed. Amarnath Amarasingam, Jefferson, McFarland and Company, 2011.

[8] Feldman et al.,"The science of satire."

[9] Feldman, Lauren,"Assumptions about science in satirical news and late-night comedy," in *The Oxford handbook of the science of science communication*, ed. Kathleen Hall Jamieson, Dan Kahan, and Dietram A. Scheufele, Oxford University Press, 2017, 321–332.

[10] Baum, Matthew, *Soft news goes to war: Public opinion and American foreign policy in the new media age*, Princeton University Press, 2003; Feldman et al.,"The science of satire."

[11] 在2018年9月12日的《深夜秀》节目中嘲笑前者，后者在2019年3月28日的节目中嘲笑后者。

[12] Brewer, Paul R., Dannagal G. Young, Jennifer L. Lambe, Lindsay H. Hoffman, and Justin Collier,"'Seize your moment, my lovely trolls': News, satire, and public opinion about net neutrality," *International Journal of Communication* 12 (2018); Moy, Patricia, Michael A. Xenos, and Verena K. Hess,"Priming effects of late-night comedy," *International Journal of Public Opinion Research* 18, no. 2 (2006): 198–210; Young, Dannagal Goldthwaite,"Late-night comedy in election 2000: Its influence on candidate trait ratings and the moderating effects of political knowledge and partisanship," *Journal of Broadcasting & Electronic Media* 48, no. 1 (2004): 1–22.

[13] Feldman, Lauren, "Cloudy with a chance of heat balls: The portrayal of global warming on the daily show and the Colbert report," *International Journal of Communication* 7 (2013).

[14] 调查详情请参阅附录。

[15] 请参阅第5章。

[16] LaMarre, Heather L., Kristen D. Landreville, and Michael A. Beam,"The irony of satire: Political ideology and the motivation to see what you want to see in The Colbert Report," *International Journal of Press/Politics* 14, no. 2 (2009): 212–231.

[17] LaMarre et al.,"The irony of satire."

[18] Young, Dannagal Goldthwaite, *Irony and outrage: The polarized landscape of rage, fear, and laughter in the United States*, Oxford University Press, 2019.

[19] LaMarre et al.,"The irony of satire."

[20] Brewer, Paul R., and Jessica McKnight, "Climate as comedy: The effects of satirical television news on climate change perceptions," *Science Communication* 37, no. 5 (2015): 635–657.

[21] See also Becker, Amy, and Ashley A. Anderson,"Using humor to engage the public on climate change: The effect of exposure to one-sided vs. two-sided satire on message discounting, elaboration and counterarguing," *Journal of Science Communication* 18, no. 4 (2019): A07; Skurka, Chris, Jeff Niederdeppe, and Robin Nabi,"Kimmel on climate: Disentangling the emotional ingredients of a satirical monologue," *Science Communication* 41, no. 4 (2019): 394–421.

[22] Boykoff, Maxwell T., and Jules M. Boykoff,"Balance as bias: Global warming and the US prestige press," *Global environmental change* 14, no. 2 (2004): 125–136.

[23] Cook, John, and Peter Jacobs, "Scientists are from Mars, laypeople are from Venus: An evidence-based rationale for communicating the consensus on climate," *Reports of the National Center for Science Education* 34, no. 6 (2014); van der Linden, Sander L.,Anthony A. Leiserowitz, Geoffrey D. Feinberg, and Edward W. Maibach,"The scientific consensus on climate change as a gateway belief: Experimental evidence," PloS one 10, no. 2 (2015): e0118489.

[24] Brewer, Paul R., and Jessica McKnight, "'A statistically representative climate change debate': Satirical television news, scientific consensus, and public perceptions of global warming," *Atlantic Journal of Communication* 25, no. 3 (2017): 166–180.

[25] See also Anderson, Ashley A., and Amy B. Becker, "Not just funny after all: Sarcasm as a catalyst for public engagement with climate change," *Science Communication* 40, no. 4 (2018): 524–540.

[26] 请参阅第5章。

[27] 请参阅第5章。

[28] 请参阅第5章。

[29] 请参阅第5章。

[30] 请参阅第5章。

[31] Annenberg Public Policy Center of the University of Pennsylvania,"Media framing of news stories about the ethics, benefits, and risks of CRISPR," January 2, 2021.

第7章
社交媒体上的科学

> 我们不只是爱科学，我们如此地爱它。科学令人难以置信，真令人惊叹。人们需要知道这一点。
>
> ——伊莉丝·安德鲁（Elise Andrew）
> （《我如此地爱科学》，2012年9月5日）

> 最近，我收到一个关于"问艾米丽"一集的问题，问我是否在该领域亲身经历过性别歧视。对此我有点想不予理睬……不过，我却越想越深，还有另一个问题是我的工作中有没有我不期待的部分，我不得不说这可能是负面和带有性别歧视的评论，真令人沮丧，我必须每天在我的各种收件箱中进行筛选。
>
> ——艾米莉·格拉斯利（Emily Graslie）（"我的女士们在哪里？"《大脑独家新闻》，"Where My Ladies At?" The Brain Scoop，2013年11月27日）

在谢菲尔德大学生物系学习的最后一年，伊莉丝·安德鲁创建了一个名为"我如此地爱科学"（IFLS）的脸书新页面，并发布了一张双手捧地球的照片。第二天，她发布了作者艾萨克·阿西莫夫（Isaac Asimov）的一句话，概括了她网站的理念："在科学界听到的最激动人心的，真正预示着新发现的短语，不是'尤里卡！'而是'这很有趣'。"更多的帖子接踵而至。一些网友分享了蜘蛛或行星的特写照片，一些网友分享了卡通或表情包，还有一些网友批评了反科学的政客或表示支持美国宇航局的计划和其他科学行动。

尽管，或者可能部分是因为网页名字中的粗口，迅速在社交媒体引起轰动效应。网页在2012年3月9日发布后的一年内，在脸书上获得了数百万"赞"，并赢得了科学界知名人士的赞誉，其中，包括比尔·奈和尼尔·德格拉斯·泰森。[1]安德鲁还涉足了推特等其他社交媒体平台。"我不一定要在IFLS上教人们，"她在接受采访时解释道，"但我只是想稍微激起他们的兴趣，并向他们表明这个并不排他，不是老人们围坐在一起抚摸白胡子，谈论他们有多聪明的老男孩俱乐部。"[2]

安德鲁在运营该网页的第一年保持了低调的个人形象，但在2013年初，她在推特上分享了一张自己的照片。许多社交媒体用户对此的反应是评论她的性别——在某些情况下，还评论她的外表。"哥们，你是女生吗？我勒个去，"一位用户写道："等等……你是女生？

而且你很迷人？！哈哈哈，"另一位评论道；[3] "我通常不会在社会科学方面偏离主题，"安德鲁在2013年3月20日发布，"但是……当一个有趣且对科学感兴趣的女性被认为具有新闻价值时，这是一个令人悲哀的日子。"

虽然一些社交媒体用户用性别歧视的评论回应了她的帖子，但其他人则批评她使用"标题党"的手法，使科学发现耸人听闻或过于简单化。[4]然而，这些都没有削弱IFLS的受欢迎程度。到2017年，它在脸书上已经积累了2400万粉丝，是该平台上第三大最受欢迎的科学主题网站，能取而代之的仅有《国家地理》和《探索频道》的网页。[5]

IFLS的兴起说明社交媒体平台作为公众科学信息来源的重要性日益增加。2017年皮尤研究中心的一项调查发现，超过3/4（79%）的社交媒体用户看过与科学相关的帖子，1/4（26%）的人关注了以科学为主题的网页或博主。[6]我们在2016年11月调查中询问具体的社交媒体平台时，28%的受访者表示他们从脸书获得有关科学的新闻或信息，24%的受访者表示从油管获得相同的信息，[7] 1/10的受访者表示他们从推特了解科学（10%），大约一半的人从照片墙（4%）或红迪网（4%）收到有关该主题的新闻。

鉴于如此多的美国人在社交媒体平台上刷到科学信息，这些平台上的信息可能会塑造公众的科学认知。在某种程度上，这种影响可能会反映电视新闻和其他"旧媒体"产生的与之相同的影响。例如，社交媒体信息中的描述框架可能会影响观众对科学家和科学研究的看法。然而，与更传统的媒体形式不同，社交媒体平台为更广泛的用户（包括科学家和非专业人士）提供了创造和分享科学内容的机会。[8]令社交媒体平台有别于传统科学传播渠道的另一个特点是，它们允许用户通过非正式对话和结构化的在线社区进行互动。

正如泽内普·图费克奇（Zeynep Tufekci）等研究人员所指出的那样，每个社交媒体平台还提供了自己独特的一组信息曝光机制——即"有的信息能被简单地带到大家眼前，有的则不太可能或十分困难。"[9]以推特和照片墙为例，这两个网站都允许用户使用可以增加消息可见度的主题标签，但推特的设计强调基于文本的简短消息，而照片墙的设计强调图像共享。这些平台鼓励的不同沟通方式可能有助于确定它们页面上的信息如何塑造科学认知。此外，社交媒体网站为用户交互和参与提供的特定功能可能会创造多种影响途径。例如，红迪网拥有数百万会员的科学论坛，还设有一个系统来支持或反对帖子；而油管则显示用户评论以及网站上每个视频的观看、赞和踩的数量。来自网站其他账户的这类社交暗示可能会影响红迪网和油管用户如何形成他们对科学的印象。[10]

为了了解受众成员在社交媒体平台上看到和参与的科学信息和媒介的类型，我们利用了大数据以及各种案例研究。我们还研究了社交媒体信息如何影响用户的科学认知。例如，IFLS上的轻松帖文是否激发了对科学家们更积极的看法？科学家们是否可以通过在照片墙上发布"自拍"来让人觉得更值得信赖和引起共鸣？

在某些情况下，社交媒体上的科学传播对科学界和更广泛的社会都产生了令人不安的影响。例如，社交媒体可以反映并强化科学界中普遍存在的性别差异和性别歧视。此外，社交媒体网站经常充当有关从气候变化到疫情等科学话题的不实信息的渠道。然而，社交媒体信息也可以帮助解决这类问题。正如我们前面提到的，来自油管频道《大脑独家新闻》的艾米莉·格拉斯利等传播者已经使用社交媒体来挑战科学中的性别歧视。同样，最近的证据表明，算法生成的链接和用户撰写的评论都可以帮助纠正有关疫苗和转基因生物等话题的不实信息。

在梳理社交媒体信息在影响科学认知方面所扮演的复杂且有时相互矛盾的角色时，我们从传统新闻媒体效应研究中的一个熟悉的概念开始：框架。具体来说，我们会查看一些脸书知名博主在其科普主题页面（包括伊莉丝·安德鲁的页面）上出现的科学信息描述框架。

在脸书上构建科学的框架

2017年，皮尤研究中心对脸书上30个与科普相关的页面的约13万个帖子进行了研究，其中，包括"国家地理"（当时拥有4400万粉丝）、"探索频道"（3900万粉丝）、"动物星球"（2000万粉丝）和"美国宇航局"（1900万粉丝）以及"我如此地爱科学"。[11] 为了了解这些页面如何构建科学的框架，研究人员分析了每个页面帖子的随机样本，其中，29%的帖子都以新的科学发现为主要描述框架。例如，2016年12月8日"国家地理"页面上的一篇帖子显示了最近出土的一条保存在琥珀中的恐龙尾巴。一些页面非常强调对"新发现"的描述框架，包括"我如此地爱科学""美国宇航局"和"国家地理"。相比之下，"探索频道"和"动物星球"只在少数几个帖子中强调了这一框架。

另一个常见的描述框架是"您可以学以致用的新闻"，主要是针对受众成员的提示和建议（占所有帖子的21%）。尽管"我如此地爱科学""美国宇航局"和"国家地理"等页面很少依赖这个描述框架，但其他如"今日心理学"（Psychology Today）和"健康文摘"（Health Digest）等科普主题的页面在大部分帖子中都采用了这种描述框架。例如，"健康文摘"2017年1月26日的一篇帖子吹捧"山木瓜健康益处多多"（长得像木瓜的一种水果）。两位著名的健康评论员穆罕默德·奥兹（Mehmet Oz）博士和生食倡导者大卫·"鳄梨"·沃尔夫（David "Avocado" Wolfe）的页面也发布了许多带有"您可以学以致用的新闻"框架的帖子。其中一些帖子包括还有待商榷的科学主张，例如，反疫苗接种人士及平地主义的支持者沃尔夫提出了特别可疑的建议。

还有一些页面的描述框架专注于宣传电视节目或公众人物亮相。"探索频道"和"动物星球"页面上超过一半的帖子都是在网络上投放的节目，因为前者分享了《致命捕捞》（Deadliest Catch）系列中的图片，标题为"见到好螃蟹能让你青春永驻！"。同类型的自我宣传在比尔·奈、尼尔·德格拉斯·泰森和斯蒂芬·霍金等几位著名的科学博主的脸书页面上很常见。总体而言，16%的帖子带有宣传框架。

基于皮尤的研究结果，我们于2020年5月进行了一项实验，以测试脸书上3个浏览量最大的科普主题页面("我如此的爱科学""美国宇航局"和"国家地理")的框架如何影响互联网用户对科学家和科学研究的看法。[12]我们研究了这些页面上最常见的描述框架,即描述"新发现"的框架,以及其中两个最常见的话题:天文学和动物科学。作为全国在线调查的一部分,我们随机分配受访者浏览3个页面中的不同帖子。一些受访者浏览了"我如此地爱科学"页面的一篇标题为"美国宇航局分享火星上'不寻常'坑洞的图像"的帖子,以及该坑洞的图像和标题"现在还不是时候,外星人!";第二组受访者浏览了来自"我如此地爱科学"的其他帖子,其中有一张粉红色蝠鲼的照片并配上标题——"这种颜色不寻常的动物很容易成为猎物,通常活不到成年,但这只雄性蝠鲼表现得很好。"[13]第三组浏览了"国家地理"关于同一条粉红色蝠鲼的帖子,还有一组浏览了"美国宇航局"关于火星构造活动的帖子。同时,对照组没有看到任何脸书的帖子。

一方面,来自"美国宇航局"和"国家地理"的相对严肃的帖子并没有影响受访者对科学家的看法,也没有影响他们对太空或海洋生物研究的看法。另一方面,来自"我如此地爱科学"的古怪帖子确实影响了受访者对科学家和科学的观点(图7-1)。与其他组的受访者相比,浏览"我如此地爱科学"关于火星上的坑洞或粉红色蝠鲼的帖子的受访者同意科学家为人类谋福利的可能性要高出8~9个百分点。同样,"我如此地爱科学"小组同意科学家乐意帮助公众理解新研究的可能性要高出5~6个百分点。浏览该页面关于蝠鲼的帖子并没有使对海洋生物研究的支持显著增加,但该页面关于火星坑洞的帖子确实对太空探索支出增加了8个百分点的支持率。

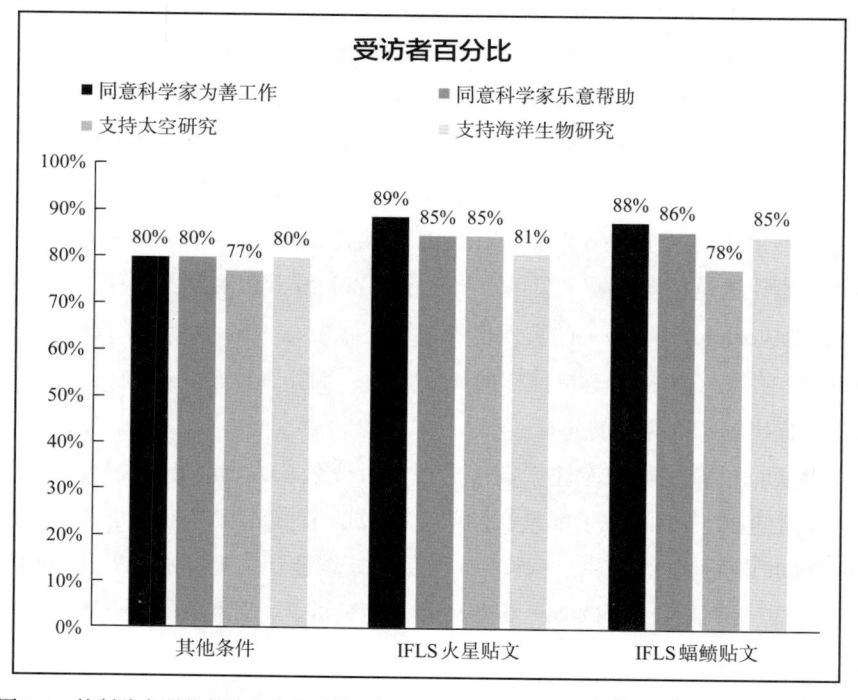

图7-1 控制脸书浏览条件产生的对科学的认知和观点的影响(政治传播调查中心,2020年)

简而言之，伊莉丝·安德鲁通过脸书构建科学框架的轻松方式影响了观众。她通过使用幽默来吸引他们的注意力并传达她对这个主题的热爱，她的账号页面鼓励他们也更多地热爱——或者至少喜欢科学和科学家。但是，当科学家自己使用社交媒体与更广泛的受众交流时会发生什么？要对这个问题有更多的了解，让我们从脸书转移到许多科学家用来与同行及公众互动的平台：推特。

推特上的科学明星和明星的推文

2014年，基因组学研究员尼尔·霍尔（Neil Hall）发表了一篇文章，提出了一种新的方法来衡量社交媒体在科学界的地位："卡戴珊指数"（"Kardashian index"），这是以名人金·卡戴珊（Kim Kardashian）的名字命名的。[14]霍尔指出，一些科学家在推特上的粉丝数量比学术引用数量（科学影响力认可度）还多，而其他科学家则是引用数量多于粉丝数量。他还建议计算粉丝数量与引用数量比，以识别科学界的"卡戴珊"，即以曝光而非研究而闻名的科学家。尽管霍尔是在开玩笑，但他的文章引发了一场严肃的讨论，即推特一方面可以增加科学家与同行和广大公众交流的机会，另一方面也可能导致对科学的曲解。科学家们在自己的领域内，可以通过在推特上发布他们的研究来增强他们的影响力。[15]此外，一些科学家通过他们的推文接触到更广泛的受众。

霍尔发表文章几个月后，《科学》杂志命名了"推特50位科学明星"。[16]名列榜首的是拥有240万粉丝的尼尔·德格拉斯·泰森。这位天体物理学家自2009年加入推特以来，发布了从新的科学发现到科学双关语（"更为技术宅式的化学幽默……例如，如果你不是解决方案（solution）的一部分，那么你就是沉淀物（precipitate）的一部分"❶）的各种主题帖子。[17]泰森似乎特别喜欢发表关于太空科幻电影的科学准确性的推文（"电影《星际探索》（Ad Astra）里有月球海盗。月球海盗？他们在想啥呢？月球上埋得有宝藏？"）。[18]他的一些推文也受到批评，其中一条是关于大规模枪击死亡事件的，该推文让一些浏览者感到他麻木不仁而且认为这推文不合时宜。[19]通过这些推特上的互动，泰森的受众激增：截至2020年8月，他的粉丝已超过1400万。

排第二、三位的"推特科学明星"是拥有140万粉丝（截至2020年8月达到300万粉丝）的物理学家布莱恩·考克斯（Brian Cox）和拥有100万粉丝（截至2020年8月，接近300万粉丝）的进化生物学家理查德·道金斯（Richard Dawkins）。考克斯和泰森一样，经常在推特上发表他对自己领域内问题的见解以及政治评论和科普幽默。例如，2018年7月，他在该平台上挑战电视名人皮尔斯·摩根（Piers Morgan）关于宇宙起源的评论。当摩根在推特上说："有神论者和无神论者都永远无法说出大爆炸之前的情况，"考克斯回答说，"如

---

❶ 该说法来源于谚语：如果你不是解决方案的一部分，那你就是问题的一部分（If you're not part of the solution, you are part of the problem）。——译者注

果你指的是高温大爆炸，那么在被称为暴胀之前可能有一段快速膨胀的时期。这一理论能够解释观测到的宇宙特征。"[20]

与此同时，道金斯因其关于科学和社会的推文而名声鹊起——或臭名昭著。道金斯公开承认无神论，他经常使用该网站来表达对一般宗教的严厉观点。[21]他的推文也引发了有关强奸和"政治正确"等话题的争议。[22] 2020年2月，他的一篇关于优生学的推文又引发了一场轩然大波。"以意识形态、政治和道德为由谴责优生学是一回事，"他写道，"得出它在实践中行不通的结论是另一回事。"[23]

泰森、考克斯和道金斯的推特帐户体现了一个更广泛的趋势：科学家们使用该平台来发表包括他们自己领域之外的各种话题的言论。柯青（音译，Qing Ke）和她的同事在2017年分析了45000多名科学家的推文后，发现科学家的推文"模糊了个人和专业之间的界限。"[24] "这些推文大多关乎于你的日常"，作者卡西迪·杉本（Cassidy Sugimoto）告诉《自然》记者莎拉·麦奎特（Sarah McQuate），"它可能是新闻，也可能是政治，但它本质上不一定是科学的。"[25]然而，样本中的一些科学家确实分享了一些科学研究的链接。正如麦奎特所指出的，推特还为科学家提供了一个平台，可以以一种易于理解的方式向非科学界人士解释科学研究。

为了了解当科学家在推特上向更广泛的受众发布他们领域的贴文时会发生什么，我们在2020年5月的在线调查中增加了3个小组。这些小组中的每一个受访者都阅读了一位知名天文学家关于红超巨星参宿四的一系列推文。第一组阅读了《科学》杂志的推特"科学明星榜"榜首尼尔·德格拉斯·泰森的推文；第二组阅读了排名第5的菲尔·普莱特（Phil Plait）的推文；第三组阅读了排名第33的帕梅拉·盖伊（Pamela Gay）的推文。每组推文都包括一张参宿四的照片以及突显这颗恒星的特殊性解释：它即将爆炸（从天文学的角度来说）。

正如盖伊所说，我们以为恒星"即将爆炸"的想法很吸引人，但我们的受访者对此并没那么印象深刻。无论是阅读泰森、普莱特还是盖伊有关参宿四的推文，他们对科学家和太空探索的看法都没有改变。我们由此明白，并非所有关于科学的社交媒体信息都会影响受众。然而，即使天文学家关于超新星的推文没影响我们的参与者，来自平台上科学家发布的其他类型的信息——如柯青和她的同事描述的更个人化的推文可能会影响用户。鉴于"我如此地爱科学"通过发布关于火星和蝠鲼的轻松帖子提升了科学形象，也许泰森关于电影的推文或盖伊关于在佛罗里达州太空海岸寻找破火箭（kitschy rockets）的推文也会起到同样的作用。

来自其他社交媒体平台上的科学家的信息也可能影响受众成员，尽管这些平台的不同的信息曝光机制可以促进不同类型的信息的发布。例如，照片墙的设计鼓励科学博主在网站上采用以图片发布为主的方式——这可能有助于塑造用户心目中科学家的形象。

科学家自拍和照片墙的影响力

许多社交媒体用户可能将照片墙与自我推销的名人和推销产品的"网红"联系在一起，但美国宇航局等科学机构和国家地理等科学媒体组织已经在照片共享平台上积累了自己的大量粉丝。此外，数以千计的独立科学家已经用它发布了他们的工作照片以及他们实验室和勘察现场的"自拍"。[26]

美国宇航局于2013年加入照片墙，发布了4张月球照片，其中一张是阿波罗11号任务期间拍摄的"地球在月球地平线上升起"的画面。这组图片的标题宣传了即将推出的新探测器——月球大气和尘埃环境探测器（Lunar Atmosphere and Dust Explorer）。从那时起，美国宇航局在照片墙上已经发布了数千张图片。截至2020年8月，其主账户拥有超过6000万粉丝，成为该网站上粉丝量排名第39的账户。[27]该机构的其他项目和人员账户也积累了数十万粉丝。

总的来说，这些照片墙帐户有助于推广美国宇航局的项目——并非巧合的是，这些项目依赖于公共基金。例如，该机构经常发布其太空探测器拍摄的行星、卫星和小行星的照片，以及其望远镜拍摄的极光、星云和星系的照片。美国宇航局还使用该网站分享其宇航员的照片，照片中的背景极具戏剧性，例如，太空漫步和万圣节派对等更接地气的场景（尽管是在太空中，所以并不是真正的"接地气"）。美国宇航局社交媒体副经理杰森·汤森（Jason Townsend）在2017年的一次采访中解释说："照片墙在逻辑上非常适合我们，因为它本质是通过视觉来吸引用户，而我们……拍了很多图像。""我们希望在照片墙上每天展示一张照片。"[28]

国家地理在平台上的粉丝甚至比美国宇航局还要多（截至2020年8月，约有1.37亿人），在顶级账户列表中排名第11位［领先于第13位的泰勒·斯威夫特（Taylor Swift）和第14位的肯德尔·詹娜（Kendall Jenner）］。[29]国家地理在照片墙上最受欢迎的照片包括潜水员与虎鲨、黄石公园的狼、格陵兰的雪橇犬以及野生动物护林员与唯一一只活着的雄性白犀牛。[30]总而言之，该机构的帖子获得了超过40亿个"赞"。[31]

要论在照片墙上的表现，没有哪位科学家能比得上美国宇航局或国家地理，但成千上万的研究人员和科普博主已经创建了帐户来与粉丝分享他们的工作。[32]鉴于该网站在女性中特别受欢迎，这些账户属于女性就不足为奇。[33]例如，神经心理学家珍妮尔·莱岑（Janelle Letzen）使用寿司的照片来说明诸如血清素和多巴胺的作用等话题。同样，生物学家塔吉德·德卡瓦略（Tagide deCarvalho）发布了微生物的彩色照片；分子遗传学家萨曼莎·亚明（Samantha Yammine）发布了自拍照并配以说明文字，主题内容从"皮肤护理中的植物干细胞科学"到"跑步者的愉悦感"的生物化学。

尽管照片墙在科学家中越来越受欢迎，但并非每位科学界人士都对网站上的科学交流持积极态度。2018年，《科学》杂志发表了工程研究员梅根·赖特（Meghan Wright）的一篇评论文章，批评了科学家，尤其是女科学家对照片墙的使用。"很明显，她们通过与女性科学家的刻板印象形成视觉上的反差，希望激励女孩追求科学，并鼓励女性科学家在我们由男性主导的工作空间中展示她们的女性气质……"她争辩道，"但令我不安的是，这些行为虽然被认为是纠正女性科学家面临的长期存在且根深蒂固的歧视和排斥的途径……但多花在照片墙上的时间就是少花在研究上的时间，这对科学界女性的影响大于男性。"[34]赖特以亚明的"科学山姆"（Science Sam）账户为例来说明她的观点。

然而，照片墙上的许多科普博主对赖特的批评持不同意见——包括亚明本人，她与佩奇·雅罗（Paige Jarreau）以及另外两位同事在《科学》杂志上共同撰写了一篇回应文章。"尽管我们同意（赖特的）观点，即有许多系统性结构使女性在科学界长期处于边缘化状态，"她们写道，"但我们将社交媒体视为拆除此类结构的更大战略中的有力工具。"[35]特别是，她们认为照片墙上的自拍有助于以吸引社交媒体用户的方式使科学家个性化，并提高女性在该行业的关注度。

2019年，雅罗和她的五位同事（包括亚明）发表了一项研究，测试科学家的照片墙自拍如何影响观众对科学的看法。[36]该团队于2017年启动了该项目，使用标签"#自拍的科学家"（#ScientistsWhoSelfie）以众筹她们的实验。[37]她们发现，当科学家从他们的实验室或勘察现场发布自拍照时，研究参与者认为他们"更热情、更值得信赖，而且能力也不差。"[38]此外，看到女科学家自拍照的参与者不太可能认为科学是一种"男性"活动。正如雅罗和她的同事所指出的那样，她们的研究结果证明了使用照片墙具有提升科学的积极形象，并挑战有关该行业的性别刻板印象的潜力。

"自拍的科学家"研究的结果还强调了用户可以特定社交媒体平台的机制来编辑信息——以及，相应地扩大这些信息的影响力。照片墙的设计特色就是鼓励自拍分享，但其他平台则鼓励不同类型的交流。就红迪网而言，该网站的功能促进了外行和科学家在其论坛或"子版块"上进行基于文本的对话——其中一些主要是回答用户关于科学的问题。

在红迪网上问科学

高中生伊桑·林登伯格以接种疫苗的行动向他反疫苗接种的母亲表达抗议后，又通过撰写意见专栏、向国会作证和接受电视采访公开游说支持疫苗接种。[39] 2019年4月3日，《正面交锋》的主持人萨曼莎·比问他从哪里找到有关疫苗的信息：

> 林登伯格：嗯，我求助于红迪网……（比露出了震惊的表情）这得回到（2018年）11月，我在上面询问是否可以在没有我妈妈的同意或批准的情况下接种疫苗，每个人的回应都非常支持。
>
> 比：（表情依旧难以置信）抱歉问一句，红迪网上的人给了你很好的建议？

林登伯格：确实，很好的建议。

比：红迪网？

林登伯格：这只是取决于你想要做什么。

比和林登伯格的谈话凸显了红迪网的多面性。一方面，该网站以包含美国极右派成员在内的宣扬仇恨者的论坛而闻名；[40]另一方面，红迪网也提供了一个平台，不仅可以了解科学，还可以与科学家和非科学人士讨论。

红迪网拥有许多科学主题的对话社区。其中一个特别突出的子版块（subreddit），"科学"版块创建于2006年，截至2020年8月，拥有近2500万会员。另一个受欢迎的子版块是"问科学"版块，一个拥有2000万会员的论坛，用户可以问诸如"如果你融化一块磁铁，磁性会发生什么变化？"和"如果我们返回月球，当今地球上是否有一个望远镜强大到可以观察宇航员在月球地表走来走去？"红迪网还开设了许多基于不同领域的子版块，如"生物学"版块、"物理学"版块、"天文学"版块和"化学"版块（截至2020年8月，每个子版块都有100万~200万成员）。

鉴于许多非科学人士参与这些论坛，论坛的版主们经常创建构架来指导科学讨论。例如，科学版块强制执行一套广泛的规则，其中第一条是所有帖子"必须直接链接到最近发表的、有同行评议的研究或媒体摘要。"[41]"另外，子版块禁止"在（无法提供）适当的同行评议证据前，对已确立的科学概念（例如，重力、疫苗接种、人为造成气候变化等）提出异议的评论。"一些2020年投票率最高的帖子分享了关于斑马条纹的功能、为人父母对幸福感的影响以及实施"全民医保"（Medicare for All）对健康的影响等研究。

一些红迪网论坛还邀请科学家帮忙告知其成员一些关键话题。2014年，科学版块开始举办一系列"你问我答"（AMA，Ask Me Anything）论坛，用户可以在其中与斯蒂芬·霍金和尼尔·德格拉斯·泰森等科学家互动。[42]当信息科学家原纪子（Noriko Hara）和她的同事采访了70位参加这些"你问我答"的科学家时，受访者在网站上报告了"极为良好"的体验。[43]科学版主在2018年停止了"你问我答"系列；然而，从那时起，许多科学家在"问科学"版块上开始亲自主持"你问我答"论坛。

为了更多地了解人们在平台上进行科学交流的体验，杰西卡·麦克奈特调查了135名红迪网用户。他们报告说，网站上的评论者经常提供有用的新信息或纠正错误信息。[44]"如果有人做出不正确的陈述，下面就会有几十条评论说明这个人为什么错了，"一位受访者说。另一个人指出，"赞成或反对投票系统和评论就像同行评议。"同时，受访者列举了红迪网作为科学来源的一些局限性，包括频繁使用耸人听闻的标题党手法以及难以找到特定主题的信息。

调查后续行动还有一项实验，麦克奈特测试了红迪网帖子对用户就两个科学话题的看法产生的影响：水力压裂（水力压裂，一种从地下岩石中提取石油或天然气的方法）和草药疗法。[45]水力压裂帖子并没有影响用户的意见，但是草药疗法帖子讨论了研究显示这类药物疗法的原料中除了米粉和野草之外什么都没有，确实引发了参与者的争论。特别是，它促使那些具有高水准科学知识和兴趣的人以更加怀疑的眼光看待草药。

麦克奈特的研究结果表明，红迪网上的互动有助于用户理解科学。因此，她的发现强化了伊桑·林登伯格对该网站的看法。虽然，它可能因产生有害评论而臭名昭著，但它为许多科学家和普罗大众提供了特定的子版块来进行交流，从而可以影响用户对科学的看法。此外，这些子版块经常实施规则以保持科学的完整性和合法性。当然，红迪网并不是唯一一个由普罗大众发表观点或评价和回复科学信息的社交媒体社区。以油管为例，它是一个更受欢迎的平台，拥有自己独特的功能，可以促进视频共享，以及用户以观看次数、赞、踩和评论的形式提供反馈。

油管上的有声简笔画科学

2015年，被誉为"世界上最大的在线视频会议"的第六届年度全球顶级创作者盛会（VidCon）邀请了许多油管最受欢迎的博主作为嘉宾。[46]阵容不仅包括娱乐和生活方式频道的明星，还包括科普频道（Vsauce）的迈克尔·史蒂文斯（Michael Stevens）、真理元素频道（Veritasium）的德里克·穆勒（Derek Muller）、秒懂科普频道（AsapSCIENCE）的格雷戈里·布朗（Gregory Brown）、微哈科普频道（Vihart）的维·哈特（Vi Hart）和大脑独家新闻频道的艾米莉·格拉斯利。[47]全球顶级创作者盛会"是一个让科学家与音乐家、美容师和恶作剧者一样激动得尖叫的地方"，《科学美国人》记者杰德·洛弗尔（Jayde Lovell）现场报道了此次活动。[48]

2018年，我们的研究助理D.J.麦考利仔细研究了最受欢迎的油管科普频道。她分析了排名前30位的英语科学频道的5个最新视频，每个频道都有超过40万订阅者（位居榜首的Vsauce科普有1300万订阅者）。这些频道上最常见的主题是物理学和天文学。例如，物理女孩（Physics Girl）的戴安娜·考恩（Dianna Cowern）主持的一段视频回答了一个问题，"什么是量子掷硬币？"一位来自"一分钟物理"频道（Minute Physics）的视频使用简笔画来解释"同时的相对性"。同样，来自动画科普频道"简而言之"（Kurzgesagt）的视频描述了弦理论和黑洞等概念。

其他频道专注于数学、化学、生物学或地质学。化学元素科普视频网（Periodic Videos）收录了马丁·波利亚科夫（Martyn Poliakoff）讲述的"化学周期元素表视频"系列中有关钴和钷的视频，而微哈科普的维·哈特则通过她绘制简笔画来解释诸如元手性（metachirality）和真正的圆周率（tau）等数学思想。在大脑频道独家新闻中，艾米莉·格拉斯利谈到了蛛形纲动物化石的发现，而科学新发现（Naked Science）则将真实镜头与电脑动画相结合来说明板块构造论。然而，样本中最受欢迎的视频来自《秒懂科普》，标题为"你听到的是'Yanny'还是'Laurel'？（最后通过科学使真相大白）"，它利用声学原理来解决了一场关于听觉错觉的辩论。

总的来说，这些视频引起了高度的参与，这反映在任何在油管上看到它们的人都可以看到的信息中。例如，截至2018年5月，"'Yanny'或'Laurel'"视频的播放量为3300万次。许多其他视频的播放量也达到了数十万或数百万。"'Yanny'或'Laurel'"视频也有近50万个赞，其他十几个视频至少有10万个赞。踩的情况要少得多，"'Yanny'或'Laurel'"视频的赞和踩的比例为18：1，只有2个其他视频的踩超过1万个。

这些播放量和投票给用户提供了如何理解科学的信号。特别是，它们提供了詹姆斯·斯巴茨（James Spartz）和他的同事所称的"规范的社会线索"：即根据其他人的言行来暗示用户成员应该怎么想。[49]人们经常修改自己的观念和行为以与"现实生活中"的同龄人看齐，同样的过程也可以在社交媒体上上演。为了证明这一点，斯巴茨和他的团队更改了油管上一个关于气候变化视频的播放量数：要么超过一百万次，要么不到一千次。看到播放量较多的视频参与者认为气候变化更为重要。正如研究人员指出的那样，这种同辈影响有助于激发参与科学，并最终在科学相关问题上采取行动。

播放量、赞和踩的次数也不是油管上唯一可用的理解科学的信号。观众还可以从用户评论的数量和类型中获得线索。截至2018年5月，"'Yanny'或'Laurel'"视频有近15万条评论，而麦考利样本中的其他10个视频至少有1万条评论。至于评论的内容，一些人点评了视频中的信息，而另一些人则试图劫持这些信息以发表自己的观点。

马修·夏皮罗（Matthew Shapiro）和朴韩宇（Han Woo Park）的两项研究通过调查油管评论者如何讨论有关气候变化的视频来说明后一种现象。第一项研究表明，用户评论通常与视频本身的科学信息无关。[50]相反，评论者通过欺诈指控、危言耸听和操控，"猖獗地"将气候科学政治化。[51]第二项研究表明，少数气候活动人士和怀疑论者倾向于主导每个视频的评论。[52]而高观看次数和点赞数可以为油管视频中的科学信息赋予更大的权重，夏皮罗和朴韩宇发现的那种狭隘和歪曲的评论留言贴可能会阻止用户对这些信息进行深思熟虑，并强化对科学的两极化认知。

油管评论者有时也会攻击博主。尤其维·哈特和艾米莉·格拉斯利两位博主，描述了网站上的女性科普博主如何经常收到用户的性别歧视评论。哈特在2013年1月21日的微哈科普视频"维·哈特的评论指南"（Vi Hart's Guide to Comments）中讲述了她收到此类评论的经历，格拉斯利在2013年11月27日的"大脑独家新闻"视频中讲述了同样的经历，标题为"我的女士们在哪里？"。视频中提出了一个问题：科普博主能否通过宣传女性在科学工作场所和社交媒体上经常遇到的性别歧视和刻板印象来影响观众的认知？

"我的女士们在哪里？"：利用社交媒体挑战科学中的性别歧视

与线下科学一样，社交媒体科学通常是一个以性别歧视为特征的男性主导领域。例如，《科学》杂志的"推特科学明星"榜单上只有4名女性，而随附的文章则引用了其中一位天

145

文学家帕梅拉·盖伊关于性别歧视反应如何将女性科学家推离社交媒体的看法。"在某些时候，"她解释说，"你会厌倦所有'你为什么丑'或'你为什么这么火'的评论。"[53]柯青团队对此做出更广泛分析后发现，与科学出版物相比，尽管推特更好地呈现了女性科学家，该平台仍然在性别上表现得不平衡：在他们的研究中，只有39%的科学家是女性。[54]

当谈到谁在网站上进行科普时，油管也同样有失偏颇。达斯汀·韦尔伯恩（Dustin Welbourne）和威尔·格兰特（Will Grant）2015年的一项研究发现，科学频道的男性主持人数量超过女性，尽管主持人的性别并未影响视频的观看人数。[55]2018年，D.J.麦考利发现，在顶流的科普频道中，只有1/5的视频由女性担任主持人或联合主持人。[56]

与此同时，女性利用各种社交媒体平台来抵制对科学界的性别刻板印象。例如，2012年，科普博主艾莉·威尔金森（Allie Wilkinson）在汤博乐网站（Tumblr）创建了科学家的形象账户（This Is What a Scientist Look Like），以挑战科学家是"身穿白色实验室外套的白人"的流行形象。[57]她要求科学家提交个人照片，然后将这些照片与人物简介一起发布。[58]威尔金森的网站上的科学家肖像描绘了在广阔的领域和地点工作的女性和有色人种，从在奥地利阿尔卑斯山徒步旅行的古生态学家到在佛罗里达基拉戈岛潜水的海洋科学家。[59]尽管汤博乐网站（Tumblr）的受欢迎程度自此下降，但女性科学家和科普博主（例如，"科学山姆"频道的亚明）现在仍在照片墙和其他社交媒体平台上分享自拍。

女性还使用标签（Hashtag）来强调科学中的性别偏见——就像她们公开批评诺贝尔奖获得者生物化学家蒂姆·亨特（Tim Hunt）在世界科学记者大会（World Conference for Science Journalists）上所发表的带有性别歧视的言论一样。"让我告诉你，我和女孩之间的麻烦，"他告诉他的听众，"实验室里有了她们，就会发生3件事：你爱上她们；她们爱上你；当你批评她们时，她们会哭。"许多女科学家通过在推特上发布讽刺评论以及她们自己的照片和#令人分心的性感（#distractinglysexy）的标签来回应这一评论。[60]"没有什么比装满猎豹粪便的样品管更能让你#令人分心的性感了，"野生动物生物学家莎拉·杜兰特（Sarah Durant）写到。同样，海洋科学家米歇尔·拉鲁（Michelle LaRue）在推特上发布了一张她自己在南极洲的照片，并补充说："感谢上帝提供御寒的装备，否则我的男队友可能会坠入爱河。"[61]

科普博主也对社交媒体上的性别歧视提出了挑战。例如，艾米莉·格拉斯利的视频《我的女士们在哪里？》讨论了她"必须每天处理"的基于性别的"网络欺凌"。[62]视频开头是她观察到，十多个由男性主持的科普频道至少有40万名订阅者。"什么在阻止女性得到同样的订阅量？"她问道，"我觉得女性会因为这样的评论而更容易放弃。"然后，一位男性联合主持人阅读了格拉斯利收到的一些带有性别歧视的评论，例如，"她只需要一些更性感的眼镜""我仍然愿意和她好好亲热"以及"你会认为这些活儿还得男人来干"。科学界的性别歧视和网络骚扰"是需要讨论的严重问题，"格拉斯利在视频结尾说，"我们需要让……所有性别的人都能因自己的贡献而得到认可。"

格拉斯利的《我的女士们在哪里？》视频获得了广泛的观众的喜爱，部分归功于科学网站（如科学博客，ScienceBlogs）、女权主义网站（如耶洗别，Jezebel）和主流新闻媒体（如国家公共广播电台，National Public Radion）的报道提高了宣传力度。截至2020年8月，格拉斯利频道的播放量已超过100万，还积累了超过40万订阅者，打破了她在视频中强调的天花板数字（40万）。

2015年，我们进行了一项实验，测试《我的女士们在哪里？》视频以及另外两个没有明确指出性别歧视的《大脑独家新闻》视频的影响。[63]一个视频的标题为"你们会从哪里获得所有这些死去的动物"，描述了芝加哥菲尔德自然历史博物馆（Chicago Field Museum of Natural History）如何获取动物标本；另一个视频的标题为"问艾米丽#5"（Ask Emily #5），在视频中，格拉斯利回答了一系列观众的问题。我们随机分配311名本科生观看其中一个视频，或者（对照组）不观看有关科学的视频。

《我的女士们在哪里？》视频对观众对科学和科普中的性别歧视的认知产生了明显的影响（图7-2）。与其他三组的参与者相比，那些观看格拉斯利谈论她因性别而受到网络欺凌的经历的人更有可能同意女性在科学领域的代表性不足（87%与69%），女性在科学领域受到与男性不同的待遇（85%与71%），媒体对科学家的描述通常包含性别刻板印象（85%与67%），公开交流科学的女性经常收到带有性别歧视的评论（73%与46%）。

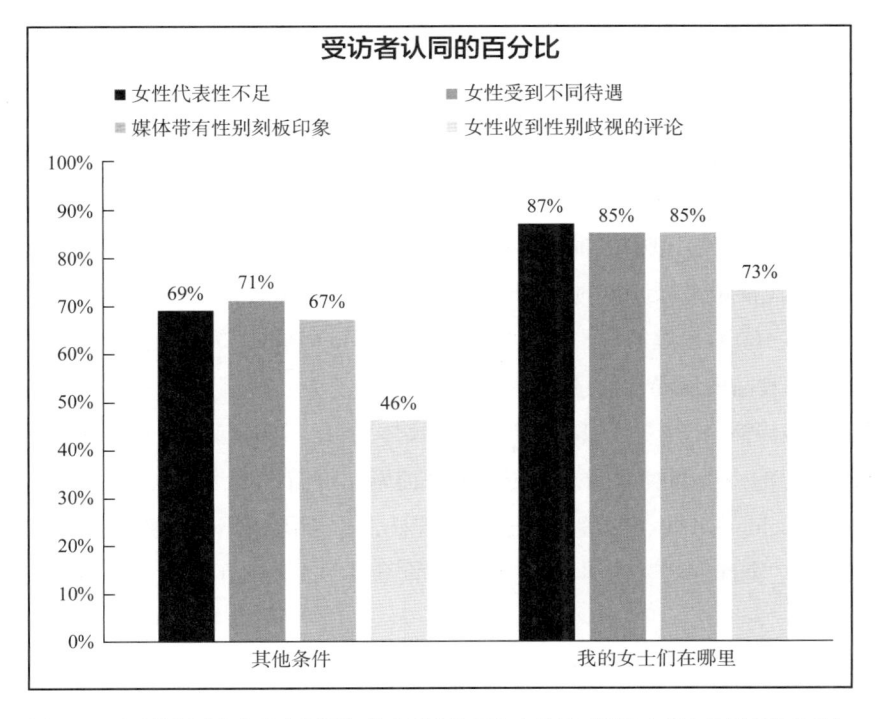

图7-2 通过控制《大脑独家新闻》的观看条件而产生的关于科学中存在性别歧视的认知
（观看《大脑独家新闻》视频的实验，2015年）

无法否认的是，一些参与者对格拉斯利的控诉并不买账。"我们的文化而且很可能是生理原因都让女性在年轻时远离理工类专业，"一位男士写道，"所以，就当我是魔鬼的代言人吧……我想说，许多女性很乐意选择不进入理工类专业，而统计数据中的理工类专业女性数量很少并不完全是由于性别歧视。"然而，"我的女士们在哪里？"视频引起了许多参与研究的女性的共鸣。一位写道："作为一名在理工类专业领域学习的女性，我觉得这视频真的切中要害了。"另一个人说："我对视频所讲感同身受。""我的 Vine 账户上有 70 万粉丝，我经常看到这样带有性别歧视的评论。"第三个写道："说得太好了！我是班上排名前 5% 的普通女性。我觉得我说话必须更大声更久才能被听到，只有这样，大家的注意力才不会只在我的着装上。"

重要的是，格拉斯利所传达的信息提高了公众对科学职业和科学传播中性别歧视的认识，而没有令他们对科学本身产生负面印象。比起其他人，观看"我的女士们在哪里？"的参与者并不会更可能认为科学家是古怪而奇特的，或者是无趣乏味的，或者是除了工作，对什么也提不起劲的人。此外，观看该视频的参与者在同意科学家是为人类福祉而工作的敬业者方面脱颖而出（37% 强烈同意，而其他三组为 15%）。那么，无论如何，格拉斯利通过谈论因性别而受到骚扰的话题，提升了科学的整体形象。

社交媒体网站：传播或纠正科学不实信息的工具

社交媒体网站为带有性别歧视的评论和反性别歧视信息提供了平台，同样它们也是传播和纠正科学不实信息的论坛。至于传播不实信息的一方，一些最受欢迎的脸书科普博主就分享了令人质疑的或虚假的声明。如大卫·沃尔夫（David Wolfe），截至 2020 年，他拥有近 1200 万粉丝，并使用他的页面来宣传反疫苗的错误信息。或者奥兹博士（Dr. Oz），他向他的 600 万粉丝推销未经证实的健康时尚，例如，"7 天葡萄柚排毒减肥餐"。[64] 又或者在脸书上拥有超过 100 万粉丝的博主"美食宝贝"（"Food Babe,"）瓦尼·哈里（Vani Hari）分享有关转基因食品的误导性信息。[65]

脸书也不是传播科学不实信息的唯一社交媒体平台。美国有线电视新闻网在 2019 年麻疹爆发期间进行的一项调查发现，在照片墙上搜索"疫苗"产生了大量带有虚假声明和 #疫苗致死（#VaccinesKill）等标签的帖子。[66] 同样，非营利组织阿瓦兹（Avaaz）2020 年的一项研究发现，"全球变暖"的前 100 个油管搜索结果中有 16% 的视频包含有关气候变化的不实信息。[67]

莱蒂西亚·博德（Leticia Bode）和艾米莉·弗拉加（Emily Vraga）的研究表明，纠正社交媒体上的科学不实信息的努力是可行的——至少在某些时候是这样。她们在一项实验中发现，脸书上的链接指向揭穿关于转基因生物对健康影响的虚假声明的"相关文章"，减少了参与者对该话题的误解。[68] 相比之下，揭穿 MMR 疫苗导致自闭症这一概念的报道对观众成员没有影响。正如博德和弗拉加所说，这种错误的说法传播广泛如斯，以致已经相信它的人可能会反驳任何相反的信息。

更乐观的是，博德和弗拉加的后续研究表明，纠正社交媒体上的科学不实信息的其他方法也可以奏效。例如，第二个实验发现，通过专家账号（在本例中为CDC）来分享信息对于揭穿将塞卡病毒（Zika virus）归咎于转基因蚊子的阴谋论特别有效。[69]同样，第三项研究表明，两种不同形式的纠正有助于消除对同一阴谋论的赞同：脸书的算法生成的链接及其用户分享的报道。[70]

博德和弗拉加进行的一项全国性调查强调了社交媒体用户可以帮助核实虚假信息的观点。大约1/3的受访者自述看到有人被告知他们分享了有关该病毒的错误信息，近1/4的人表示他们自己纠正了这些不实信息。[71]此外，大多数人认为社交媒体用户提供帮助纠正错误信息很重要，这是每个人的责任。

从这些结果来看，多管齐下可能是社交媒体上挑战虚假科学主张的最佳方法。科技公司可以使用算法来显示信息更正；专家可以利用他们的可信度来揭穿虚假科学，普通用户可以在看到不实信息时直言不讳地指出问题。

社交媒体科学：陷阱和充满希望的方向

社交媒体平台与电影、电视和印刷媒体一样，展示了广泛的科学信息。一方面，科学家们使用这些网站与同行和更广泛的公众分享研究；另一方面，大卫·沃尔夫和瓦尼·哈里等人则依靠相同的平台散布虚假声明。同时，伊莉丝·安德鲁、萨曼莎、"科学山姆"频道的亚明、艾米莉·格拉斯利等科普博主寓教于乐，可以激发大众对科学的热情，提升科学家形象，挑战科学行业中的性别歧视。

社交媒体网站又有别于其他形式的媒体。用户可以轻松地创建自己的内容并立即公开回复消息。有时这些互动也会带来不良的后果——比如，当用户用性别歧视的评论霸凌科普博主时。然而，在其他情况下，用户提供有价值的科学信息——正如"红迪网"用户向伊森·林登伯格指出关于疫苗接种的合理建议时一样。用户还可以在纠正社交媒体上的不实信息方面发挥重要作用。

更广泛地说，社交媒体平台为科学家和非科学人士提供了相互交流的新机会，以增强公众对科学的信心和参与度。这种潜力在布丽吉特·胡贝尔（Brigitte Huber）及其同事最近的一项跨国研究中得以凸显。社交媒体用户尤其可能信任科学。[72]不过，这些效果可能取决于社交媒体平台的算法、用户的社交网络以及科普博主与受众互动的有效性。[73]没有一种消息传递方式会适用于所有网站或所有用户，但IFLS等脸书页面、帕梅拉·盖伊等科学家的推特账户、@sciencesam等照片墙账户、"问科学"等红迪网论坛以及大脑独家新闻等油管频道都说明了社交媒体中的科学表达的这一潜力。

注释

[1] Fitts, Alexis Sobel, "Do you know Elise Andrew?" *Columbia Journalism Review*, September/October 2014; Tee- man, Tim, "Why millions love Elise Andrew's science page," *Guardian*, October 13.

[2] Sturgess, Kylie, "How much do you love science? Interview with Elise Andrew," *Skeptical Inquirer*, July 1, 2013.

[3] Fitts,"Do you know Elise Andrew?"

[4] Pomeroy, Ross, "The worst kind of science clickbait," *RealClearScience*, May 8, 2017.

[5] Hitlin, Paul, and Kenneth Olmstead, "The science people see on social media," Pew Research Center, March 21, 2018.

[6] Funk, Cary, Jeffrey Gottfied, and Amy Mitchell, "Science news and information today," Pew Research Center, September 20, 2017.

[7] 详见附录。

[8] Brossard, Dominique, and Dietram A. Scheufele,"Science, new media, and the public," *Science* 339, no. 6115 (2013): 40–41; Lee, Nicole M., and Matthew S.VanDyke, "Set it and forget it:The one-way use of social media by government agencies communicating science," *Science Communication* 37, no. 4 (2015): 533–541.

[9] Tufekci, Zeynep, "Big questions for social media big data: Representativeness, valid- ity and other methodological pitfalls," *arXiv preprint arXiv*:1403.7400 (2014), 2–3; Ley, Barbara L., and Paul R. Brewer, "Social media, networked protest, and the March for Science," *Social Media+ Society* 4, no. 3 (2018): 2056305118793407.

[10] Spartz, James T., Leona Yi-Fan Su, Robert Griffin, Dominique Brossard, and Sharon Dunwoody, "YouTube, social norms and perceived salience of climate change in the American mind," *Environmental Communication* 11, no. 1 (2017): 1–16.

[11] Hitlin and Olmstead,"The science people see."

[12] 详见附录。

[13] IFLScience, February 21, 2020, www.facebook.com/IFLScience/posts/3422615091 092811.

[14] Hall, Neil,"The Kardashian index: A measure of discrepant social media profile for scientists," *Genome Biology* 15, no. 7 (2014).

[15] Liang, Xuan, Leona Yi-Fan Su, Sara K. Yeo, Dietram A. Scheufele, Dominique Brossard, Michael Xenos, Paul Nealey, and Elizabeth A. Corley, "Building buzz: (Scientists) communicating science in new media environments," *Journalism & Mass Communication Quarterly* 91, no. 4 (2014): 772–791.

[16] You, Jia,"Who are the science stars of Twitter?" *Science* 345, no. 6203 (2014): 1440–1441.

[17] Neil deGrasse Tyson, March 13, 2020.

[18] Neil deGrasse Tyson, February 26, 2020.

[19] Coleman, Nancy,"Neil deGrasse Tyson's tweet on mass shooting deaths strikes a nerve," *New York Times*, August 5, 2019.

[20] Cox, Brian, July 1, 2018.

[21] Elmhirst, Sophie, "Is Richard Dawkins destroying his reputation?" *Guardian*, June 9, 2015.

[22] Anita Singh, "Richard Dawkins in storm over 'mild date rape' tweets," *Telegraph*, July 29, 2014.

[23] Richard Dawkins, February 16, 2020.

[24] Ke, Qing,Yong-Yeol Ahn, and Cassidy R. Sugimoto, "A systematic identification and analysis of scientists on Twitter," *PloS one* 12, no. 4 (2017): e0175368.

[25] McQuate, Sarah, "What all those scientists on Twitter are really doing," *Nature News*, April 20, 2017.

[26] Jarreau, Paige Brown, Imogene A. Cancellare, Becky J. Carmichael, Lance Porter, Daniel Toker, and Samantha Z.Yammine, "Using selfies to challenge public stereotypes of scientists," *PloS one* 14, no. 5 (2019): e0216625.

[27] Trackalytics,"The most followed Instagram profiles,"August 29, 2020.

[28] *NewsWhip*, "Interview: why NASA's social media is out of this world," *NewsWhip*, March 27, 2017.

[29] Trackalytics,"Most followed Instagram profiles."

[30] CBS News, "National Geographic's most popular Instagram photos," CBS News, September 4, 2020.

[31] Amaria,Kainaz, "National Geographic hit 100 million Instagram followers. To celebrate, it wants your images for free,"*Vox*, February 2, 2019.

[32] Jarreau et al.,"Using selfies."

[33] Jarreau et al., "Using selfies"; Pew Research Center, "Social media fact sheet," Pew Research Center, June 12, 2019.

[34] Wright, Meghan,"Why I don't use Instagram for science outreach," *Science*, February 2, 2019.

[35] Yammine, Samantha Z., Christine Liu, Paige B. Jarreau, Imogen R. Coe,"Social media for social change in science," Science,April 13, 2018.

[36] Jarreau et al.,"Using selfies."

[37] Qaiser, Farah, "Scientists are fostering public trust on social media, one selfie at a time,"

Massive Science, May 6, 2019.

[38] Jarreau et al.,"Using selfies."

[39] Lindenberger, Ethan, "Growing up unvaccinated: My anti-vaxx mother made me a health risk for the whole community," *USA Today*, February 26, 2019.

[40] Marantz, Andrew, "Reddit and the struggle to detoxify the internet," *New Yorker*, March 12, 2018; Romano, Aja, "Reddit just banned one of its most toxic forums. But it won't touch The_Donald," *Vox*, November 11, 2017; Statt, Nick, "Reddit CEO says racism is permitted on the platform, and users are up in arms," *The Verge*, April 11, 2018.

[41] Reddit,"r/science rules," September 4, 2020.

[42] Reddit, "r/science will no longer be hosting AMAs," September 4, 2020.

[43] Hara, Noriko, Jessica Abbazio, and Kathryn Perkins, "An emerging form of public engagement with science:Ask Me Anything (AMA) sessions on Reddit r/science," *PloS One* 14, no. 5 (2019): e0216789, 14.

[44] McKnight, Jessica,"'The new Reddit journal of science': Public evaluation and understanding of scientific information based on source factors in social media," MA thesis, University of Delaware, 2015, 14.

[45] McKnight,"'The new Reddit journal,'" 14.

[46] Lovell, Jayde, "YouTube's rock stars of science make a splash a VidCon," *Scientific American*, July 30, 2015.

[47] DeSimone, "VidCon 2015 featured creators: Check out this year's VidCon Lineup," *New Media Rock Stars*, April 21, 2015.

[48] Lovell,"YouTube's rock stars."

[49] Spartz et al.,"YouTube, social norms, and perceived salience."

[50] Shapiro, Matthew A., and Han Woo Park,"More than entertainment:YouTube and public responses to the science of global warming and climate change," *Social Science Information* 54, no. 1 (2015): 115–145.

[51] Shapiro and Park,"More than entertainment," 13.

[52] Shapiro, Matthew A., and Han Woo Park, "Climate change and YouTube: Deliberation potential in post-video discussions," *Environmental Communication* 12, no. 1 (2018): 115–131.

[53] You,"Who are the science stars."

[54] Ke et al.,"A systematic identification."

[55] Welbourne, Dustin J., and Will J. Grant,"Science communication on YouTube: Factors that affect channel and video popularity," *Public Understanding of Science* 25, no. 6 (2016): 706–718.

[56] 油管上的科学在种族方面也不是特别多样化。顶流频道的科普博主几乎都是白人，而

"科学+"（Science Plus）是样本中唯一一个以有色人种女性为主持人的频道。

[57] DiChristina, Marietta, "What a scientist looks like," *Scientific American*, February 16, 2012.

[58] Wilcox, Christie, "This is what a scientist looks like," *Discover*, February 16, 2012.

[59] Wilkinson, Allie, "This is what a scientist looks like," September 4, 2020.

[60] Bilefsky, Dan, "Women respond to Nobel laureate's 'trouble with girls,'", June 11, 2015.

[61] Chappell, Bill, "#Distractinglysexy tweets are female scientists' retort to 'disappointing' comments," National Public Radio, June 12, 2015.

[62] Graslie, Emily. "Where my ladies at?" *The Brain Scoop with Emily Graslie*, November 27, 2013.

[63] For more details about this study, see Brewer, Paul R., and Barbara L. Ley, "'Where my ladies at?': Online videos, gender, and science attitudes among university students," *International Journal of Gender, Science and Technology* 9, no. 3 (2018): 278–297.

[64] Hall, Harriet A., "The incorrigible Dr. Oz," SkepDoc, August 29, 2017.

[65] Godoy, Maria, "Is the Food Babe a fearmonger? Scientists are speaking out," National Public Radio, December 4, 2014.

[66] Yurieff, Kaya, "Instagram still doesn't have vaccine misinformation under control," CNN Business, May 8, 2019.

[67] Avaaz, "Why is YouTube broadcasting climate misinformation to millions?" Aavaz, January 16, 2020.

[68] Bode, Leticia, and Emily K. Vraga, "In related news, that was wrong: The correction of misinformation through related stories functionality in social media," *Journal of Communication* 65, no. 4 (2015): 619–638.

[69] Vraga, Emily K., and Leticia Bode, "Using expert sources to correct health misinformation in social media," *Science Communication* 39, no. 5 (2017): 621–645.

[70] Bode, Leticia, and Emily K. Vraga, "See something, say something: Correction of global health misinformation on social media," *Health Communication* 33, no. 9 (2018): 1131–1140.

[71] Bode, Leticia, and Emily Vraga, "Americans are fighting coronavirus misinformation on social media," *Washington Post*, May 7, 2020.

[72] Huber, Brigitte, Matthew Barnidge, Homero Gil de Zuniga, and James Liu, "Fostering public trust in science: The role of social media," *Public Understanding of Science* 28, no. 7 (2019): 759–777.

[73] Howell, Emily, and Dominique Brossard, "Science engagement and social media: Communicating across interests, goals, and platforms," in *Theory and Best Practices in Science Communication Training*, ed. Todd P. Newman, Routledge, 2019, 57–70.

第8章
法医学

  吉尔·葛瑞森：我倾向于不相信人。人会撒谎。证据不会。
    ——《CSI：犯罪现场调查》（2000年，第1季第3集：纸板箱与葬礼）

  约翰·奥利弗：无论电视里还是现实生活中，法医学都在刑事定罪中发挥着重要作用。检察官经常抱怨所谓的"CSI效应"（CSI effect）❶，陪审员希望在每个案件中都能看到法医证据。问题是，并非所有的法医学都像我们习惯于相信的那样可靠。美国国家科学院2009年的一份报告发现，许多法医学不符合科学的基本要求。
    ——约翰·奥利弗的《上周今夜秀》（2017年10月1日）

  2005年夏天，我们两人第一次去拉斯维加斯。我们没有在拉斯维加斯举行婚礼（因为我们两年前就已经结婚了），也没有经常赌博（虽然我们中有一个人有些运气），或者看任何节目（大卫·科波菲尔、蓝人乐团或太阳马戏团）。相反，我们白天仅仅只是经过赌场：黑色玻璃的金字塔、巨大的费雪城堡、带喷泉的假意大利别墅等。一天晚上，我们太累了，就待在特罗皮卡那（Tropicana）酒店的房间里，看了美国哥伦比亚广播公司热播电视剧《犯罪现场调查》的前几集。

  那时，该节目已经播放了第4季，而且是美国黄金时段收视率最高的电视节目之一。[1] 在我们观看的剧集中，犯罪实验室主管吉尔·葛瑞森（一位受过培训的昆虫学家）和他的调查团队凯瑟琳·韦罗斯（Catherine Willows）、华瑞克·布朗（Warrick Brown）、尼克·斯托克斯（Nick Stokes）、莎拉·赛德尔（Sara Sidle）使用DNA、指纹、头发或纤维痕迹以及其他形式的法医证据来寻找在拉斯维加斯犯下各种不寻常犯罪（通常是令人毛骨悚然的谋杀案）的罪犯。

  因为我们在某些方面是刻板的科学讷客（社会科学讷客），我们立即开始讨论观看《犯罪现场调查》可能对观众有哪些影响。起初，我们开玩笑说，节目中惊人的高谋杀率可能会让观众将拉斯维加斯视为美国最危险的地方。毕竟，乔治·格布纳（George Gerbner）和其他培养论学家认为，电视暴力犯罪会助长一种"险恶世界综合症"（"mean world

---

❶ CSI效应是指因《犯罪现场调查》之类的犯罪题材电视节目中有关司法科学的多种过分夸大描绘而对公众认知产生影响。——译者注

syndrome") ❶，其表现为观众会认为现实世界与黄金时段的电视节目所呈现的恐怖世界相似。[2]然而，我们将转而谈论另一种可能性：《犯罪现场调查》和类似的节目可能会影响观众对法医学和法医学家的看法。例如，看着葛瑞森和他的团队使用DNA证据侦破案件会增加观众对DNA检测可靠性的信心吗？对《犯罪现场调查》里的取证技术的描述是否会影响（并可能扭曲）观众对此类方法在真实的刑事调查中的使用范围和普及速度的看法？该节目对犯罪现场英勇的调查员的描绘是否会培养法医科学作为一种职业的积极形象？

旅行结束后，我们发现其他人已经在问同样的问题。早在2002年，《时代》杂志作家杰弗里·克鲁格（Jeffrey Kluger）就提出了"CSI效应"的前景，即接触该节目对法医学的描述可能会"毒害"陪审员对法医学证据的反应。[3]在接下来的几年里，从《科学美国人》和《国家地理》到《今日美国》等各种媒体都推测了该剧的影响，不仅包括在法庭上的潜在影响，还包括在求职的学生中，甚至包括在试图通过"清理"犯罪现场来避免被发现的罪犯中的潜在影响。[4]

在这种背景下，我们开始调查《犯罪现场调查》如何描绘法医科学，以及媒体信息是否（如果是，将如何）影响公众对法医证据的看法。仿佛命中注定，在我们进行研究的过程中，我们的一位成员被要求担任陪审员。在挑选陪审团的过程中，检察官警告潜在的陪审员，手头的审判不同于《犯罪现场调查》的许多案件，不会围绕DNA证据进行。我们怀疑他这样说是为了防止观看该剧的陪审员对检方出示此类证据抱有无谓的期待。

考虑到这些担忧以及辩护律师之间同样的担忧，我们这部分研究集中在关于刑事调查的电视节目如何具有影响观众在法庭环境中权衡DNA证据和其他的法医学形式的潜力。然而，我们不仅研究了CSI效应（或CSI多种效应），还调查了其他形式的媒体使用——包括收看电视的整体情况和新闻媒体的传播情况——是否有助于解释人们对法医学的看法。除了影响对法医技术科学可信度的看法外，媒体信息还可能影响对与刑事调查相关的公共政策的看法。例如，这些信息可能会影响大众对犯罪实验室和DNA数据库等资源的支持。同样，娱乐媒体和新闻媒体中的信息可能会影响观众对DNA的更广泛理解——反过来，这可能会波及对医学基因检测、血统检测和DNA分析的其他用途的看法。

鉴于刑事司法系统和法医手段在社会中的日益普及，了解媒体信息在塑造对这些话题的认知方面起到的作用，本身就很重要。同时，调查CSI效应的案例也让我们有机会探索更大的话题，即媒体信息如何影响公众对科学权威的信念——也就是，关于谁可以为科学发声以及什么是科学的信念。娱乐和新闻媒体对从生物技术和气候学到超心理学等"边缘"学科等许多不同领域的描绘使用了图像、语言和故事情节，可能会增强或削弱观众对这些领域可信度的看法。媒体描述甚至可以影响对特定领域的特定技术的可靠性的看法。例如，在法医学中，科学和法律专家对某些形式的证据（如DNA检测）的重视程度高于其他形式

---

❶ Mean world syndrome 是一个传播学概念，指因为恶性的事件（如暴力和犯罪等负面内容）更容易传播，从而使得人群认为世界极其险恶而产生恐惧。——译者注

的证据（如微量物证分析）。那么，观众是否会同样的区别对待呢？

我们探索这些话题的第一步是跟踪调查有关法医科学的娱乐媒体信息的兴起，从19世纪侦探类的创作到千禧年后法医主题电视节目的激增，包括《犯罪现场调查》本身，其衍生剧［《犯罪现场调查：迈阿密》(CSI：Miami)、《犯罪现场调查：纽约》(CSI：New York)、短期的《网络犯罪调查》(CSI：Cyber)］，以及它的"克隆"剧，如《寻人密探组》(Without a Trace)、《铁证悬案》(Cold Case)、《海军犯罪调查处》(NCIS)和《识骨寻踪》(Bones)，以及同类纪实刑侦剧，如《美国法医档案》(Forensic Files)。

黄金时段电视中的法医学

制片人杰里·布鲁克海默（Jerry Bruckheimer）在开发《犯罪现场调查》剧集时可能改变了黄金时段电视节目的格局，但关于使用法医证据破案的调查人员的故事类型却不是他发明的。早在1841年，埃德加·爱伦·坡（Edgar Allan Poe）就撰写了"推理故事"，例如，《莫格街凶杀案》(The Murders in the Rue Morgue)，其中侦探C.奥古斯特·杜宾（C. Auguste Dupin）从一簇猩猩毛发寻找蛛丝马迹，将这起惨案查得水落石出。半个世纪后，阿瑟·柯南·道尔（Arthur Conan Doyle）创造了最著名的虚构侦探：夏洛克·福尔摩斯（Sherlock Holmes），他擅长从土壤样本、烟草灰、枪击残留物和指纹（手指、脚趾甚至巨型猎犬的爪子）等证据中推断犯罪细节。随着1935年的《39级台阶》(The 39 Steps)等经典电影的出现，这一类型的故事继续流行，后来以剧集的形式出现在荧幕上。例如，于1976~1983年播出的《法医昆西》(Quincy, M.E.)，就是一部关于洛杉矶法医的戏剧。[5]

《犯罪现场调查》于2000年首播，它将这些类型元素与电脑特效和逼真的尸体图像融合在一起。该剧还效仿了热门医疗剧《急诊室》(E.R.)，就如何将高科技设备、专业术语和真实的程序融入其情节这一问题，听取了专家顾问（本剧顾问是法医科学家）的建议。[6]这种组合对观众显然很有吸引力。到第二季时，《犯罪现场调查》已跻身美国收视率最高的十大剧集之一，并将在接下来的七季中保持这一地位。它也成为一种更广泛的文化现象，并衍生出配套书籍、电子游戏和一场名为"体验CSI"的巡回博物馆展览。

鉴于该剧的受欢迎程度以及对其潜在影响的日益激烈的争论，来自各个领域的研究人员开始分析其有关法医学的信息。金伯利安·波德拉斯（Kimberlianne Podlas）的一项研究表明，该剧前两季的绝大多数剧集都具有至少一种形式的法医证据。[7]史蒂文·史密斯（Steven Smith）和他的同事进行的另一项研究发现，《犯罪现场调查》的前两季及其衍生剧《犯罪现场调查：迈阿密》有超过75种法医证据，其中以DNA是最为常见的——并且剧中主角侦破了他们97%的案件。[8]

《犯罪现场调查》描绘法医证据时，使用了带有现实主义光环的视觉效果和对话。例如，莎拉·凯图拉·多伊奇（Sarah Keturah Deutsch）和格雷·卡文德（Gray Cavender）发现该剧第一季的剧集使用了布景（外观时尚的实验室）、道具（装满彩色液体的烧杯以及显微镜和光谱仪）和行话（指纹分析中的"正箕纹"、查找血迹时的"发光氨"）使剧中的科学看起来似乎合理可信。[9]尽管这些描述不一定与真实的法医学环境或语言相匹配，但它们符合观众的期望并营造出一种感知的实在论（perceptual realism），这更为重要。[10]《犯罪现场调查》通过这种方式帮助观众消除对剧中的法医学的怀疑——也许也消除了他们对真实法医学的怀疑。[11]

在这项研究的基础上，我们仔细研究了《犯罪现场调查》如何描述DNA测试，这是该剧中最常用的法医技术，也是真实的法医学中最值得信赖的技术。DNA证据因其可靠性被法医科学家和法律专家视为"黄金标准"。[12]更广泛地说，法医学对DNA的日益关注反映了20世纪后期遗传学作为理解人类健康、身份和行为的主导框架而崭露头角。[13]因此，在过去的几十年中，DNA在刑事调查中的使用急剧扩展。自1990年美国联邦调查局的联合DNA索引系统（Combined DNA Index System，CODIS）部门成立以来，已使用国家DNA索引协助超过50万次调查。[14]从1989年开始，"昭雪计划"（Innocence Project）等组织已经使用DNA检测为数百名被误定罪名的人平反，其中，包括一些在死囚牢房等待处决的人。[15]

为了获得关于《犯罪现场调查》的DNA信息，我们对涵盖了该剧的人气高峰期的前7季中随机选择的51集进行了内容分析。[16]这51集总共包括了82个不同的案例。对于每个案例，我们都对寻找和分析DNA过程中的每个步骤进行了编码，还检查了角色对DNA的评价以及该剧如何描绘其法医科学家主角。

DNA证据在我们研究的各集中都发挥着重要作用。该剧的角色在2/3（66%）的案件中寻找未知来源的DNA（通常是犯罪现场遗留的头发、皮肤或体液），而且他们几乎总能在搜证时找到它（93%的时间）。此外，在大约一半的案件（52%）中，他们从已知来源（通常是嫌疑人或其亲属）采集DNA样本。一旦研究人员收集了DNA样本，他们总是对其进行测序（84%的时间在测试来自未知来源的DNA，98%的时间在测试来自已知来源的DNA），在绝大多数情况下，他们找到了匹配的DNA（88%）。这样的结果被证明非常有用，超过一半的DNA匹配（57%）使案件得以侦破。

总而言之，《犯罪现场调查》侦破了88%的案件，而DNA匹配则帮助他们侦破了29%的案件。鉴于某些集数包括不止一个案件，DNA证据有助于侦破案件的集数百分比甚至更高，达到39%。有时DNA匹配只是帮助主角排除嫌疑人。然而，在其他情况下，DNA匹配有助于确定罪魁祸首："这是她的DNA，结案"，这是引用自某集中一位实验室技术员的话。[17]调查人员在解析DNA证据时，只有两起出错：一个涉及一名嫌疑人，他有一个同卵双胞胎兄弟——这是《犯罪现场调查》最终发现的事实；[18]另一个涉及主角使用更新颖、更复杂的技术根据DNA证据纠正过去误定的罪名。[19]

在我们分析的51集剧集中，DNA检测不仅被描述为一种常见、有用且高度可靠的破案工具，而且检测还十分迅速。在一集中，葛瑞森的团队在24小时内收集和分析了多个DNA样本，以赶上审判的最后期限。[20]在另外几集中，调查人员提供了DNA样本，然后在几场戏后就收到DNA检测结果，甚至他们连衣服都还没来得及换（所以，大概是同一天）。此外，该剧唯一的DNA实验室技术人员似乎可以轻松地在室内处理所有检测。即使剧中提及积压的DNA检测工作——这是现实中常见的问题——调查人员也只是命令技术人员"撑下去"或来一句"把这当作……你处理的唯一案件"，问题显然就这样解决了。[21]

从美学上讲，《犯罪现场调查》将DNA分析呈现得既可信又很酷。可信度的光环来自该剧为创造感知的实在论使用的对白（"上皮""上皮组织""标记"）和视觉效果（实验室及其移液管、试管和医用离心机）。而至于酷，这种酷来自实验室场景中通常带有的蓝色灯光和节奏感强的音乐，以及调查员之间俏皮的甚至是性感的玩笑。例如，当一名实验室技术人员问凯瑟琳·威洛斯当脱衣舞女期间是否戴过头饰，她告诉他，"我只穿了我的皮肤。"[22]

不仅在实验室中，《犯罪现场调查》还将法医学在司法过程中的作用以及DNA在社会中的作用夸大了。公职人员、检察官和陪审员对法医证据的期待是节目中反复出现的主题。在一集中，一名调查员评论说："拥有一份法医证据比拥有十个证人更好"；在另一集中，一个角色说："为了定罪，我们需要一个DNA样本。"[23]这些角色还讨论了涉及DNA的更广泛的话题，包括剧中詹姆斯·沃森（James Watson）和弗朗西斯·克里克（Francis Crick）发现可以使用DNA检测来确定生物血统，以及基因在多大程度上决定了一个人的身份。

除了描绘法医学本身之外，《犯罪现场调查》还进行了人物刻画，这可能会左右观众对科学家是什么样子以及谁是潜在的科学家的看法。在大多数情况下，该剧的科学家都体现出智慧、勇气、讨人喜欢和对正义的奉献精神（以及他们好莱坞式的靓丽外表）等人物特征。他们不是古怪的孤独者，而是作为一个团队的一员一起工作，相互支持（有时是彼此拯救）。与大多数当代黄金时段影视作品的主角一样，他们也确实存在个人和职业缺陷。例如，试播集突出了华瑞克·布朗的赌博成瘾，而另一集则展示了一名技术人员使用犯罪实验室分析他约会对象的DNA（"我需要知道的是内部情况，让我告诉你——这个女孩有一些很棒的上皮细胞"）。[24]就犯罪现场调查员是怎样的一群人而言，团队负责人吉尔·葛瑞森在电脑上输入了许多关于科学家标准刻板印象的字段：白人、男性、中年、古怪，特别喜欢虫子（更不用说喜欢引人呻吟的俏皮话了）。然而，他的同事在性别和种族方面各不相同：该剧有两位原创主角是女性，还有一位是黑人男性。他们在其他方面也与科学家的刻板印象不同，一个恰当的例子就是凯瑟琳·威洛斯是位单亲妈妈。

从《犯罪现场调查》的描绘来看，似乎有理由怀疑观看该剧可能会以几种不同的方式影响观众。例如，剧中频繁讨论DNA可能会让观众相信他们了解了DNA检测的科学。此外，该剧将DNA检测描述为几乎无懈可击的技术，这可能使观众相信其可靠性并支持DNA数据库的使用。与此同时，《犯罪现场调查》将DNA分析描述为常规且快速的检测方法可能会助长观众对其在真实刑事调查中应用的不切实际的期望——这正是检察官担心的那种效应。更广泛地说，该剧关于DNA的信息可以通过加强基因组学（genomic science）在当代文化中的重要性和"神秘性"来影响观众对遗传学及其社会影响的理解。[25]社会认知理论表明媒体模型可以影响观众自己的抱负和行为，建立在此基础上，《犯罪现场调查》对一个有吸引力且多样化的科学团队的描绘似乎也有可能帮助培养观众对法医学节目的兴趣。[26]

至少，吉尔·葛瑞森和他团队的人气产生了一个明显的影响：促使了更多关于法医学的电视节目的兴起。

《犯罪现场调查》的衍生剧和克隆剧

一旦《犯罪现场调查》登上尼尔森收视率（Nielsen ratings）❶榜首，美国哥伦比亚广播公司就为两部衍生剧开了绿灯：2002年首播的《犯罪现场调查：迈阿密》和2004年首播的《犯罪现场调查：纽约》。前者播出了10季，其中3季都闯入尼尔森收视率前10的排名，而后者播出了9季。两部剧集都再现了原剧对使用法医学解决刑事案件的关注。原版《犯罪现场调查》在2015年结束时，美国哥伦比亚广播公司就试图通过《网络犯罪调查》来继承并发展该剧集，但新节目（强调互联网相关调查而不是法医学）只播出了两季。

除了这些衍生剧，该电视网络还开发了其他以法医学为特色的剧目。2002年，它推出了关于FBI调查失踪人员案件的节目《寻人密探组》。2003年，美国哥伦比亚广播公司又新推出两部法医犯罪剧：《铁证悬案》，该系列讲述了一个刑事调查小组使用新技术解决旧案件的故事；以及《海军罪案调查处》，一个关于为海军刑事调查局工作的机构的系列故事。《寻人密探组》和《铁证悬案》各播出了7季。至于《海军罪案调查处》，甚至超过了《犯罪现场调查》的播出长度，在2018年秋季进入第16季（截至2021年仍在制作）。它也超过了《犯罪现场调查》的收视率，整整10年都排名尼尔森收视率前十，其中一季甚至成为黄金时段收视率最高的节目。尽管《海军罪案调查处》中的大多数主角都是特工，但该节目的主角是电视上最著名的虚构科学家之一：艾比·舒托（Abby Sciuto），一个开朗的哥特人，从化学到计算机科学的各个领域都能施展法医技能。

与此同时，其他电视网络也纷纷效仿，推出了自己的法医主题剧，其中，最引人注目的是《识骨寻踪》。这是一部福克斯电视台推出的法医系列，讲述了一位名叫唐普兰斯·贝伦（Temperance Brennan）的法医人类学家［以真实的科学家和作家凯西·赖克斯（Kathy Reichs）为原型］和她位于华盛顿特区的虚构的杰斐逊研究所的团队的故事。该剧于2005年首播，共播出12季。由艾米莉·丹斯切尔（Emily Deschanel）扮演的贝伦是黄金时段电视节目里的科学家中一位特别有趣的科学家代表，被她的FBI搭档昵称为"小骨"（Bones），也符合娱乐媒体历来用以描绘科学界男性的一些刻板印象：她在社交方面一无所知（她的口头禅之一是"我不知道那是什么意思"），直截了当，言语乏味，她待在实验室

---

❶ 尼尔森收视率（Nielsen ratings）是一种收视率测量系统。——译者注

里比在其他地方更舒服（尽管该剧从未明确她患有自闭症谱系障碍，但丹斯切尔和节目创作者哈特·汉森（Hart Hansen）都提出了这种可能性）。[27]她也很聪明，令人钦佩——她实验室的同事也是如此，包括安吉拉·蒙特内格罗（Angela Montenegro）和卡米尔·萨罗扬（Camille Saroyan）。

在有线电视上，多个纪录片式的剧集都集中在刑事调查中的法医学上。其中，最重要的是《美国法医档案》，它于1996年在旅游生活频道（TLC）上以医疗侦探的形象首次出现在观众眼前［在备受瞩目的美式橄榄球运动员辛普森（O. J. Simpson）审判案之后不久，审判中突出了DNA证据的使用］，但在2000年移至美国法庭电视台（Court TV）播出时更改了剧名。该剧连续播放了14季。其他长期播放的关于法医学的真人秀节目还包括探索频道播出的由《犯罪现场调查》的创作者开发的《新推理探案》（*The New Detectives*，1996~2004），以及艺术&娱乐电台（A&E）的《悬案档案》（*Cold Case Files*，1999~2017）和《犯罪现场之48小时》（*The First 48*，2004年至今）。

《犯罪现场调查》的衍生剧、克隆剧和真人秀可能强化了它关于法医学的一些关键信息：即它们所描绘的证据形式高度可靠；DNA检测、微量证据分析以及骨头或骨骼分析等法医方法通常用于刑事调查；并且法医科学家是有吸引力的主角，他们通过破案来帮助社会，因此过着惊险刺激的生活。[28]流行媒体账户甚至提出了与这些节目相关的CSI效应的新变化。例如，美国有线电视新闻网2017年的一篇报道推测《识骨寻踪》可能在人们，尤其是在年轻女性对法医人类学的兴趣上产生了"杰斐逊效应"（Jeffersonian effect）。[29]

研究CSI效应

那么，法医犯罪电视节目能否影响观众？答案可能部分取决于所讨论的效应类型。为了帮助厘清这些可能性，西蒙·科尔（Simon Cole）和雷切尔·迪奥索-维拉（Rachel Dioso-Villa）进行了疑似具有潜在的CSI效应的效应汇总，包括"控方律师效应""被告效应""警察局长效应""教育者效应"和"制作人效应"。[30]关于《犯罪现场调查》效应的大部分研究都集中在前两个可疑效应上。"控方律师效应"主要是观看犯罪电视节目会导致陪审员期待原告提供法医证据——因此，无论证据多么有力，陪审员都将拒绝缺乏此类证据的案件。反过来，"被告效应"则主要是收看犯罪电视将导致陪审员接受控方律师提供的任何法医证据，无论其缺陷有多大。任何一种效应都意味着刑事司法程序受到潜在的扭曲，并产生令人担忧的影响。

然而，就观看犯罪电视节目是否会影响潜在陪审员在审判环境中对法医学的看法这一问题，研究得出了喜忧参半的结果。[31]N.J.施韦策（N. J. Schweitzer）和迈克尔·萨克斯（Michael Saks）发现，在"会影响"（或至少"可能影响"）一栏中，《犯罪现场调查》观众比非观众更不可能在模拟审判中支持定罪。[32]同样，黛博拉·巴斯金斯（Deborah Baskins）

和艾拉·萨默斯（Ira Sommers）得出结论认为，观看高水平犯罪电视节目的潜在陪审员更有可能在没有科学证据的情况下宣布无罪。[33]唐纳德·谢尔顿（Donald Shelton）和他的同事发现，在"不会影响"一栏中，被要求承担陪审团义务的《犯罪现场调查》观众与非观众在认为法医证据是否是有罪判决所必需的条件上没有不同。[34]同样，接受问卷调查的《犯罪现场调查》观众金伯利安·波德拉斯并没有因《犯罪现场调查》的影响而认为疑犯无罪。[35]正如幽默风趣的吉尔·葛瑞森说的那样，当涉及到这些CSI效应时，存在怀疑是合理的。

当谈到"警察局长效应"时——即观看犯罪电视可能影响犯罪分子的行为，证据也很模糊。例如，观看《犯罪现场调查》是否会导致犯罪者戴上手套并漂白犯罪现场，以免留下法医证据？为了检验这种可能性，安德烈亚斯·巴拉诺夫斯基（Andreas Baranowski）和他的同事进行了一项创造性实验。他们要求两组参与者（一组犯罪电视迷和一组非观众）进行模拟犯罪和清理模拟犯罪现场。[36]犯罪剧迷留下的法医证据与非观众一样多，这表明他们的媒体习惯没有带给他们任何关于避免被刑侦人员发现的实际经验。

相比之下，法医学在电视上的流行似乎确实对人们学习如何成为法医科学家的兴趣产生了引导作用，即产生"教育者效应"。《犯罪现场调查》首次亮相后，提供法医学学位的大学教育项目数量激增，攻读此类学位的学生人数也激增。[37]此外，萨拉·麦克马纳斯（Sara McManus）发现学生的媒体习惯（包括他们对观看法医犯罪电视节目和阅读法医犯罪小说的喜爱程度）与他们对法医学的职业兴趣相关联。[38]然而，媒体信息可能歪曲了一些学生对真实的法医学的认识，使他们在对这一领域了解加深后产生了幻灭。

最后同样重要的一点是，《犯罪现场调查》和类似节目可能会对观众成员对法医证据的理解程度（或者至少他们认为自己理解它的程度）以及他们对它的信任程度产生"制作人效应"。例如，接受问卷调查的《犯罪现场调查》观众史怀哲和萨克斯比非观众更有可能说他们了解法医学。同样，巴斯金斯和萨默斯发现受访者观看了多少犯罪电视节目与他们认为法医证据的可靠性之间存在关联。

超越CSI效应

在我们去拉斯维加斯旅行两年后，我们对3个潜在的《犯罪现场调查》效应进行了自己的测试："控方律师效应"（在没有法医证据的情况下无罪开释的意愿）、"被告效应"（在出示法医证据的情况下定罪的意愿）和"制作人效应"（对法医证据的基于自我感知的理解和信任）。我们基于内容分析的结果专注于法医电视节目如何塑造观众对一种特别突出的法医证据类型的认知：DNA证据。

但我们并没有就此止步，因为法医犯罪电视类型并不是有关法医科学的唯一媒体信息来源。相反，我们调查了对DNA的认知是否也可以反映媒体使用的其他两种形式：整体收看综合类电视节目和浏览新闻媒体。对于前者，我们怀疑有两种可能。我们利用看电视会减少人们了解科学的机会这一证据，测试了花更多时间看电视的人是否对DNA的了解更少。[39]鉴于电视节目中对科学和科学家的描绘可以培养对科学和科学家的积极认知的研究结果，我们还测试了更高频率地收看综合类电视是否与更为信任DNA证据密切相关。[40]

至于新闻媒体的使用，我们推测阅读报纸和观看当地电视新闻与理解和信任DNA证据有关。许多新闻媒体对刑事调查和审判进行了广泛报道。[41]因此，关注这些媒体的人可能会定期收到有关法医学的新闻信息。此外，大多数新闻媒体对科学和技术的报道往往是正面的——这种模式可能会延伸到法医学，并有助于加强人们对DNA证据可靠性的信念。[42]

为了测试这些可能性，我们在2007年进行了一次电话调查，当时《犯罪现场调查》《犯罪现场调查：迈阿密》《犯罪现场调查：纽约》《铁证悬案》《海军罪案调查处》《识骨寻踪》和《美国法医档案》都在播出。[43]我们询问了我们的受访者（密尔沃基地区的908名居民）一组关于他们的媒体使用习惯的问题和另一组关于他们对DNA的认知的问题，包括他们自述的对DNA的理解、对DNA证据可靠性的看法、对建立国家DNA数据库的支持，以及对以下假设情景的回应：

- 假设您是一起谋杀案的陪审团成员，而检方出示了将被告与犯罪联系起来的DNA证据。这会让您很可能投票定罪吗？还是比较可能、较小可能，或不太可能投票定罪？
- 假设您是一起谋杀案的陪审团成员，而检方没有出示将被告与犯罪联系起来的DNA证据。这会让您很可能投票无罪开释吗？还是比较可能、较小可能，或不太可能投票无罪开释？

与CSI效应的一些流行说法相反，我们在对收看犯罪类电视节目的习惯和相信在审判环境中应该赋予DNA证据多少权重二者进行匹配时，其分析结果没有产生任何"命中"。与很少或从未看过《犯罪现场调查》和其他法医主题电视节目的受访者相比，经常观看此类节目的受访者说他们并不会更有可能在有DNA证据的情况下定罪和在没有此类证据的情况下选择无罪开释。简言之，我们既没有发现"检察官效应"，也没有发现"被告效应"。

另外，我们确实发现了在理解和信任DNA证据方面有"制作人效应"的迹象（图8-1）。在很少或从未看过法医电视节目的受访者中，49%的人表示他们能"清晰地理解"DNA的含义，21%的人表示DNA证据"完全"可靠（其余大多数人表示"非常"可靠），54%的人支持建立国家犯罪分子DNA数据库。在经常观看法医电视节目的受访者中，这三个百分比都较高：62%表示理解DNA的含义，34%表示相信DNA证据是完全可靠的，63%表示支持DNA数据库。此外，即使我们对受访者的背景特征进行了统计控制，所得出的结果也依然如此。

收看综合类电视节目也与对DNA证据的认知有关——尽管并不总是与收看法医犯罪电视的方式相同（图8-2）。收看电视花费的时间越多，了解科学的机会就越少，这一逻辑也在每天看电视超过3小时的受访者的自述中体现出来,他们对DNA的了解比很少看电视或不看电视的人少(51% :58%)。同时,收看综合类电视节目可能会培养人们对DNA证据

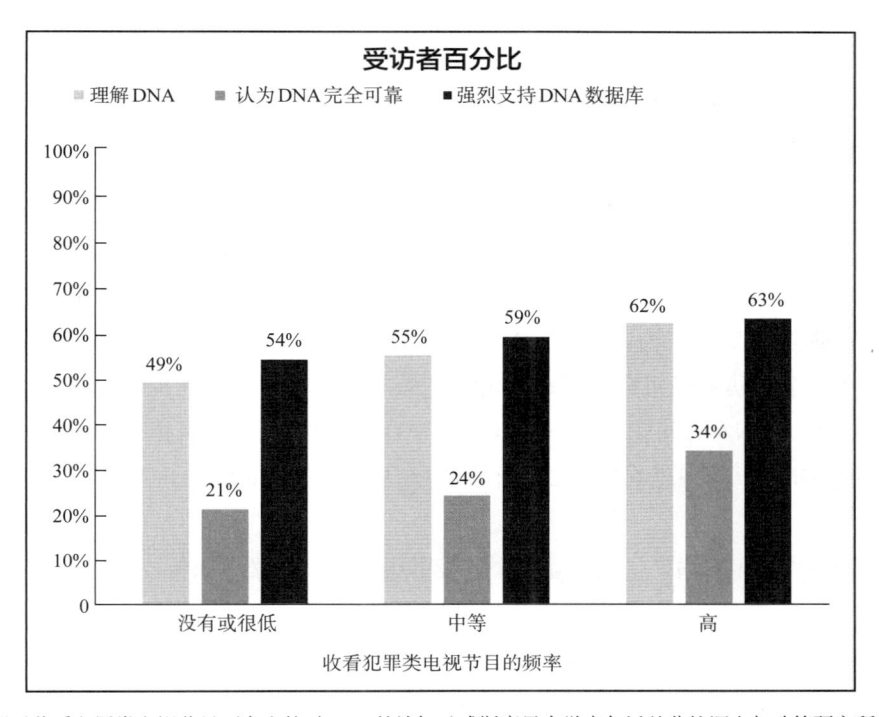

图 8-1 通过收看犯罪类电视节目而产生的对 DNA 的认知(威斯康星大学密尔沃基分校调查与政策研究所,2007年)

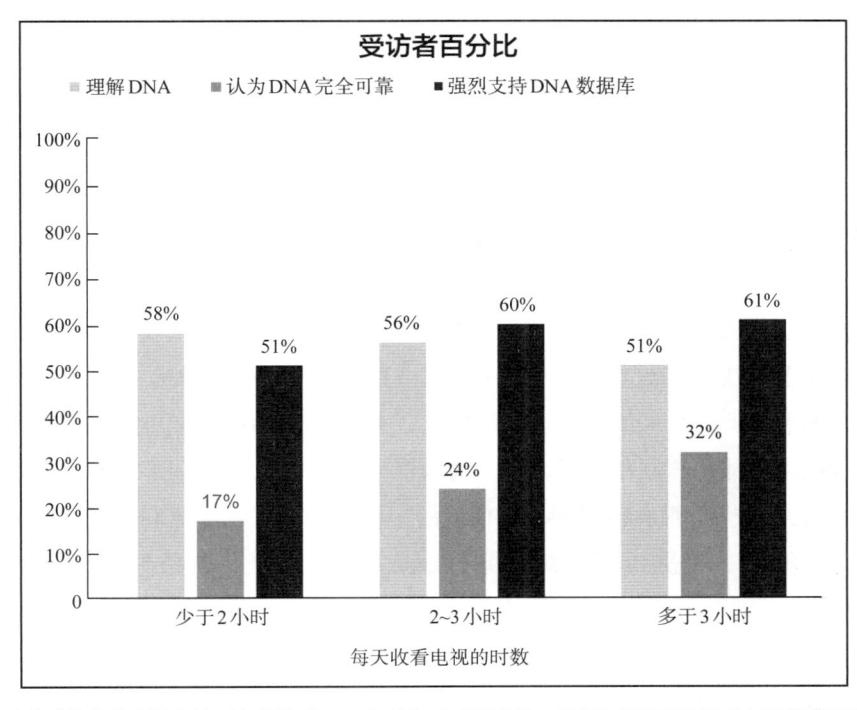

图 8-2 通过收看综合类电视节目而产生的对 DNA 的认知(威斯康星大学密尔沃基分校调查与政策研究所,2007年)

的信心。与很少或不看电视的受访者相比，那些看电视最多的人认为DNA证据完全可靠的可能性高15%，支持建立DNA数据库的可能性高10%。

我们在研究对DNA的认知是否与阅读报纸和收看当地电视新闻相关时，发现了几个明显的趋势。与不读报的人相比，一般的读报人自述理解DNA的含义的可能性高出16%，并且支持建立DNA数据库的可能性高出12%。此外，他们对威斯康星州犯罪实验室增加的DNA检测支出的支持的可能性高出18%——这一提议在围绕DNA样本处理积压的负面宣传后曾成为政治竞选话题。至于收看当地电视新闻，则与对DNA数据库的支持有关（普通观众为62%，非观众为48%），但与任何其他关于DNA的观点无关。

我们的调查还包括一项实验测试，让受访者思考媒体描绘是否会影响他们对法医证据的看法。启动理论表明，突出特定信息可以改变人们做出决定的方式。[44]为了捕捉这种现象，我们将每个受访者随机分配到调查的两个版本中：一个版本先提出关于媒体的问题，然后再提出关于DNA的问题；另一个则在关于DNA的问题之后再提出关于媒体的问题。我们这里的逻辑是，第一组在回答DNA问题时会从思考媒体描绘的角度出发，而第二组则不会。

提出问题的顺序影响了受访者在每个假设的谋杀审判场景中如何权衡DNA证据。在回答DNA问题（"无启动"条件）之后再接受关于媒体的问题的受访者中，85%的人表示他们很有可能在DNA证据存在的情况下定罪，34%的人表示他们很有可能在没有此类证据的情况下判定无罪释放。在首先收到关于媒体的问题（"媒体启动"条件）的受访者中，这两个百分比都较高：91%的人很有可能用DNA证据定罪，42%的人很有可能在没有DNA证据的情况下判定无罪。换句话说，仅仅询问人们的媒体习惯就足以影响他们对DNA证据的重视程度——这个例子生动地说明激活人们头脑中的法医学的流行形象能在多大程度上影响公众对其含义的认知。

关于21世纪10年代法医学的媒体信息

在我们最初的研究之后的十年里，媒体世界在某些方面改变了。《犯罪现场调查》《识骨寻踪》和《美国法医档案》等许多法医犯罪节目都再没有新季推出，艾比·舒托也辞去了她在《海军罪案调查处》的职位。即便如此，有关法医学的信息仍然是媒体景观的保留节目。电视网络可能不再制作关于吉尔·葛瑞森用昆虫学或唐普兰斯·贝伦通过识别谋杀受害者的骨头来解决犯罪的新剧集，但他们的工作存在于联合媒体和流媒体视频服务中。与此同时，新角色——包括卡西·海因斯（Kasie Hines，艾比·舒托在《海军罪案调查处》中的替代角色）和塞巴斯蒂安·隆德（Sebastian Lund，《海军罪案调查处》衍生剧《海军罪案调查处：新奥尔良》）——已加入黄金时段的法医科学家行列。同样，新闻媒体继续在刑事案件的背景下报道法医学，从对凯西·安东尼（Casey Anthony）的审判（佛罗里达州检察官未能利用经由有争议的法医技术获得的证据来影响陪审员）到李海敏（音译Hae Min Lee）被谋杀（一个真实犯罪播客节目Serial的焦点，此后越来越多的播客致力于"真正的犯罪"以及更广泛的刑事司法问题）。[45]

2017年10月1日，家庭影院（HBO）的讽刺电视新闻节目约翰·奥利弗《上周今夜秀》对法医学进行了特别引人注目的讨论。"这个故事是关于我们如何越来越多地使用法医证据来解决犯罪问题，"该节目的主持人在该集的开头解释道，"法医证据就是电视犯罪节目的主要内容。"在播放了包括《犯罪现场调查》《犯罪现场调查：迈阿密》和《识骨寻踪》在内的多个节目的片段，并拿一个《法律与秩序》（Law & Order）片段中描绘的猴子咬痕分析开玩笑（"最后一个大概是由《法律与秩序》的制作团队与《猴子的法律与秩序》（Monkey Law & Monkey Order）的演员一起创作的一集，讲的是他们一起办理了一起案件"）后，他指出了检察官对"所谓的CSI效应"的担忧——特别是，电视节目将导致陪审员期待法庭上的法医证据。

然而，奥利弗接下来继续讨论美国国家科学院和一个总统委员会（presidential council）如何发现电视上描绘的法医技术的可靠性与其在现实世界中相去甚远。"并不是所有的法医学都不好，因为事实并非如此，"他说，"但通常是它的可靠性被夸大了。"作为例证，他描述了一个案例，其中对犯罪现场发现的毛发的错误分析导致了错误的谋杀定罪（随后的DNA分析显示，最初被确定为嫌疑人的一根毛发来自一条狗）。他还强调了用于分析血迹、鞋类、枪支和咬痕的法医学技术的弱点。

奥利弗认为指纹和DNA可靠，但表示它们"绝不是万无一失的"。然后，他描述了2004年马德里火车爆炸案，案中的指纹匹配导致一名"这辈子从未去过西班牙"的美国公民被捕。主持人将DNA检测描述为"有理由成为法医学中的黄金标准"，但他也指出其可靠性可能会有所不同，尤其是使用从混乱的犯罪现场抽取的样本来检测时。为了"教育潜在陪审员"，节目最后以一个特意设计的短剧来嘲笑《犯罪现场调查》等剧集中呈现的法医学：

法医1：头儿，头发与受害者妻子的相配。结案。

队长：悠着点。显微镜下的头发比对是扯淡的科学。

法医2：头儿，我对那些毛发进行了线粒体DNA分析……

法医1：是他妻子干的，对吧？结案。

法医2：实际上，有5根毛发。3根来自椰子……1根来自卷心菜娃娃❶（美国推出的一种玩具系列），剩下的1根来自……这只金毛猎犬。

简言之，奥利弗认为，观众应该以科学的怀疑态度看待媒体对法医学的描述，并根据现实生活中的可靠性对不同形式的法医学进行区分。

---

❶ 美国推出的一种玩具系列。——译者注

奥利弗的讨论提出了两个问题。首先，人们的媒体习惯和他们对法医学的看法之间的任何联系都延续到了21世纪10年代吗？其次，这些模式是否适用于不同形式的法医证据，包括那些在现实世界中可靠性较低的证据（如头发和其他微量物证）以及可靠性较高的证据（如DNA）？

媒体习惯和法医学认知的新视角

2016年，我们对公众进行了一项新的调查来重新审视了这个话题。[46]这一次，我们询问了855名美国居民，他们认为"用于刑事调查和审判"的4种形式的证据有多可靠：DNA证据、指纹证据、骨骼或牙齿的法医检查，以及微量物证，如纤维、头发、土壤、木材和枪击残留物。他们的回答表明，公众确实对不同形式的法医证据进行了区分。就像约翰·奥利弗引用的科学专家的意见一样，我们的受访者往往最信任DNA，最不信任微量物证。其中超过3/4（77%）的人给予DNA证据最高的评价（"非常可靠"）。略超半数的人对指纹（57%）和法医人类学即骨骼分析（56%）给予相同的评价，而只有不到一半（44%）的人将这一评价给予了微量物证。同时，认为其中任何一种形式的法医证据都可靠的受访者也倾向于认为其他形式的证据也可靠。

在娱乐电视节目方面，更频繁地收看节目与更相信法医证据可靠性二者相辅相成（图8-3）。那些收看娱乐电视最多的人（每天3小时以上）与很少看或不看（每天不到2小

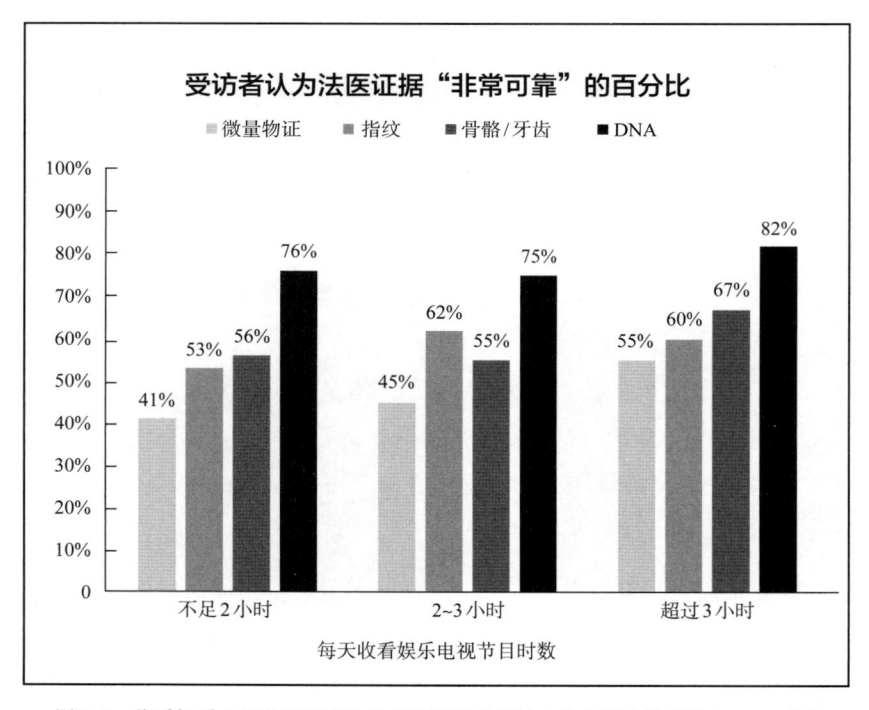

图8-3 收看娱乐电视节目而产生的对法医学的看法（合作国会选举调查，2016年）

时）的受访者相比，更有可能评价指纹证据（60%与53%）、骨骼分析（67%与56%）和微量证据（55%与41%）为非常可靠。有趣的是，一个例外是DNA证据：这里的6%的差异（82%与76%）没有统计学意义。

电视新闻报道也有助于解释谁认为法医证据是可靠的（图8-4）。在这里，较长的观看时间与更相信DNA证据有关：86%观看3小时以上电视新闻的受访者认为它非常可靠，而观看2小时或更短时间的受访者中有73%的人表示相同看法。以此类推，人们将法医人类学即骨骼分析（70%与55%）、微量物证（59%与41%）和指纹证据（69%与54%）视为非常可靠证据，背后也是同样的道理。

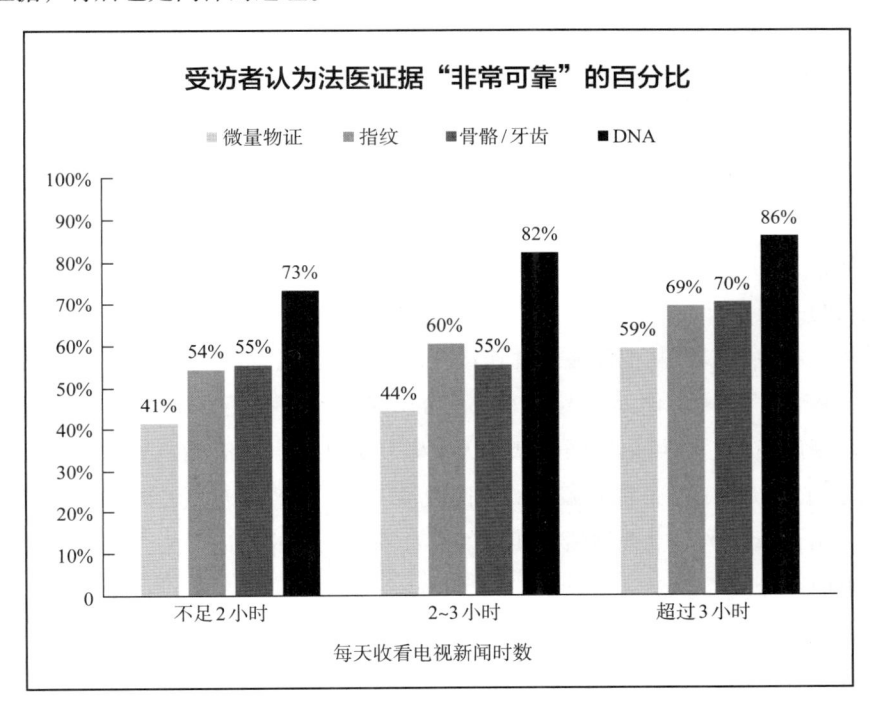

受访者认为法医证据"非常可靠"的百分比

每天收看电视新闻时数	微量物证	指纹	骨骼/牙齿	DNA
不足2小时	41%	54%	55%	73%
2~3小时	44%	60%	55%	82%
超过3小时	59%	69%	70%	86%

图8-4 通过收看电视新闻而产生的对法医学的认知（合作国会选举调查，2016年）

这里的结果是，对法医证据可靠性的认知反映了娱乐电视和电视新闻的收看情况。事实上，当我们查看所有4种形式的证据的综合评分时，这些特征尤其明显——即使我们考虑了其他因素，包括受访者的人口统计数据。《犯罪现场调查》第一集播出16年后，媒体习惯和公众对法医学的信仰仍然交织在一起。

媒体信息和科学可信度

尽管人们都在谈论《犯罪现场调查》等剧可能影响法庭上发生的事情，但我们在这里收集的线索却讲述了一个不同的故事。事实证明，娱乐犯罪电视中关于法医学的信息似乎对于陪审员如何对审判（或犯罪分子的行为方式）做出判断并不重要，反而对观众成员如何形成他们对法医学的理解更为重要。尽管在陪审员的脑海中启动或激活有关法医学的媒体信息可能会影响他们的判决，但当我们审视该领域更广泛的公众形象时，《犯罪现场调查》效应就是最明显的证据。观看法医犯罪电视节目的人对法医证据的可靠性有更高的信心，一般观看大量娱乐电视的人也是如此。此外，黄金时段的电视节目对法医学的描绘似乎提高了该专业对学生的吸引力。

然而，娱乐犯罪电视节目的描述并不是唯一可以塑造公众对法医学认知的媒体信息。例如，总体来看，看电视最多的人特别不可能认为他们了解DNA，但特别可能相信DNA证据。同时，新闻媒体习惯有助于解释观众对从DNA检测到微量物证分析等特定法医方法的可信度的看法以及公众对维护DNA数据库和资助犯罪实验室的支持。过于狭隘地关注《犯罪现场调查》和类似的节目，意味着错过了对媒体信息如何有助于建立法医学可信度的全面了解。

总而言之，这些影响可以帮助观众形成自己对职业的选择，以及形成社会对刑事司法系统及其他领域中资助和使用法医技术的选择。我们的研究结果还说明了看似真实的法医学描述增强了人们对其可信度的信心，即使这些描述夸大了该领域的工作速度、权威性或看起来迷人的一面。

同样的模式也可以在其他领域发挥作用。娱乐媒体和新闻媒体中的信息可以突出或挑战广泛学科的科学权威。例如，看到2015年的电影《火星救援》中美国宇航局科学家营救一名受困宇航员的一幕可以增强公众对天文学和天文学家的信心，与此效果相同的还有2019年关于有史以来第一张黑洞照片的新闻报道。同样，对真实的CRISPR应用和以克隆为主题的《黑色孤儿》等电视剧的新闻报道中对基因工程的描述可能会使人们对该技术更加信任或更加怀疑。

媒体信息促进或削弱科学权威的力量甚至可能超越传统科学的界限，将超感官知觉（ESP）、不明飞行物（UFO）、鬼魂或大脚怪和尼斯湖水怪等"神秘生物"的研究"边缘化"。长期以来，好莱坞一直对这些主题着迷，并在层出不穷的虚构电影和电视节目中展示了它们——其中不乏描绘受过科学训练的超自然现象调查员的作品。同样，许多真人秀电视节目和新闻报道都以真实的超自然现象调查员为主角，他们声称要使用科学的语言和方法来营造一种可信的光环。那么，媒体信息是否会影响人们对这些调查人员是否科学以及他们研究的现象是否真实的认知呢？

注释

[1] Pallotta, Frank, and Brian Stelter, "CSI to end after 15 seasons with a two-hour series sendoff," CNN Money, May 13, 2015.

[2] Gerbner, George, Larry Gross, Michael Morgan, and Nancy Signorielli, "Living with

television: The dynamics of the cultivation process," in *Perspectives on media effects*, eds. Jennings Bryant and Dolf Zillmann, Lawrence Erlbaum Associates, 1986: 17–40.

[3] Kluger, Jeffrey,"How science solves crime," *TIME*, October 21, 2002: 36.

[4] Cole, Simon A., and Rachel Dioso-Villa,"Investigating the 'CSI effect' effect: Media and litigation crisis in criminal law," *Stanford Law Review* 61, no. 6 (2009): 1335–1374.

[5] Hill, Michael A., "Long before there was CSI, there was Quincy," *Chicago Tribune*, December 4, 2003.

[6] Mann, Michael, "The CSI effect: Better jurors through television and science," *Buffalo Public Interest Law Journal* 24 (2005): 211–237; Turow, Joseph, Playing doctor: Television, storytelling, and medical power, University of Michigan Press, 2010.

[7] Podlas, Kimberlianne,"'The CSI effect': Exposing the media myth," *Fordham Intellectual Property, Media and Entertainment Law Journal* 16, no. 2 (2005): 429–461.

[8] Smith, Steven M.,Veronica Stinson, and Marc W. Patry, "Fact of fiction: The myth and reality of the CSI effect," *Court Review: The Journal of the American Judges Association* 47 (2011): 4–7.

[9] Cavender, Gray, and Sarah K. Deutsch, "CSI and moral authority: The police and science," Crime, Media, Culture 3, no. 1 (2007): 67–81; Deutsch, Sarah Keturah, and Gray Cavender, "CSI and forensic realism," *Journal of Criminal Justice and Popular Culture* 15, no. 1 (2008): 34–53; see also Tait, Sue,"Autoptic vision and the necrophilic imaginary in CSI," *International Journal of Cultural Studies* 9, no. 1 (2006): 45–62.

[10] Kirby, David A., "Scientists on the set: Science consultants and the communication of science in visual fiction," *Public Understanding of Science* 12, no. 3 (2003): 261–278.

[11] Kirby, David A., "Science consultants, fictional films, and scientific practice," *Social Studies of Science* 33, no. 2 (2003): 231–268.

[12] Lieberman, Joel D., Courtney A. Carrell,Terance D. Miethe, and Daniel A. Krauss,"Gold versus platinum: Do jurors recognize the superiority and limitations of DNA evidence compared to other types of forensic evidence?" *Psychology, Public Policy, and Law* 14, no. 1 (2008): 27.

[13] Bates, Benjamin R.,"Public culture and public understanding of genetics:A focus group study," Public Understanding of Science 14, no. 1 (2005): 47–65; Condit, Celeste M.,"How the public understands genetics: Non-deterministic and non-discriminatory interpretations of the 'blueprint' metaphor," *Public Understanding of Science* 8, no. 3 (1999): 169–180.

[14] Federal Bureau of Investigation,"CODIS-NDIS statistics," Dec. 31, 2020.

[15] Innocence Project, "DNA exonerations in the United States," Dec. 31, 2020.

[16] Ley, Barbara L., Natalie Jankowski, and Paul R. Brewer,"Investigating CSI: Portrayals of DNA testing on a forensic crime show and their potential effects," *Public Understanding of Science* 21, no. 1 (2012): 51–67.

[17] *CSI: Crime Scene Investigation*, "Lady Heather's Box" (Season 3, Episode 15).

[18] *CSI: Crime Scene Investigation*, "Pirates of the Third Reich" (Season 6, Episode 15).

[19] *CSI: Crime Scene Investigation*, "Felonious Monk" (Season 2, Episode 17).

[20] *CSI: Crime Scene Investigation*, "Invisible Evidence" (Season 4, Episode 7).

[21] *CSI: Crime Scene Investigation*, "Table Stakes" (Season 1, Episode 15); *CSI: Crime Scene Investigation*, "Gentle, Gentle" (Season 1, Episode 19).

[22] CSI,"Table Stakes."

[23] *CSI: Crime Scene Investigation*, "Sex, Lies, and Larvae" (Season 1, Episode 10); *CSI: Crime Scene Investigation*, "Cool Change" (Season 1, Episode 2).

[24] *CSI: Crime Scene Investigation*, "$35K O.B.O" (Season 1, Episode 18).

[25] Nelkin, Dorothy, and M. Susan Lindee, *The DNA mystique: The gene as a cultural icon*, University of Michigan Press, 2010.

[26] Bandura, Albert, "Human agency in social cognitive theory," *American Psychologist* 44, no. 9 (1989): 1175–1184; Bandura, Albert, "Social cognitive theory of mass communication," *Media Psychology* 3, no. 3 (2001): 265–299; Long, Marilee, and Jocelyn Steinke, "The thrill of everyday science: Images of science and scientists on children's educational science programmes in the United States," *Public Understanding of Science* 5, no. 2 (1996): 101–120; Steinke, Jocelyn, Maria Knight Lapinski, Nikki Crocker, Aletta Zietsman- Thomas, Yaschica Williams, Stephanie Higdon Evergreen, and Sarvani Kuchibhotla, "Assessing media influences on middle school-aged children's perceptions of women in science using the Draw-A-Scientist Test (DAST)," *Science Communication* 29, no. 1 (2007): 35–64.

[27] Malia, Jennifer,"I'm an autistic woman, and Bones is the only character like me on TV," *Glamour*, March 28, 2017.

[28] Rhineberger-Dunn, Gayle, Steven J. Briggs, and Nicole E. Rader,"The CSI effect, DNA discourse, and popular crime dramas," *Social Science Quarterly* 98, no. 2 (2017): 532–547.

[29] Gonzalez, Sandra,"How Bones bred a new generation of female scientists," CNN Entertainment, March 27, 2017.

[30] Cole, and Dioso-Villa,"Investigating the '*CSI* effect' effect," 1343–1344.

[31] Cole, Simon A., and Glenn Porter,"The CSI effect," in *Routledge International Handbook of Forensic Intelligence and Criminology*, eds. Quentin Rossy, David Décary-Hétu, Olivier Delémont, and Massimiliano Mulone, Routledge, 2017: 112–124.

[32] Schweitzer, Nicholas J., and Michael J. Saks, "The CSI effect: Popular fiction about forensic science affects the public's expectations about real forensic science," *Jurimetrics* 47, no. 3 (2007): 357–364.

[33] Baskin, Deborah R., and Ira B. Sommers, "Crime-show-viewing habits and public attitudes toward forensic evidence: The 'CSI effect' revisited," *Justice System Journal* 31, no. 1 (2010): 97–113.

[34] Shelton, Donald E., Young S. Kim, and Gregg Barak, "A study of juror expectations and demands concerning scientific evidence: Does the 'CSI effect' exist?" *Vanderbilt Journal of Entertainment & Technology Law* 9 (2006): 331–368; Shelton, Donald E., Young S. Kim, and Gregg Barak, "An indirect-effects model of mediated adjudication: The CSI myth, the tech effect, and metropolitan jurors' expectations for scientific evidence," *Vanderbilt Journal of Enterntainment & Technology Law* 12, no. 1 (2009): 1–43.

[35] Podlas, "'The CSI effect'"; Podlas, Kimberlianne, "The CSI effect and other forensic fictions," *Loyola of Los Angeles Entertainment Law Review* 27, no. 2 (2006): 87–125.

[36] Baranowski, Andreas M., Anne Burkhardt, Elisabeth Czernik, and Heiko Hecht, "The CSI-education effect: Do potential criminals benefit from forensic TV series?" *International Journal of Law, Crime and Justice* 52 (2018): 86–97.

[37] Bergslien, Elisa, "Teaching to avoid the 'CSI effect': Keeping the science in forensic science," *Journal of Chemical Education* 83, no. 5 (2006): 690–691; Jackson, Glen Paul, "The status of forensic science degree programs in the United States," *Forensic Science Policy and Management* 1, no. 1 (2009): 2–9; McManus, Sarah E., "Influence of the *CSI* effect on education and mass media," MA thesis, University of Tennessee, 2010.

[38] McManus, "Influence of the CSI effect."

[39] Dudo, Anthony, Dominique Brossard, James Shanahan, Dietram A. Scheufele, Michael Morgan, and Nancy Signorielli, "Science on television in the 21st century: Recent trends in portrayals and their contributions to public attitudes toward science," *Communication Research* 38, no. 6 (2011): 754–777.

[40] Nisbet, Matthew C., Dietram A. Scheufele, James Shanahan, Patricia Moy, Dominique Brossard, and Bruce V. Lewenstein, "Knowledge, reservations, or promise? A media effects model for public perceptions of science and technology," *Communication Research* 29, no. 5 (2002): 584–608. See also Chapter 3.

[41] Kerbel, Matthew Robert, *If it bleeds, it leads: An anatomy of television news*, Routledge, 2018.

[42] Besley, John C., and James Shanahan, "Media attention and exposure in relation to sup-

port for agricultural biotechnology," *Science Communication* 26, no. 4 (2005): 347–367; Brossard, Dominique, and James Shanahan, "Do citizens want to have their say? Media, agricultural biotechnology, and authoritarian views of democratic processes in science," *Mass Communication and Society* 6, no. 3 (2003): 291–312; Lee, Chul-joo, and Dietram A. Scheufele, "The influence of knowledge and deference toward scientific authority: A media effects model for public attitudes toward nanotechnology," *Journalism & Mass Communication Quarterly* 83, no. 4 (2006): 819–834; Liu, Hui, and Susanna Priest, "Understanding public support for stem cell research: media communication, interpersonal communication and trust in key actors," *Public Understanding of Science* 18, no. 6 (2009): 704–718.

[43] Brewer, Paul R., and Barbara L. Ley, "Media use and public perceptions of DNA evidence," *Science Communication* 32, no. 1 (2010): 93–117.

[44] Iyengar, Shanto, and Donald R. Kinder, *News that matters: Television and American opinion*, University of Chicago Press, 2010.

[45] Grinberg, Emanuella, "Flawed forensic evidence explains Casey Anthony acquit-tal, experts say," CNN, July 18, 2011.evidence; Prudente, Tim, "After Serial podcast, prosecutors tested DNA evidence in Adnan Syed case. Here's what they found," *Baltimore Sun*, March 28, 2019.

[46] 详见附录。

第9章
边缘科学

> 彼得·温克曼（Peter Venkman）博士：退后一点，伙计。我是一名科学家。
> ——《捉鬼敢死队》(Ghostbusters，1984)

> 格兰特·威尔逊（Grant Wilson）：K-II仪表测量磁场，它是专门为超自然现象调查员校准的。K-II背后的理论是，如果该地区有灵魂，K-II仪表会接收到它的磁场信号。
> ——《猎鬼者》[Ghost Hunters，2007；第3季第12集："曼森谋杀案"（The Manson Murders）]

在我们成长的过程中，我俩中的一员（具体而言是保罗）想成为一名超自然现象调查员，就像1984年电影《捉鬼敢死队》中的主角那样：彼得·温克曼博士、雷蒙德·斯坦茨博士（Dr.Ray Stantz）、艾根·斯宾格勒博士（Dr.Egon Spengler）和温斯顿·泽德莫尔（Winston Zeddemore）。其中3个角色曾是灵异学教授，他们都擅长使用捉鬼队的设备——其中之一是他们的质子背包，能用"无牌照的核子加速器"发射光束以捕捉"带负电的灵质实体"。捉鬼敢死队不仅搞笑，还让奇怪的科学看起来很酷，因为他们击败了一个黏液小鬼、一个棉花糖巨人和一个恶鬼首领戈泽尔人戈泽尔（Gozer the Gozerian）。

影片上映以来，电影中的英雄成为流行文化偶像。《捉鬼敢死队》票房大热，催生了1989年的续集、动画电视连续剧、2016年的重拍，以及计划于2021年推出的另一部续集。它还激发了一大群"不给糖就捣蛋"的人，其中包括奈飞（Netflix）电视剧《怪奇物语》(Stranger Things)中的4名虚构中学生在第2季中扮成万圣节的捉鬼敢死队。

虽然《捉鬼敢死队》是为了搞笑，但它的对话充满了听起来很科学的术语。其中，斯坦茨一角特别喜欢谈论"自由漂浮""完整躯干""蒸汽幻影""灵质残留物"等。那是因为角色扮演者丹·艾克罗伊德（Dan Ackroyd）自己对超自然现象十分着迷，同时也参与了剧本。对他来说，这个话题是家族传统的一部分：他的曾祖父是一位灵媒，他的祖父试图用无线电波接触灵魂，他的父亲写了一本关于鬼魂的书，而演员本人则声称遇到了一个"看不见的存在"。[1]相比之下，他的编剧搭档哈罗德·拉米斯（Harold Ramis）（斯宾格勒的扮演者）则对此持怀疑态度。[2]

正如艾克罗伊德的家族史所表明的那样，一个多世纪以来，现实生活中的超自然现象调查员一直在寻找幽灵。其中一些超自然侦探着重使用招魂术和降神会，但许多现代猎鬼者以更科学的方式描述自己。[3]例如，杰森·霍斯（Jason Hawes）于1990年创立了大西洋超自然现象协会（TAPS，The Atlantic Paranormal Society），以帮助"那些经历超自然活动的人用最新的超自然研究设备和技术……以专业和保密的方式调查这些说法。"[4]他和他的合伙人格兰特·威尔逊（Grant Wilson）（最初都是管道工）花了30年时间，使用红外相机、EMF（电磁场）探测器、数字温度计等各种设备，寻找从"圆球"（Orbs）到"冷点"（cold spots）到"电子噪音现象"（EVPs）等的幽灵存在的迹象。

霍斯和威尔逊于2004年在美国科幻频道（SyFy）的"真人秀"电视节目推出《猎鬼者》（Ghost Hunters），并成为电视明星。该系列连续播放了12季，每集都集中在一个或多个假设的闹鬼事件上。在一些事件中，来自大西洋超自然现象协会的调查人员揭穿了闹鬼的说法。在其他事件中，他们得出结论，他们的观察结果不能被解释为正常现象。

巅峰时期的《猎鬼者》是美国科幻频道收视率最高的节目，每集吸引300万观众。[5]该系列的成功激发了一波衍生剧和模仿秀，专门讲述超自然现象调查员追踪鬼魂、不明飞行物（UFOs）和外星人，或大脚怪、尼斯湖水怪和卓柏卡布拉❶等主流科学不承认的"神秘动物"。与此同时，怀疑论者将这些节目中使用的技术斥为"垃圾科学"。例如，怀疑探索委员会（Committee for Skeptical Inquiry）委员本杰明·拉德福（Benjamin Radford）指出，《猎鬼者》的调查员"几乎没有接受过科学培训"，进行的研究漏洞百出且"在科学上毫无价值"。[6]同样，作家和前魔术师乔·尼克尔（Joe Nickell）批评了他们研究中的逻辑谬误（"我们不知道是什么导致了这样或那样的现象——比如说，噪音，一定是鬼干的"）和对设备的"伪科学"使用。[7]

大多数科学家无疑会同意拉德福和尼克尔的观点：在我们写这篇文章的时候，还没有人能成功捕捉到鬼魂、外星人或大脚野人。然而，相当大比例的美国人相信超自然现象。2005年，也就是《猎鬼者》首映的第二年，一项全国性的盖洛普民意调查发现，3/4的受访者至少相信一种超自然的观点。[8] 41%的人相信超感官知觉（ESP，extra sensory perception），37%的人认为房屋会闹鬼，21%的人认为人们可以与死者进行精神交流。同样，在2014年接受美国哥伦比亚广播公司新闻调查的人中，超过1/4（27%）认为大脚怪有可能或很可能存在，而在2017年接受同一机构调查的人中，有40%的人相信有鬼魂。[9]至于外星人，在2019年盖洛普民意调查中，33%的受访者表示一些UFO是从其他行星或星系访问地球的外星飞船。[10]

为什么这么多人即使面对科学界对超自然现象的怀疑，仍持有这些信念？需要记住的重要一点是，人们可以通过自己的世界观过滤他们所听到的关于科学的内容——包括"边缘科学"。[11]正如一些保守派基于意识形态拒绝气候科学和一些福音派基于宗教信仰拒绝进化论一样，超自然现象的信徒可能会避免、合理化或彻底拒绝对外星游客、大脚怪或鬼屋

---

❶ 卓柏卡布拉（the Chupacabra）是一种可能存在于美洲的吸血动物。——译者注

案件的科学批评。同样，信徒可以通过他们的个人经历来过滤科学信息。[12]例如，相信自己见过不明飞行物或经历过超感官知觉的人可能会相信他们自己感官的证据——传统的五感或第六感——而不相信科学界。

要记住的另一点是，从社会学角度讲，对超自然现象的兴趣和信仰是正常的。在公众调查以及参与观察鬼屋调查、追踪大脚怪和不明飞行物会议的基础上，贝勒大学的一个研究小组发现，很大一部分美国人都相信超自然现象。[13]虽然，其中一些信徒是不遵循社会传统的，但大多数人还是受到了传统的制约。即使在我们两人之间，保罗也是哈罗德·拉米斯模式中的怀疑论者，而芭芭拉和丹·艾克罗伊德一样，经历过可能的超自然现象，则更愿意接受这种现象的可能性。尽管我们的观点不同，但我们每个人从小就对这个话题着迷。芭芭拉从小就阅读从百慕大三角到超感知等主题的书籍，保罗写过关于鬼魂猎人的蒸汽朋克（steampunk）❶小说，我们俩都喜欢看《迷失》（*Lost*）、《边缘危机》（*Fringe*）和《怪奇物语》等节目。

谈到流行的形象，一些观察家认为，媒体信息——包括耸人听闻的新闻报道、纪实节目和电视剧——会促使公众去相信猎捕鬼魂、不明飞行物、神秘动物学和其他形式的边缘科学。在20世纪90年代，马修·尼斯贝特和理查德·道金斯（Richard Dawkins）等怀疑论者指责热门电视剧《X档案》破坏科学素养并促进超自然信仰。[14]十年后，怀疑论者本杰明·拉德福和艾莉森·史密斯（Alison Smith）对《猎鬼者》及其同类节目提出了类似的指控。[15]

这些关于媒体影响超自然信仰的说法与其他所有假设一样，值得仔细调查。因此，我们收集了有关该主题的数据——有些是在20世纪90年代的"超自然热"期间收集的，有些是我们在过去10年中收集的。调查这些证据也为我们提供了一个探索更广泛的问题的案例研究，即如何通过曝光主流科学范围之外的媒体信息来支持或削弱科学权威的主张。结果表明，将边缘科学研究人员呈现为科学的媒体信息可以促进人们对超自然现象的信心。同时，揭穿或取笑此类研究人员的信息可能会削弱他们的可信度，并降低对不明飞行物、鬼屋和超感知等现象的信念。

20世纪90年代的超自然媒体

多年来，在社会价值观的转变和文化焦虑的推动下，媒体对超自然现象的关注一直起起落落，公众对其兴趣亦是如此。[16]第一次世界大战后，报纸刊登文章大肆宣传灵媒们的主张，同时，魔术师哈里·胡迪尼（Harry Houdini）和其他怀疑论者也努力揭穿他们。在美苏冷战初期，随着"飞碟"和一个"飞行的圆盘"（军方最终报道为气象气球）在新墨西哥州罗斯威尔坠毁的报道，媒体的注意力转移到了不明飞行物上。随着20世纪70年代新时代运动（New Age movement）的兴起，尤里·盖勒（Uri Geller）因声称拥有用意念使勺

---

❶ 蒸汽朋克（steampunk）是一种专以19世纪工业化社会为背景的科幻小说。——译者注

子弯曲的能力而声名鹊起——当他未能在《今夜秀》的一集中展示这些能力时也受到嘲笑［该节目的主持人约翰尼·卡森事前向魔术师詹姆斯·兰迪（James Randi）寻求帮助，以阻止盖勒的任何诡计］。[17]

《X档案》于1993年在福克斯首播时，一对虚构的FBI特工福克斯·穆德（Fox Mulder）和黛娜·斯卡利（Dana Scully）则掀起了另一场媒体的超自然热。穆德是该剧中超自然现象的倡导者：他的办公室贴有一张印着飞碟的海报，上面写着"我想要相信"，他熟知边缘传说，帮助两人解决了涉及外星人、闹鬼、神秘生物和其他奇怪现象的谜团。相比之下，斯卡利是剧中一贯的怀疑论者：她是一名医生，用科学推理挑战穆德的理论。大多数情况都证明穆德是对的，一如剧中的口头禅所说的那样——"真相就在那里。"

《X档案》的成功促使福克斯及其竞争对手网络推出其他超自然主题剧，包括短暂播出的衍生剧《孤枪侠》（*The Lone Gunmen*）、异星青少年肥皂剧《罗斯威尔》（*Roswell*）和通灵侦探剧《灵媒缉凶》（*Medium*）。穆德和斯卡利的受欢迎程度无疑也令福克斯做出在1995年播出一部名为《外星人尸检：事实还是虚构？》（*Alien Autopsy：Fact or Fiction?*）的"纪录片"的决定。尽管这个节目被嘲笑为明显的骗局——最终被揭露为造假，但收看该片的美国人数量众多，于是该网络又播出了两次，每次都吸引了数百万观众。[18]与此同时，一系列新闻媒体也进行了他们自己的外星人专题报道。在20世纪90年代中期，即使是《纽约时报》和《华盛顿邮报》等保守的报纸也刊登了数百篇关于不明飞行物和外星人的报道。[19]

随着这10年接近尾声，《X档案》的收视率下降，媒体对UFO的关注也逐渐消退，唯独另一个超自然话题成为媒体焦点：通灵能力。[20]这一转变的领军人物是约翰·爱德华（John Edward），他的电视连续剧《穿越灵界》（*Crossing Over*）于2000年在SyFy频道首播。自称灵媒的爱德华告诉观众，他可以利用他与"灵界"（the other side）的联系来知道他节目中嘉宾的经历。尽管他在媒体上造成轰动，但怀疑论者并没有对他留下深刻的印象。[21]正如乔·尼克尔解释的那样，爱德华实际上是在使用一对古老的算命技巧——"冷读术"和"热读术"——哈里·胡迪尼早在爱德华出生之前就已经揭穿这种把戏了。[22]

媒体对与死者交谈的执着如同对UFO的炒作一样，并没有持续多久。在2001年9·11事件之后，关于特异功能的新闻报道减少到不足1999~2000年巅峰时期的一半。[23]爱德华本人在电视特别节目中公布了"接触"9·11受害者的计划；在一连串的负面宣传之后，他的制片人搁置了这一集。[24]几年后，《穿越灵界》被列入了取消播出的节目名单。

媒体对超自然信仰的影响：培养和启动

这种超自然热处于巅峰之际，格伦·斯帕克斯（Glenn Sparks）和他的同事进行了一系列研究以测试媒体信息是否可以培养公众对边缘话题的信念。他们利用电视是现代社会的神话制造领军者的观点推测：在电视上频繁描绘不明飞行物、特异功能等会鼓励观众接受这些现象是真实的。[25]

1994年，斯帕克斯和他的团队调查了公众的电视习惯和超自然信仰。[26]研究人员没有发现收看综合类电视节目与相信鬼魂和不明飞行物等现象之间的明确联系，但他们确实发现观看超自然电视节目与相信这种现象成正比关系。1997年，斯帕克斯和韦斯·米勒（Wes Miller）进行了一项更大规模的研究，他们发现收看综合类电视节目与相信广泛的边缘现象（从超感知现象到星光体投射再到外星人绑架）之间存在微弱的联系，而收看超自然电视节目则与相信这种现象有强有力的联系。[27]这两项研究都表明，媒体信息——尤其是超自然电视节目——可以引导观众思考问题更像穆德而不是斯卡利，这与一位《X档案》迷可能会说的话不谋而合。

马特·尼斯贝特扩展了这些发现，他认为媒体对外星人和通灵者的描绘可以引导观众在判断超自然现象是否真实时想到这些描绘。他解释说："个人意见在很大程度上取决于短期记忆中可用的关于某个话题的考虑因素和示例类型。"[28]"在一个人的脑海中，哪些对现实的描述比其他描述更容易理解，这取决于媒体内容的性质和个人的媒体使用习惯。"例如，20世90年代围绕超自然话题的炒作可能使许多美国人的脑海中充满了容易记住的不明飞行物和通灵者的形象。

尼斯贝特从盖洛普民意调查中发现，媒体关注的周期随着公众对超自然现象的看法的变化而变化。相信外星人到访过地球的美国人占比从1990年的27%增加到2001年夏天的33%——这一时期包括《X档案》的兴起、《外星人尸检》热以及大量UFO新闻报道。该数字随后在2005年下降到24%，而此时媒体对外星人的关注度已降至其巅峰时期的1/3以下。同样，相信能与死者交流的人口比例从1996年的22%上升到2001年夏天的28%（那时约翰·爱德华还沉浸在他9·11之前的名气中），然后在2005年随着媒体对通灵者的关注逐渐减弱而下降到23%。这些趋势，正如尼斯贝特指出的那样，是可以用启动理论预期的。

21世纪10年代的超自然媒体

虽然《X档案》和《穿越灵界》都在2004年底停拍，但同年《猎鬼者》的首映掀起了21世纪的第一次媒体的超自然热。杰森·霍斯和格兰特·威尔逊的节目在当时大受欢迎，SyFy创造了两部衍生剧：《全球猎鬼人》（Ghost Hunters International，2008年首映）和《猎鬼学院》（Ghost Hunters Academy，2009）。其他有线电视网络也纷纷效仿，推出了自己的鬼魂主题节目，包括美国艺术＆娱乐电台（A&E）的《灵异国度》（Paranormal State）、动物星球的《宠物闹鬼事件》（The Haunted）、传记频道（Biography）的《听名人讲鬼故事》（Celebrity Ghost Stories）、探索频道的《鬼魂实验室》（Ghost Lab）和旅游频道的《魔鬼探险》（Ghost Adventures）。猎鬼活动的日益普及也引发了一波新闻报道：例如，《华盛顿邮报》刊登了一篇关于华盛顿特区幽灵观察者（D.C. Metro Area Ghost Watchers）的报道，《纽约时报》

也报道了对南卡罗来纳州的超自然现象调查小组扭曲的迪克西（Twisted Dixie）的专访。[29]

除了媒体对鬼魂的关注度激增，千禧年代初期人们也重燃对外星人和不明飞行物的兴趣。历史频道（History Channel）是一个以前以第二次世界大战纪录片而闻名的有线电视网络，它在外星人主题的真人秀节目方面领先同行，其中包括《飞碟档案》（UFO Files，2004~2007年）和《飞碟猎人》（UFO Hunters，2008~2009年）。2010年，该网络推出了该类型最著名的作品：一部关于人类与外星文明接触的系列纪录片《远古外星人》（Ancient Aliens）。该节目引起了科学界的嘲笑。例如，科普作家莱利·布莱克（Riley Black）将其描述为"无聊的猜测和彻头彻尾地捏造出来的虚假且难以理解的混合体"；考古学家肯·费德（Ken Feder）称其为"可恶的胡说八道。"[30]然而，《远古外星人》播出14季并且继续播出，这不仅在收视率上大获成功，也成为一种流行文化现象。动画电视节目《南方公园》（South Park）模仿了它，其中一位解说员乔治·A.祖卡洛斯（Giorgio A. Tsoukalos，也被称为"动辄就归因于外星人的男人"）成为著名的互联网表情包的一个流行主题。

随着《猎鬼者》而来的超自然热也延伸到了神秘动物学。大脚怪是一种毛茸茸的原始人，据称居住在太平洋西北部，由于在伪纪录片中的模糊镜头以及与《六百万美元男人》（The Six Million Dollar Man）的主角争夺电视黄金时段而在20世纪70年代曾短暂地成为名人。2011年，随着《寻找大脚怪》（Finding Bigfoot）在动物星球频道的首播，大脚野人再次成为电视明星，这是一档真人秀节目，讲述了3位神秘动物学家和1位怀疑论者追捕令人难以捉摸的猎物的故事。可即使他们追捕了9季，也没有找到它，但该节目收视率大获成功。

在此期间，广播网络多次尝试以超自然戏剧来抓住公众的想象力。美国广播公司（ABC）于2004年首播的《迷失》是最成功的一部，在6年的播出中获得了很高的收视率。该剧讲述了飞机失事幸存者被困在一个神秘岛屿的故事，剧中描绘了许多类型的超自然现象——包括看见未来的景象和与死者交流。随后出现了大量模仿剧，包括《未来闪影》（Flash Forward）、《致命临界点》（Threshold）和《惊世》（The Event）。其中，大多数很快就消失了，但《迷失》的创作者J.J.艾布拉姆斯（J.J. Abrams）开发了另一个以超自然现象为主题的系列片《危机边缘》，该系列连续播放了5季（2008~2013年），大获好评。该剧效仿《X档案》，描绘了一个英雄团队（1位疯狂的科学家和他的儿子，以及1位FBI特工）调查各种各样的超自然事件。

2016年，穆德和斯卡利二人又回归电视界，并在福克斯播出了新一季的《X档案》。该剧的重新上演获得了可观的收视率，但最终因同年首播的另一部超自然剧《怪奇物语》而黯然失色。《怪奇物语》由流媒体视频服务商奈飞公司制作，记录了20世纪80年代美国能源部实验室正在进行的超自然科学研究。剧中的关键人物是一个拥有心灵感应和千里眼等超能力的女孩，名叫十一。在她的帮助下，一群中学生、青少年和成年人合力打败实验室负责人、邪恶科学家和来自被称为"翻转异世界"的危险入侵者。奈飞制作的这个节目空前成功，在第3季吸引了6400万观众。[31]

重新审视媒体习惯和超自然信仰

我们从2011年开始对媒体信息如何影响超自然信仰进行了调查，当时《猎鬼者》达到人气巅峰，山寨节目也在有线电视上激增。我俩中的一员（保罗）对520名公众进行了调查，发现观看超自然电视真人秀与相信鬼魂和鬼屋密不可分——收看综合类电视节目也是如此。[32]此外，观看超自然真人秀节目和收看综合类电视节目都与相信超自然调查员的调查与科学有关。相比之下，该调查没有发现在电视上收看超自然戏剧与相信鬼魂或鬼屋的存在或者认为猎鬼者的捉鬼方法是科学的观点之间存在任何联系。

这些发现让我们对观众对有关超自然现象的虚构节目（如《X档案》和《迷失》）和对纪实风格的节目（如《猎鬼者》《远古外星人》和《寻找大脚怪》）的反应是否不同感到好奇。我们还想仔细研究收看综合类电视节目是否可以在更广泛的公众中培养超自然信仰。毕竟，从新闻节目（涵盖UFO目击和超感知现象研究）到犯罪剧，如《犯罪现场调查》（该节目的主角在一集中调查了一名猎鬼者的谋杀案）到动画喜剧，如《辛普森一家》（曾由穆德和斯卡利客串），关于超自然现象的各种信息出现在广泛的电视节目中。[33]

2018年秋季，我们对1000名美国人的代表性样本进行了调查。[34]我们询问了他们每天看电视的平均时间，以及他们是否观看了6个特定的节目以了解他们的媒体习惯。其中，3个是超自然真人秀节目：《猎鬼者》（37%的受访者看过）、《远古外星人》（34%）和《寻找大脚怪》（24%）。另外3个节目是超自然剧：《X档案》（56%）、《迷失》（36%）和《怪奇物语》（35%）。我们询问他们是否相信"有些人有超感官知觉（ESP）""房子会闹鬼""外星人在过去的某个时间点访问过地球""人们可以与死去的人进行精神交流""大脚怪或尼斯湖水怪等生物可能存在"等问题，以衡量受访者对超自然现象的看法。

根据我们早期的研究，我们发现观看超自然电视真人秀与超自然信仰之间存在密切联系（图9-1）。与看过0~1部该类型节目的受访者相比，看过2~3部的受访者更可能相信边缘现象，例如，超感知现象（高出13%）、鬼屋（高出17%）、外星访客（高出25%）、与死者的交流（高出15%）和神秘生物（高出17%）。此外，即使我们考虑了其他媒体习惯和背景因素，观看超自然真人秀与超自然信仰之间的关系也很明显。

当然，已经相信超自然现象的人可能特别容易被有关该主题的媒体信息所吸引。尽管如此，一旦我们考虑了收看超自然电视真人秀和其他因素，我们发现收看超自然戏剧和超自然信仰之间没有任何联系，这是令人惊讶的。收看诸如《猎鬼人》《远古外星人》和《寻找大脚怪》之类的节目（所有这些节目都使用纪录片风格并声称是事实）与相信鬼屋、外星访客等密切相关，但收看《X档案》《迷失》和《怪奇物语》等明显虚构的节目，就没有类似情况出现。

除了特定类型的电视节目之外，我们还发现了收看电视总时长与对超自然现象的信仰之间的联系（图9-2）。与不看或少看电视的同龄人相比，我们调查的每天看3小时或更多

媒体中的科学
流行形象与公众认知

时间电视的受访者更可能相信超感知现象（高13%）、鬼屋（高12%）、外星访客（高6%）、与死者的交流（高7%），以及大脚怪和尼斯湖水怪等生物（高6%）。这些差距并不大，但

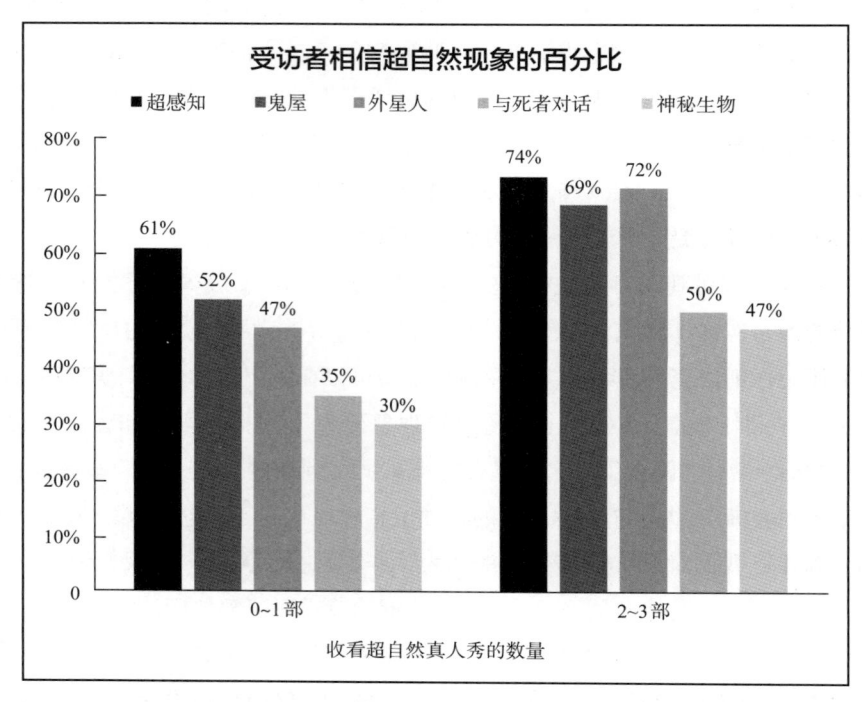

受访者相信超自然现象的百分比

（图例：超感知、鬼屋、外星人、与死者对话、神秘生物）

0~1部：61%、52%、47%、35%、30%
2~3部：74%、69%、72%、50%、47%

收看超自然真人秀的数量

图9-1　收看超自然电视真人秀对是否相信超自然现象的影响（合作国会选举调查，2018年）

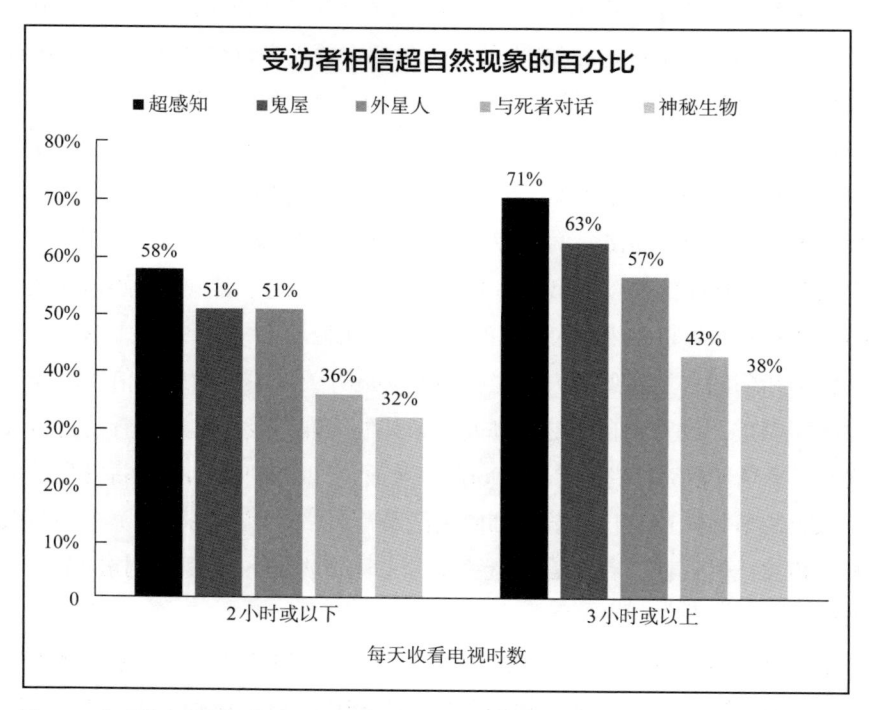

受访者相信超自然现象的百分比

（图例：超感知、鬼屋、外星人、与死者对话、神秘生物）

2小时或以下：58%、51%、51%、36%、32%
3小时或以上：71%、63%、57%、43%、38%

每天收看电视时数

图9-2　收看综合类电视节目对是否相信超自然现象的影响（合作国会选举调查，2018年）

即使我们考虑到观看超自然电视节目和其他许多可能因素的作用，这个整体关系在统计上也是有意义的。我们怀疑超自然信仰会影响人们收看电视的习惯：为什么相信鬼魂或不明飞行物会让人们看更多的电视？也许我们中像穆德那样的人正蜷缩在屏幕前以躲避外星人或大脚怪，但看电视培养超自然信仰似乎更合理。

加深相信程度还是怀疑程度？

到目前为止，我们一直在关注美国人的电视习惯与他们对边缘现象的信念之间的广泛联系。然而，媒体信使对超自然现象提出了多种观点。它们不仅在鬼魂、外星访客等的真实性上存在差异，而且在向受众提出案例的方式上也有所不同。例如，一些关于鬼魂存在的论点依靠来自灵媒和降神会的"光谱证据"，而其他论点——如《猎鬼者》调查人员提出的论点——则援引了科学。同样，一些怀疑论者（包括比尔·奈和尼尔·德格拉斯·泰森）引用了科学证据来揭穿超自然现象是真实的这一说法，而其他信使（包括深夜电视主持人约翰尼·卡森和斯蒂芬·科尔伯特）则用幽默来讽刺这种说法。那么，什么样的媒体信息最能有效地促进人们去相信超自然现象，又是什么样的信息可以加深对这种现象的怀疑呢？

格伦·斯帕克斯和他的同事曾进行了一系列实验来探索这些问题。他们的第一项研究侧重于《超越现实》（Beyond Reality），这是一部关于超自然现象调查员的纪实电视节目。[35] 研究人员将每个参与者随机分配到以下4个组别之一：一组观看了一集关于星光体投射的剧集（即能够将一个人的意识投射到存在于一个人的身体之外的其他地方或其他位面）；一组观看了同一集，但剧集带有该节目是虚构的免责声明；一组观看该剧集的人看到更严正的免责声明称该节目不科学；还有一组未观看该剧集。在没有免责声明的情况下观看这一集导致参与者在观看之后立即表示自己更加相信超自然现象了，甚至3周后，他们依旧十分相信超自然现象。同时，观看带有免责声明的剧集导致观众更加怀疑超自然现象。简言之，添加免责声明会扭转信息的影响。

斯帕克斯和他的同事接下来进行的实验为证明媒体信息可以影响对超自然现象的信念提供了进一步的证据。[36] 在这项研究中，参与者观看了纪实风格的电视节目《未解之谜》（Unsolved Mysteries）的片段。一些人观看了关于目击飞碟和外星人的片段，而另一些人则观看了不涉及超自然之谜的片段。之后，第一组的参与者更有可能相信不明飞行物的存在。

一项后续实验则测试了在一篇关于超自然现象的新闻报道中引用一位科学家的观点所产生的影响。[37] 这一次，研究人员为参与者提供了不同版本的关于外星人绑架人类的新闻杂志报道。一个版本引用了一位科学家（哈佛大学精神病学家及普利策奖得主）的观点以支持超自然解释，这增强了参与者对UFO的相信程度。同时，在没有任何科学依据的情况下提出外星人绑架人类的说法则没有影响观众对UFO的看法。

斯帕克斯和他的团队进行的最后一项实验发现，关于超自然现象的媒体信息产生的影响（这个实验采用的是关于据称是掩盖新墨西哥州罗斯威尔附近的不明飞行物坠毁事件的媒体信息）可能取决于它们是否能在信任者和怀疑者的论点中找到"平衡"点。[38]研究人员向一组参与者展示了电视新闻片段的编辑版本［来自美国哥伦比亚广播公司的节目《48小时》(48 Hours)］，该片段对事件进行了超自然的解释，而向另一组参与者展示的片段中有一位科学家揭穿了有关UFO的说法。与观看只有一方说辞的报道的参与者相比，那些看到双方说辞的报道的参与者不太可能相信不明飞行物。

总而言之，这些研究表明，媒体信息可以增强或减少人们对超自然现象的信念，这取决于它们如何描绘话题。前一项研究的结果也激起了我们的兴趣，即像《猎鬼者》里的调查人员那样，真实的调查员是否可以通过展示自己工作的科学性来提高他们在公众中的可信度，以及怀疑论者是否可以通过挑战这些调查人员来降低边缘科学的可信度。

构建超自然现象调查员：科学表象

媒体信使经常使用"科学表象"（trappings of science）来传达科学权威。[39]正如我们所见，许多电影和电视节目都描绘了身着实验室白袍的科学家，周围是充满方程式的黑板、冒泡的试管或精巧的装置。同样，关于科学工作的虚构和真实的叙述都经常引用专家的复杂术语。这样做有充分的理由：研究表明，突出科学的"外观"和"语言"的信息可能会导致受众成员接受甚至非常不准确的说法。[40]因此，超自然现象调查员可能可以通过表达自己工作的科学性来增强自己的说服力。

我俩中的一员（又是保罗）受《猎鬼者》的启发，设计了一个实验来测试以科学术语和技术为特色的媒体信息是否会影响观众对超自然现象的看法。[41]他（根据真实的《华盛顿邮报》人物简介）制作了一个关于猎鬼者的新闻报道的3个不同版本：一个版本强调招魂说和超自然解释，一个版本代表超自然主张援引科学权威，还有一个版本援引相同权威但也突出科学反驳。第一个版本讨论了超自然现象调查员童年与鬼魂相处的经历、他作为灵媒受到的训练以及其"对非科学方法的开放态度"。相比之下，第二个版本强调了他的"一丝不苟的方法"，引用了他的捉鬼术语（"EVPs"），并描述了他的奇特设备（数字记录仪、夜视摄像机和EMF探测器）。第三版与第二版相同，只是它还指出了超自然现象调查缺乏"全球公认的指导方针"，将此类调查与"早期的医学节目"进行了比较，并引用了一位持怀疑态度的心理学教授的话（"尽管一切标志都有了，但这不是科学"）。

保罗在2011年的调查中随机分配受访者阅读这3个版本中的一个或阅读一个关于非超自然主题的报道。强调超自然记录和招魂术方法的版本并没有影响观众（图9-3）：阅读它的人并不比对照组更可能相信鬼屋的存在（28%：40%），或视超自然现象的调查者的工作为科学的（40%：39%）。然而，强调《猎鬼者》的设备和术语的版本确实影响了人们对超自然现象的看法。与阅读超自然主题报道的参与者相比，阅读听起来科学的故事的参与者表示更相信鬼屋（50%）和更相信超自然现象调查员工作的科学合法性（57%）。在这项研究中，仅仅阅读有关猎鬼者的信息本身并不足以增强人们对超自然现象的信念。相反，突出他们的术语、技术和"一丝不苟的方法"才是诀窍。

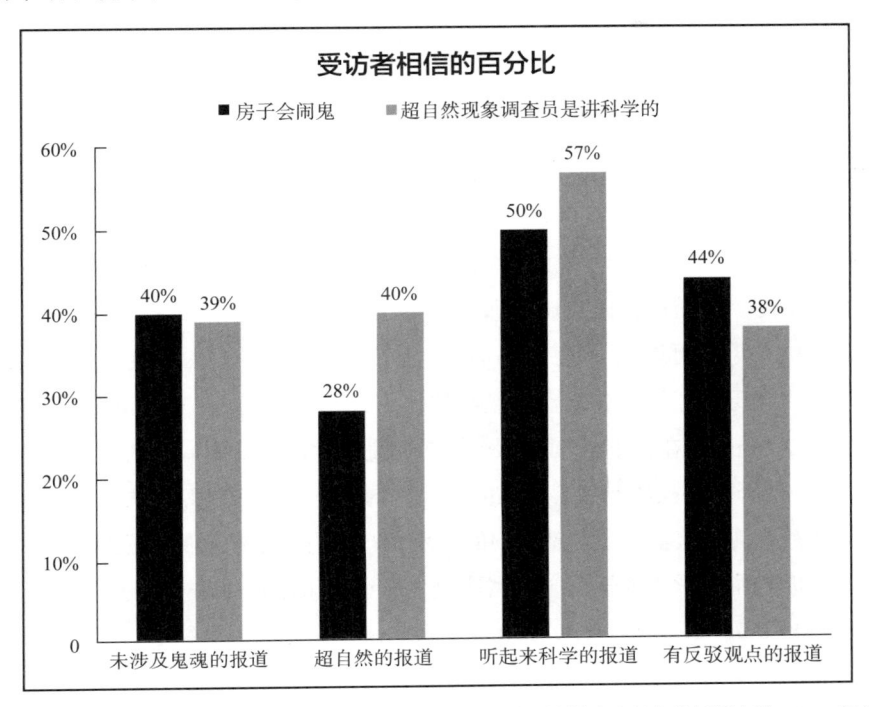

受访者相信的百分比

报道类型	房子会闹鬼	超自然现象调查员是讲科学的
未涉及鬼魂的报道	40%	39%
超自然的报道	28%	40%
听起来科学的报道	50%	57%
有反驳观点的报道	44%	38%

图9-3　新闻报道条件下对鬼屋和超自然现象调查员的看法的影响（超自然新闻实验，2011年）

然而，科学可以消除可信度，也可以赋予可信度。相对于那些读过听起来科学的报道版本的参与者，那些读过第三版（揭穿猎鬼者方法的报道）的人不太可能相信鬼屋的存在（44%），也不太可能认为超自然现象的调查者的工作是科学的（38%）。调查结果表明，在报道中添加一位科学家的反驳基本上去除了掩盖在"科学表象"之下的超自然现象调查对人们的迷惑性——这一结果凸显了怀疑论者如何通过挑战报道中的科学基础来反驳媒体关于边缘现象的说法。

保罗发表他的研究时，激起了一些媒体讨论。鉴于我们是传播学者，很高兴看到新闻媒体、持怀疑态度的论坛和其他媒体渠道如何构建这些研究发现。一个名为"超级无敌机器人"（Giant Freakin Robot）的网站发表了一篇标题为《复杂的文字和机器让猎鬼者看起来不那么胡说八道》（对结果的中肯解释）的报道。[42]同时，一个阴谋论网站引用了生活科学网站（Live Science）关于这项研究的报道，然后认为"这项研究试图在一个流行的新闻网站上使用科学术语来影响公众舆论，并引用了一位教授关于流行媒体使用科学术语来影响公众舆论的研究，但该研究又指出引用教授的言论会减轻这种影响，这荒谬得有趣"（尽管令人费解，但这也是一个中肯的观点）。[43]该研究发表后带来的一个明显的后果是：从《华

183

尔街日报》为了销量而写鬼屋的记者到写僵尸的本地记者都联系了保罗，总是问他是否相信鬼魂。他总是解释说他不是在研究超自然现象本身，他只是在研究媒体信息对这个话题的影响。

然而，一些教授一直渴望与记者分享他们关于超自然现象的结论。事实上，我们的下一项研究重点关注一位心理学家的案例，他因声称发现了"超心理能力"（psi）或超感知的证据而受到全国媒体的关注。

关于"超感知"的一面之词、客观描述和幽默讽刺

从神秘动物学到不明飞行物学的各个边缘科学分支中，超感官知觉的研究在公众中具有最强烈的可信度。从盖洛普民意调查和我们自己2018年的调查来看，和任何其他超自然现象相比，美国人更有可能相信超感官知觉。这反映了著名学府的教授们对该主题的长期和广为人知的研究历史。最著名的也许是约瑟夫·B.莱茵（Joseph B. Rhine）和路易莎·E.莱茵（Louisa E. Rhine）在20世纪30~60年代在杜克大学使用一副特殊的卡片——齐纳卡片（Zener cards），来研究遥视功能和心灵感应。他们的研究给《捉鬼敢死队》中对超心理学的描绘带来灵感，但其他学者试图复制他们的发现，却没有产生超感知的证据。[44]

2011年，康奈尔大学心理学名誉教授达里尔·贝姆（Daryl Bem）在著名的《人格与社会心理学杂志》（*Journal of Personality and Social Psychology*）上发表了一篇关于超感知的文章之后，超心理学领域受到了新的关注。贝姆在这篇文章中呈现了其声称的预知（即感知未来的能力）的实验证据，但他的许多同事对这一结论提出了质疑。一个研究团队发表了一篇文章批评贝姆解释其数据的方式，其他心理学家则自述在新研究中尝试复制他的发现，结果失败了。[45]

媒体抓住了这场争论，《纽约时报》（*New York Times*）、《发现》（*Discover Magazine*）和《连线》（*Wired*）都对此事进行了报道，广播和有线电视新闻节目也对此集中报道。然而，这些媒体在对贝姆研究的报道方式上各不相同。一些新闻机构在报道他的发现时没有强调其他研究人员的反驳，例如，微软全国广播公司于2011年1月23日播出了对贝姆本人的专访。其他媒体平衡了超感知的证据主张与科学批评，例如，2011年1月6日的美国哥伦比亚广播公司新闻报道描述了贝姆的研究结果，但随后引用了一组心理学家的反驳观点。[46]少数媒体也借此机会取笑贝姆和他的研究。在某些情况下，幽默是微妙的。以2011年1月6日《黛安·索亚世界新闻》（*ABC News with Diane Sawyer*）播出的片段为例：节目对贝姆进行了采访，随后使用了漩涡状的图形和古怪的声音效果过渡到水晶球的镜头。但在其他情况下，这种嘲弄是公开的，比如，斯蒂芬·科尔伯特在2011年1月27日的喜剧新闻节目《科尔伯特报告》中专门使用了一个片段来讽刺贝姆的研究。"我知道你在想什么，"科尔伯特告诉观众，"'斯蒂芬，那是胡说八道。'但另一方面，我知道你在想，'斯蒂芬，那的确

是胡说八道。'"主持人确实允许贝姆作为节目嘉宾展示他的研究案例,但也拿他感知未来的能力开了玩笑:"谢谢你将会和我说话。你将会成为一位很棒的嘉宾。"

这些信息会影响观众对超感知的看法吗?为了回答这个问题,保罗在2012年4月进行了一项实验。[47]他的本科助理招募了446名同学参加这项研究,他将每人随机分配为4个小组。第一组的人阅读了《纽约时报》的一份编辑过的真实报道(标题为《发表关于超感知论文的期刊》),该报道描述了贝姆的研究,但没有对其提出任何批评;第二组参与者阅读了不同版本的报道(《超感知论文预计会激怒心理学家》),其中引用了一位对超感知持怀疑态度的心理学家的观点,并指出其复制贝姆研究结果的尝试失败了;第三组人阅读了另一个版本的报道(《你或许已经知道了……》),描述了贝姆为学生和朋友表演克雷斯金式(Kreskin-style)魔术的故事,并引用了同样持怀疑态度的心理学家的话,"(贝姆的表演)很有幽默感……我不排除这是一个精心制作的笑话。"最后一组的参与者阅读了一个无关主题的故事。

在无超感知报道组的参与者中,43%的人表示他们相信超感知,59%的人认为超感知研究人员"有点"或"非常"科学(图9-4)。这些数字反映了公众(包括大学生)对超感知的普遍看法。然而,使超感知研究合法化的媒体信息可以将其可信度推得更高。在阅读有关贝姆发现的片面报道的参与者中,51%的人相信超感知,而69%的人认为超感知研究人员的工作是科学的。

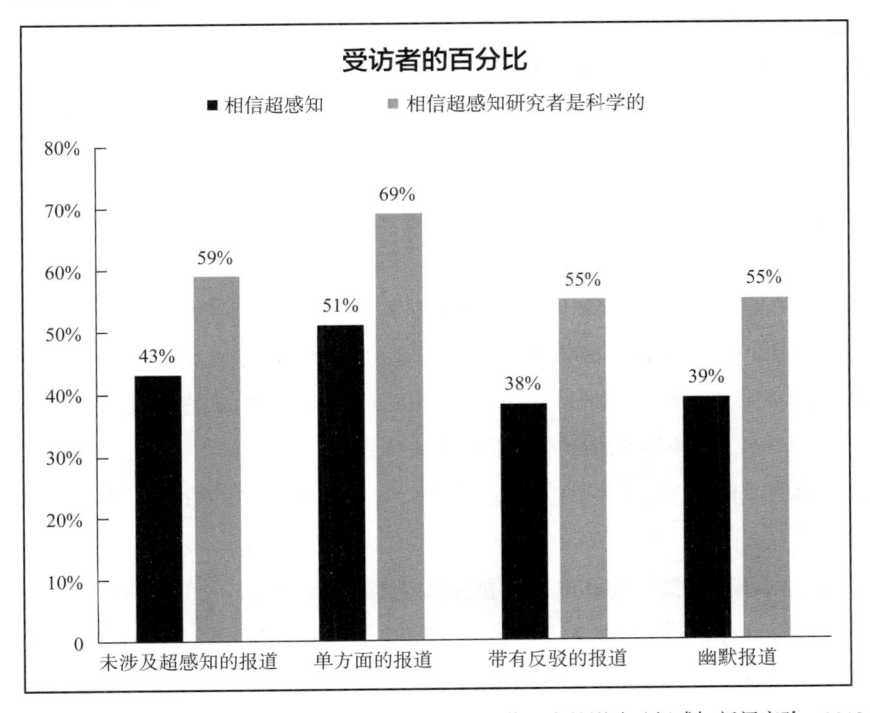

图9-4 新闻报道条件下对超感知和超感知研究人员的相信程度的影响(超感知新闻实验,2012年)

相比之下,阅读其他两个版本中的任何一个都会导致对超感知的信念降低,并降低对超感知研究人员的工作是科学的这一看法。在阅读包含科学反驳的报道的参与者中，只有38%的人相信超感知，只有55%的人认为超感知研究人员的工作是科学的。幽默报道的结果基本相同：阅读它的参与者中有39%相信超感知，55%的人认为超感知研究人员是科学的。所有这一切都表明，贝姆的批评者有机会遵循两条不同但同样有效的途径来回应他的主张：提出科学反驳或将其视为笑话。更广泛地说，猎鬼者实验和超感知实验的结果表明，媒体对报道超自然研究的框架选择有助于确定他们的报道是否会鼓励人们信任或怀疑此类研究。

预言超自然媒体的未来

没有迹象表明公众对超自然现象的信任很快就会消失。事实远非如此：查普曼大学（Chapman University）从2016~2018年发起的一系列全国性调查发现，人们对闹鬼、远古外星访客、心灵感应和大脚怪的相信程度不断提高。[48]这些观点反映了多种社会因素，但媒体可以在加强它们的重要作用方面发挥作用。看电视（尤其是超自然真人秀电视）与相信边缘现象密不可分，媒体信息赋予超自然研究合法性的光环可以使观众更加相信外星人、鬼魂和超感知的信心。出于同样的原因，怀疑和讽刺的信息则会削弱超自然现象调查员声称自己拥有的科学权威。

至于未来，不需要特异功能就能预见媒体对超自然现象的迷恋会持续下去。事实上，媒体对不明飞行物的关注在2019年飙升，有报道称美国海军人员看到了军方所说的"不明空中现象"。《华盛顿邮报》和《纽约时报》等报纸刊登了有关目击事件的文章，电视新闻节目重播了目击视频，超自然真人秀电视制作人争相为它们制作纪录片。

由此产生的媒体信息与之前的超自然炒作浪潮一样，呈现出轻信、怀疑和讽刺的混合描述框架。历史频道推出了目击事件系列节目，《不明身份：美国不明飞行物调查内幕》（Unidentified: Inside America's UFO Investigation），其中包括对前美国军事情报官员路易斯·埃利松多（Luis Elizondo）和音乐家汤姆·德隆格（Tom DeLonge）等几位不明飞行物的知名信徒的采访。此外，一些传统新闻媒体也加入了耸人听闻的报道队伍。在令人印象深刻的交叉推广中，2019年5月31日美国广播公司的《早安美国》甚至让埃利松多和德隆格有机会宣传历史频道的这个系列节目以及他们对不明飞行物的看法（两个频道都属于迪士尼旗下）。

其他关于目击事件的媒体报道采取了更加怀疑的角度。例如，2019年6月2日的美国有线电视新闻网采访了比尔·奈，他认为飞行员可能看到是秘密军事技术，而不是外星访客。同样，2019年9月19日美国全国广播公司新闻报道援引天文学家塞思·肖斯塔克（Seth Shostak）的话说，他认为"没有理由认为"飞行员拍摄的视频是"'外星人探访'的有效证据。"

而深夜主持人则拿这个报道开了玩笑。"在由闪光182乐队（Blink 182）前吉他手汤姆·德隆格（Tom DeLonge）创立的名为'走向星辰艺术与科学学院'（To the Stars Academy of Arts and Science）的团体发布'UFO'镜头后，海军被迫处理这些镜头"。斯蒂芬·科尔伯特在2019年9月19日向《晚间秀》的观众解释道："这可能看起来很奇怪，不过德隆格只是众多20世纪90年代对超自然现象进行开创性探索的音乐家之一。我们都感谢舆论导向专家的卓柏卡布拉特遣部队勇敢的男女们的警惕。"科尔伯特当时是开玩笑，但十天后，旅游频道播出了《寻找卓柏卡布拉》（Hunt for the Chupacabra），这是其神秘主题纪录片系列《追密探险队》（Expedition Unknown）的新一集。

当德隆格向他的千禧一代（以及一些X一代）粉丝群传播有关UFO的信息时，儿童电视节目正在为新一代观众带来超自然主题。迪斯尼的《怪诞小镇》（Gravity Falls，2012~2016）以两位年轻的调查员追逐神秘生物并揭发阴谋的形象引领潮流。竞争对手网络和流媒体服务很快就推出了卡通网络（Cartoon Network）的《无限列车》（Infinity Train，2019~2020）和奈飞的《沉睡谷》（The Hollow，2018~2020）等节目。虽然这些节目有《X档案》和《迷失》的影子，但它们也符合以科学为主题的儿童电视的悠久传统——这种类型可以塑造年轻人对科学家和科学工作的更广泛的认知。

注释

[1] Ackroyd, Dan, "About ghosts," Huffington Post, March 18, 2010; Galloway, Stephen, "The making of a comedy classic: Director Ivan Reitman spills the secrets behind the original Ghostbusters," Hollywood Reporter, July 15, 2016; Iley, Chrissy, "Dan Ackroyd: A comedy legend's spiritual side," Telegraph, February 28, 2012.

[2] VanHoose, Benjamin, "Ghostbusters Bill Murray, Dan Aykroyd and more remember Harold Ramis in virtual reunion," People, June 16, 2020.

[3] Roach, Mary, Spook: Science tackles the afterlife, WW Norton & Company, 2006.

[4] The Atlantic Paranormal Society, January 19, 2021.

[5] Werts, Diane, "High spirits: Reality shows are alive with ghosts," Newsday, October 22, 2009.

[6] Radford, Benjamin, "Ghost hunters' unscientific, win-win approach," Center for Inquiry, November 30, 2009.

[7] Nickell, Joe, "Scientific investigation vs. ghost hunters," Skeptical Inquirer, September 28, 2011.

[8] Moore, David W., "Three in four Americans believe in paranormal," Gallup, June 16, 2005.

[9] CBS News, "CBS News Poll: Workplace/marijuana/Hollywood celebrities," Social Science Research Solutions, Cornell University: Roper Center for Public Opinion Research, 2014; CBS

News, CBS News Poll, Social Science Research Solutions, Cor- nell University: Roper Center for Public Opinion Research, 2017.

[10] Saad, Lydia, "Americans skeptical of UFOs, but say government knows more," *Gallup*, September 6, 2019.

[11] Festinger, Leon, Henry W. Riecken, and Stanley Schachter, *When prophecy fails: A social and psychological study of a modern group that predicted the destruction of the world*, Harper Torchbooks, 1966.

[12] Sparks, Glenn G., C. Leigh Nelson, and Rose G. Campbell,"The relationship between exposure to televised messages about paranormal phenomena and paranormal beliefs," *Journal of Broadcasting & Electronic Media* 41, no. 3 (1997): 345–359; Sparks, Glenn, and Will Miller,"Investigating the relationship between exposure to television programs that depict paranormal phenomena and beliefs in the paranormal," *Communication Monographs* 68, no. 1 (2001): 98–113.

[13] Bader, Christopher D., Joseph O. Baker, and F. Carson Mencken, *Paranormal America: Ghost encounters, UFO sightings, Bigfoot hunts, and other curiosities in religion and culture*, NYU Press, 2017.

[14] Dawkins, Richard, "Richard Dimbleby lecture," BBC TV, November 12, 1996; Yoo, Esther S., "Skeptics find fault with media portrayals of paranormal," *Harvard Crimson*, November 3, 1998.

[15] Radford, Benjamin, "Are ghosts real? Evidence has not materialized," *LiveScience*, May 18, 2017; Smith, Alison, "TAPS vs. SAPS:The Atlantic Paranormal Society meets the Skeptical Analysis of the Paranormal Society," *Skeptic*, September 2006.

[16] Roach, *Spook*.

[17] Rensberger, Boyce,"Magicians term Israeli 'psychic' a fraud," *NewYork Times*, December 13, 1975.

[18] Lagerfeld, Nathalie, "How an alien autopsy hoax captured the world's imagination for a decade," *TIME*, June 24, 2016.

[19] Nisbet, Matt,"Cultural indicators of the paranormal," *Skeptical Inquirer* 26, no. 8 (2006).

[20] Nisbet, "Cultural indicators."

[21] Nisbet, Matt, "Talking to heaven through television," *Skeptical Inquirer*, Mar. 13, 2001.

[22] Nickell, Joe, "John Edward: Hustling the bereaved," *Skeptical Inquirer* 25, no. 6 (2001).

[23] Nisbet,"Cultural indicators."

[24] Radford, Benjamin,"John Edward's televised tragedy seance scrapped," *Skeptical Inquirer* 26, no. 1 (2006).

[25] Sparks et al.,"The relationship between exposure"; Sparks and Miller,"Investigating the relationship."
[26] Sparks et al.,"The relationship between exposure."
[27] Sparks and Miller,"Investigating the relationship."
[28] Nisbet,"Cultural indicators."
[29] Gowen, Annie, "In Alexandria, exploring the city's ghostly side," *Washington Post*, May 4, 2004; Jordan, Pat,"The Dixie Ghostbusters," *New York Times*, December 11, 2011.
[30] Black, Riley, "The idiocy, fabrications and lies of Ancient Aliens," *Smithsonian Magazine*, May 11, 2012; Monster Talk,"Ancient alien astronauts: Interview with Ken Feder," *Skeptic*, July 27, 2011.
[31] Ho, Rodney,"StrangerThings season 3 seen by 64 million in first month after release, most popular on Netflix," *Atlanta Journal-Constitution*, October 18, 2019.
[32] Brewer, Paul R., "The trappings of science: Media messages, scientific authority, and beliefs about paranormal investigators," *Science Communication* 35, no. 3 (2013): 311–333.
[33] *CSI: Crime Science Investigation*, "Ghosts of the Past" (Season 13, Episode 21); *The Simpsons*, "The Springfield Files," (Season 8, Episode 10).
[34] 详见附录。
[35] Sparks, Glenn G.,T. Hansen, and R. Shah,"Do televised depictions of paranormal events influence viewers' paranormal beliefs?" *Skeptical Inquirer* 18 (1994): 386–395.
[36] Sparks, Glenn G., Cheri W. Sparks, and Kirsten Gray,"Media impact on fright reactions and belief in UFOs: The potential role of mental imagery," *Communication Research* 22, no. 1 (1995): 3–23.
[37] Sparks, Glenn G., and Marianne Pellechia,"The effect of news stories about UFOs on readers' UFO beliefs:The role of confirming or disconfirming testimony from a scientist," *Communication Reports* 10, no. 2 (1997): 165–172.
[38] Sparks, Glenn G., Marianne Pellechia, and Chris Irvine, "Does television news about UFOs affect viewers' UFO beliefs? An experimental investigation," *Communication Quarterly* 46, no. 3 (1998): 284–294.
[39] Hornig, Susanna, "Television's NOVA and the construction of scientific truth," *Critical Studies in Media Communication* 7, no. 1 (1990): 11–23; Kirby, David A., *Lab coats in Hollywood: Science, scientists, and cinema*, MIT Press, 2011.
[40] Barnett, Michael, Heather Wagner,Anne Gatling, Janice Anderson, Meredith Houle, and Alan Kafka, "The impact of science fiction film on student understanding of science," *Journal of Science Education and Technology* 15, no. 2 (2006): 179–191.
[41] Brewer,"The trappings of science."

[42] Venable, Nick,"Complex words and machinery make ghosthunters seem less bullshitty," *Giant Freakin Robot*, 2012.

[43] NWO Truth, October 29, 2012.

[44] See, e.g., Cox, William S., "An experiment on extra-sensory perception," *Journal of Experimental Psychology* 19, no. 4 (1936): 429–437; Hines, Terence, *Pseudoscience and the paranormal*, Prometheus Books, 2010; Jastrow, Joseph,"ESP, house of cards," *The American Scholar* 8, no. 1 (1938): 13–22.

[45] Ritchie, Stuart J., Richard Wiseman, and Christopher C. French, "Failing the future: Three unsuccessful attempts to replicate Bem's 'Retroactive Facilitation of Recall' Effect," *PloS one* 7, no. 3 (2012): e33423;Wagenmakers, Eric-Jan, Ruud Wetzels, Denny Borsboom, and Han van der Maas,"Why psychologists must change the way they analyze their data: The case of psi—comment on Bem (2011)," *Journal of Personality and Social Psychology* 100, no. 3 (2011): 426–432.

[46] Katz, Neil, "Does controversial study prove ESP is real?" CBS News, January 6, 2011.

[47] Brewer, Paul R., "How news about ESP research shapes audience beliefs," *Skeptical Inquirer*, September/October2013: 41–43.

[48] Chapman University Survey of American Fears, "Paranormal America 2018," Chapman University.

第10章
儿童科学

主题曲：比尔，比尔，比尔，比尔，比尔，比尔，比尔！比尔·奈教科学！教科学规则！

——《比尔·奈教科学》（1993~1998）

海因茨·杜芬什米尔茨（Heinz Doofenshmirtz）博士：我的名字是海因茨·杜芬什米尔茨博士。

我的职业：邪恶的科学家！

法官：疯狂的科学家？

杜芬什米尔茨：不，不，不。不是疯狂的科学家！我并不愤怒，是邪恶的科学家。这有区别。

——《飞哥与小佛》（2012年，第3季第29集：解除的规范）

20世纪90年代的电视节目《比尔·奈教科学》的第一集介绍节目主持人时用了一系列图形和一首朗朗上口的主题曲，这注定会为数百万美国儿童所熟悉。在半个小时的时间里，奈通过制作气球动物、在湖上滑翔以及用吹风机吹自己的脸来解释飞行的物理等原理。他还与一位"非常酷的科学家"试飞员苏珊娜·达西（Suzanna Darcy）、一群年轻的实验室助理以及一首名为《气压的气息》（*Smells Like Air Pressure*，恶搞涅槃乐队（Nirvana）的歌曲《青春气息》（*Smells Like Teen Spirit*）的MTV共同出镜。节目最后，主持人回顾了伯努利（Bernoulli）❶的原理，然后大喊："比尔·奈教科学，准备起飞！"

奈进入美国国家电视台的道路曲折。他曾就读康奈尔大学，参加过著名天文学家卡尔·萨根的课程，并获得了工程学位。[1]他曾就职于波音公司，后来辞职从事喜剧演员的职业。[2]在20世纪80年代后期，他创立了自己的"科学先生"形象，并与两家当地的电视制作人合作，为儿童教育节目开发了一个概念。他们这个想法的提出花了4年时间，最后终于说服美国国家科学基金会、美国公共电视网和迪士尼给与支持。

从1993~1998年，《比尔·奈教科学》以科学演示和真实科学家简介以及对电影、电视节目和MTV的模仿为特色，并将所有这些内容都以连珠炮似的"MTV风格"串联起来。

---

❶ 丹尼尔·伯努利是"流体力学之父"。——译者注

这位"科学先生"本身就是一位精力充沛的主持人，时而讲老套的笑话，时而戴着领结、身穿粉蓝色的实验室外套，并且对科学的奇迹充满热情。他的方案奏效了：节目吸引了广泛的观众，奈成为流行文化偶像。尽管美国国家科学基金会最初担心他的古怪角色会强化科学家"怪异"的刻板印象，但调查发现，观众在观看节目后更有可能将科学家视为"有趣、开心的人"。[3]

自从他的原创系列结束以来，奈通过接受新闻节目的采访以及《与星共舞》（*Dancing with the Stars*）和《生活大爆炸》等节目的露面，拓宽了他荧幕形象的领域。在此过程中，他偶尔会引发科学界内外的批评，例如，在2014年与创造论者肯·汉姆辩论进化论，以及在2018年出席总统的国情咨文演讲。尽管如此，他仍然是美国最杰出的科学传播者之一。2016年10月，当我们要求1000名美国人选出电视或电影中的科学家时，奈轻而易举成为最受欢迎的选择：17%的受访者列出了他，而其他科学家，无论是真实的还是虚构的，得到的选择率都没有超过10%。[4]

然而，并不是所有的儿童电视对科学的描绘都如同《比尔·奈教科学》般光彩夺目。与教育节目相比，儿童娱乐节目对科学的描绘往往更加矛盾。例如，从2007~2015年上映的迪士尼动画系列《飞哥与小佛》展示了科学家们讨人喜欢和不讨人喜欢的形象。一方面，节目的主角是两个聪明善良的年轻异父母兄弟，他们在暑假里从事各种令人眼花缭乱的理工类项目，包括（引用节目主题曲）"建造机器人""寻找渡渡鸟"和"定位科学怪人的大脑"；另一方面，该节目还以一位自称邪恶的科学家海因茨·杜芬什米尔茨（Heinz Doofenshmirtz）为主角，他"接管三州地区"的计划总是被飞哥和小佛的宠物鸭嘴兽泰瑞（Perry）挫败。

杜芬什米尔茨具有典型得不能更典型的科学家的所有特征：他双眼外凸，头发狂野，穿着实验室外套，带着德国口音。他也是一个白人，就像比尔·奈一样。事实上，儿童电视节目上的许多科学家，无论是真实的还是虚构的，都体现了这种从业人员形象。与此同时，女性科学家和有色人种科学家历来在《比尔·奈教科学》，尤其是《飞哥和小佛》这样的娱乐性儿童节目中扮演的角色不太显眼。

这两种类型的科学信息可能有助于形成年轻观众对科学是什么样的以及谁可以成为科学家的观念。反过来，这种观念会对科学和社会产生重要影响。广泛的科学领域无疑将在塑造我们的未来方面发挥关键作用，但它们对新一代的吸引力将部分取决于科学本身的公众形象。如果年轻人对这个职业有好感，并将自己视为潜在的科学家，他们会更倾向于寻求科学教育和职业。[5]

科学认知对培养更多元化的科学界可能尤其重要。正如活动家和领先的科学组织所指出的那样，招募一个能反映我们社会的科学团队，这将带来新的科学见解并帮助我们中间更多的潜在科学家发挥他们的才能。[6]许多类型的障碍助长了科学中挥之不去的不公平现象，但该专业的流行形象可能有助于加强（或者消除）这些障碍。

未来的非科学界人士的观点对于科学与更广泛的社会之间的可持续发展的关系也很重要。如果我们希望寻求对科学事业的支持，弥合科学家和行外人士之间的差距，并促进对科学的批判性参与，那么我们需要了解公众对科学信仰的童年起源。年轻人所持有的世界观往往会延续到他们的成年生活，并为他们未来的判断奠定基础。与成年人相比，儿童也往往更开放——或更容易（这取决于一个人的观点）受到来自包括媒体消息在内的多方面的社会影响。

在一系列研究中，乔斯林·斯坦克（Jocelyn Steinke）和玛丽莉·朗（Marilee Long）强调了两种理论，这些理论有助于解释这种对科学认知的影响。[7]一种是社会认知理论，它强调媒体模型对年轻人观念和志向的影响；[8]另一种是图式理论，它指出媒体描绘如何塑造年轻人的刻板印象和自我形象。[9]这两种理论都表明，如果儿童节目将科学呈现为一种危险的、孤独且不善社交的怪人从事的事业，那么年轻观众会回避这一话题。然而，按照同样的逻辑，将科学家描绘成做有趣工作的人物可能会使观众转向参与科学事业。对于一些观众来说，这样的描绘甚至可能会培养一种对科学家角色的"一厢情愿的认同"感，以及作为潜在科学家的"可能的自我"。[10]自早期以来，鼓励这种积极的印象，一直是教育电视类型节目的一个关键目标。

儿童教育电视如何描绘科学

最早也是最成功的少儿科学节目之一是1951年在美国全国广播公司首播的《观看巫师先生》(Watch Mr. Wizard)。主持人唐·赫伯特（Don Herbert）是一位前空军飞行员，有着讨人喜欢、脚踏实地的性格，他的演示简单而富有戏剧性，用日常物品演示来向他的年轻助手讲授科学原理，而他们的反应经常是大喊："哇，巫师先生！"[11]该系列播放了15年，后又于1971~1972年回归美国全国广播公司的屏幕，播放了一季，并于1983~1990年经历了又一次复兴，在儿童有线电视网络尼克国际儿童频道（Nickelodeon）播出《巫师先生的世界》(Mr. Wizard's World)。在赫伯特的原创节目陪伴下长大的人对他印象深刻：在我们2018年10月对美国公众的调查中，38%的沉默一代（Silent generation，出生于1945年之前）的受访者和31%的婴儿潮一代（baby boomers，出生于1945~1964年）都记得小时候看过巫师先生。[12]相比之下，只有24%的X世代（Generation Xers，出生于1965~1980年）和8%的千禧一代（出生于1980年之后）看过这个节目。

X世代的大多数成员（包括我们）都更熟悉《校园摇滚》(Schoolhouse Rock!)，这是1973年在美国广播公司首播的一系列音乐剧。该剧播放了3季有关乘法、语法和美国历史的歌曲之后，转向1978年和1979年的理工类主题。《科学摇滚》(Science Rock)季的漫画包括《能源蓝调》(Energy Blues，关于自然保护)、《地心引力的受害者》[Victim of Gravity，由嘟·喔普[1]声乐组合代币乐队（Tokens）表演]和《电力，电力》（*Electricity, Electricity*，在我们看来，这首歌是这一季中最朗朗上口的歌曲）。在我们2018年调查的X世代中，有62%的人记得看过《校园摇滚》。几乎一半的千禧一代（48%）和超过1/3的婴儿潮一代（36%）也看了。我们2016年10月的调查还发现，10%的受访者——以及18%的X世代——特别提到说收看了《校园摇滚》中的一集"星际珍妮特"（Interplanet Janet），这集漫画讲述了"来自未来世界的银河系少女，太阳系女士珍妮特；她和她的彗星团队像火箭一样行进，而且从来没有一颗星星是她没见过的。"

美国公共广播公司在20世纪80年代推出了两个儿童科学节目：1980~1988年播出的《3-2-1接触》（*3-2-1 Contact*）和1983~1998年播出的《牛顿的苹果》（*Newton's Apple*）。这两个节目都强调了科学原理如何在从录音室到过山车等真实环境中起作用。[13]他们还试图打破由《观看巫师先生》和其他早期以白人男性为主角的教育节目设定的科学界的从业人员结构。"太多的孩子认为科学家都是穿着实验室外套的中年白人男性，"《3-2-1接触》的导演爱德华·阿特金斯（Edward Atkins）在1983年的一次采访中解释道，"我们想向孩子们介绍其他类型的科学家——女性、少数族裔，以及在日常生活中使用科学的人。"[14]对我们来说，《3-2-1接触》最令人难忘的部分（除了时髦的主题曲之外）是《侦探帮》（*The Bloodhound Gang*），这一系列片段，讲述了一个由男孩和女孩侦探组成的多元化团队利用科学来解开谜团。[15]在我们2018年的调查中，10%的受访者记得看过《3-2-1接触》，同样比例的人也记得看过《牛顿的苹果》。要说X一代比其他人更有可能看过每个节目，毫不奇怪。

20世纪90年代带来了新一波儿童科教节目，其部分原因是联邦政府决定加强对儿童电视的监管。[16]该类节目的一个新作是《比克曼的科学世界》（*Beakman's World*），它类似《比尔·奈教科学》，剧中一位滑稽的主持人穿着一件色彩鲜艳的实验室外套（在这个节目中是一件荧光绿外套），而视觉风格则受MTV影响。扮演比克曼的演员（表演艺术家）保罗·扎洛姆（Paul Zaloom）在由人扮演的实验室老鼠和旋转门女助理的帮助下，通过实验和特技展示了科学原理。该节目于1992~1998年在学习频道（The Learning Channel）和多个媒体播出，受到电视评论家和国家科学基金会（The National Science Foundation）的好评。[17]

《比尔·奈教科学》则更胜一筹，将其主持人塑造为新一代的巫师先生。[18]在我们2018年10月的调查中，近一半（48%）的受访者表示他们看过奈的系列节目。该节目还因其跨代吸引力脱颖而出：受访者中28%的沉默一代、31%的婴儿潮一代、40%的X一代和76%的千禧一代都回忆看过该节目。此外，我们在2016年7月进行的另一项调查发现，奈本人既知名又广受欢迎。3/5（60%）的受访者对他有好感，只有1/5（19%）的人不喜欢他（其余21%没有意见）。[19]

《魔法校车》（*The Magic School Bus*）教科学则另辟蹊径：它没有像比克曼或比尔·奈这样的男主持在实验室里现场表演，而是以动画方式展示了科学老师瓦莱丽·费利西蒂·弗

---

[1] 嘟·喔普（Doo-Wop）是一种流行于20世纪40年代至60年代的重唱形式。——译者注

里兹尔（Valerie Felicity Frizzle）和她的学生们的冒险。例如，有一集讲了弗里兹尔老师将公共汽车缩成微型，并载着全班人开进生病的学生拉尔菲（Ralphie）的身体里。剧中的主人公发现一切都令人着迷，即使是白细胞攻击公共汽车（车上所有人最终安全离开）。《魔法校车》最初于1994~1997年在公共电视网上播出，并在千禧一代中赢得了广泛的观众：在我们2018年10月的调查中，4/5（80%）的人都看过该剧。

儿童科学电视的小热潮在1994年达到顶峰，玛丽莉·朗和乔斯林·斯坦克对该类型的4个真人秀节目进行了内容分析，它们分别是：《牛顿的苹果》《比克曼的科学世界》《比尔·奈教科学》和《巫师先生的世界》。[20]研究人员发现，这些节目从未强化科学家是邪恶或暴力的刻板印象，而且很少将科学呈现为神秘的或神奇的。相反，所有这4个节目都强调科学既是日常生活的一部分，又富有乐趣（尤其是在《比尔·奈教科学》和《比克曼的科学世界》）。这些节目有时将科学家描绘成古怪的人（同样，最引人注目的是在奈和比克曼的节目），将科学描绘成危险的（比克曼和奈都喜欢爆炸），但也通过邀请年龄、性别和种族各不相同的科学家和实验室助理参与节目，呈现出"适合所有人"的科学（尽管巫师先生、奈和比克曼自己都是40多岁或更年长的白人男性）。

12年后，朗主持了另一个研究儿童教育电视中科学家形象的项目。[21]后续分析中的一个节目是《比尔·奈教科学》，该节目已结束制作，但仍在重播。另一个是《蜻蜓电视》（Dragonfly TV），一部"以日常生活中的孩子为主的真人秀科学调查"的公共电视网系列节目，于2002~2008年播出[22]。还有一个是《流言终结者》，由两位喜爱调侃的特效专家主演的以演示为主的节目，于2003~2016年在探索频道播出。她的团队发现，这些节目很少将科学家描绘成独自工作，而且几乎从未将他们刻画为有怪癖的或暴力的。更常见的是，这3个节目展示了可爱、聪明的人们一起研究科学。

在过去十年中，以类似描述为特色的教育节目蓬勃发展，而公共电视网显而易见仍然是该类型节目的领头羊。其科普动画节目包括跟随年轻的主角和他的同学学习科学原理的《科学小子席德》（Sid the Science Kid），以及描绘古生物学探索恐龙的《恐龙火车》（Dinosaur Train）。公共电视网还发行了融合了真人秀和动画的一个针对少女的系列《科学探险女孩》（Sci Girls），以及以一对真实的动物学家兄弟和他们的卡通人物化身为特色的系列《动物兄弟》（Wild Kratts）。2019年，商业广播网络哥伦比亚广播公司开始播出《不可阻挡的任务》（Mission Unstoppable）。这是一个介绍理工科女性的节目，由演员兼吉娜·戴维斯性别与媒体研究所（Geena Davis Institute on Gender and Media）创始人吉娜·戴维斯（Geena Davis）制作，由《爱卡莉》（iCarly）和《摇滚校园》（School of Rock）主演米兰达·科斯格罗夫（Miranda Cosgrove）主持，嘉宾包括"理工科女王"·杰奎琳·敏思（Jacqueline "the STEM Queen" Means），一位18岁的黑人神经科学学生，致力于在特拉华州威尔明顿市的社区中促进儿童参与理工科学习。[23]就迪斯尼少年有线频道（Disney Junior cable channel）来说，它已经播出了诸如《海底小纵队》（The Octonauts）等节目，这是英国制作的拟人化动物研究海洋生物学的动画系列。

除了传统电视，流媒体视频服务的兴起为科普节目创造了新平台。例如，奈飞在2017年恢复了20世纪90年代电视中的两个偶像：《比尔·奈拯救世界》（Bill Nye Saves the World）中的比尔·奈和《魔法校车再次启程》（The Magic School Bus Rides Again）中的弗里兹尔家族。次年，该平台推出了《妙想科学秀》（Brainchild），这是一个演示节目，遵循了《观看巫师先生》《比克曼的科学世界》和《比尔·奈教科学》的模式，但由一位20多岁的有色人种女性萨哈娜·斯里尼瓦桑（Sahana Srinivasan）主持。[24]在2020年，奈飞推出了另一部以演示和实验为特色的儿童科学节目《艾米莉的神奇实验室》（Emily's Wonder Lab）。节目的主持人艾米丽·卡兰德雷利（Emily Calandrelli）在节目首季的整个拍摄过程中明显怀孕了。她在2020年8月11日发推文说："作为一名在奈飞等平台上从事科学工作的孕妇，我感到特别自豪。就我个人而言，我认为这传递出了一个非常酷的信息，即理工科职业欢迎什么人。因为这些职业通常对有家庭或想要组建家庭的女性来说不太友好。"

科教电视和对科学家的认知

乔斯林·斯坦克和她的合作者对教育节目如何描绘科学进行了研究，在此基础上，开发了一个由两部分组成的框架来理解其对观众的影响。第一个版块是社会认知理论，由心理学家阿尔伯特·班杜拉（Albert Bandura）通过一项著名的实验得以验证。实验中他向孩子们展示了另一个孩子玩洋娃娃的视频。[25]当他给参与者玩具时，那些看过媒体示范模型攻击洋娃娃的人比那些静静地看着示范模型玩洋娃娃的人更有可能进行暴力游戏。

正如斯坦克所指出的，社会认知理论的逻辑应该延伸到媒体对科学的描绘：当年轻人与电视中的科学家"间接接触"时，描绘的性质可能会影响他们对真实科学的态度。[26]科学家的正面榜样将鼓励观众参与这个主题，而反面榜样可能起到相反效果。此外，对媒体示范模型（如电视中的科学家）形成一厢情愿的认同感的年轻人将特别可能按照该模型来形成自己的志向和选择。[27]换言之，观看科教节目可以令观众想要成为比尔·奈或弗里兹尔老师那样的人。

斯坦克和她的同事开发的第二个板块是图式理论。桑德拉·贝姆（Sandra Bem）和其他心理学家发现，儿童通常会在很小的时候就发展出关于性别的心理结构或图式（如"粉红色代表女孩，蓝色代表男孩"或"男人比女人更坚强"），然后用它们来解释这个世界。[28]这样的信念为性别刻板印象提供了基础，包括与科学有关的刻板印象。

反过来，媒体信息在形成年轻人的认知图式方面发挥着重要作用，尤其是儿童在自己的社交生活中很少遇到诸如科学家这类的群体。在缺乏真实榜样的情况下，电视节目提供了对科学家的刻板印象的现成来源。[29]同样的描述也塑造了年轻观众可能的自我，即他们对自己能成为谁或不能成为谁的看法。[30]毕竟，想要成为比尔·奈或弗里兹尔老师的愿望并不一定足以强大到令年轻人追随他们的脚步,观众可能也需要在媒体模型中看到自己。

在社会认知理论和图式理论的指导下,我们使用2018年10月对美国公众的调查结果来探究观看少儿教育节目与科学认知之间的关系。为了获取受访者的观看历史,我们结合了他们对两个问题的回答。第一个问题:"在你成长的过程中,你多久看一次有关科教电视节目?"26%的受访者说"经常",43%说"有时",23%说"很少",7%说"从不"。第二个问题是受访者是否看过《比尔·奈教科学》。

结果中突出的一种模式是观看儿童教育电视节目与将科学家视为"为人类利益而工作的奉献者"之间的联系。大约一半(47%)最忠实的观众——那些说他们经常观看科教节目的观众,特别是比尔·奈的观众——非常同意对科学家的这种描述(图10-1)。有时收看相同节目的受访者同意此观点的比例降低了13%,而很少或从未收看过的受访者的比例则降低了18%。简言之,在少儿电视节目中见到科学家的正面榜样与以积极的眼光看待整个行业是相辅相成的。

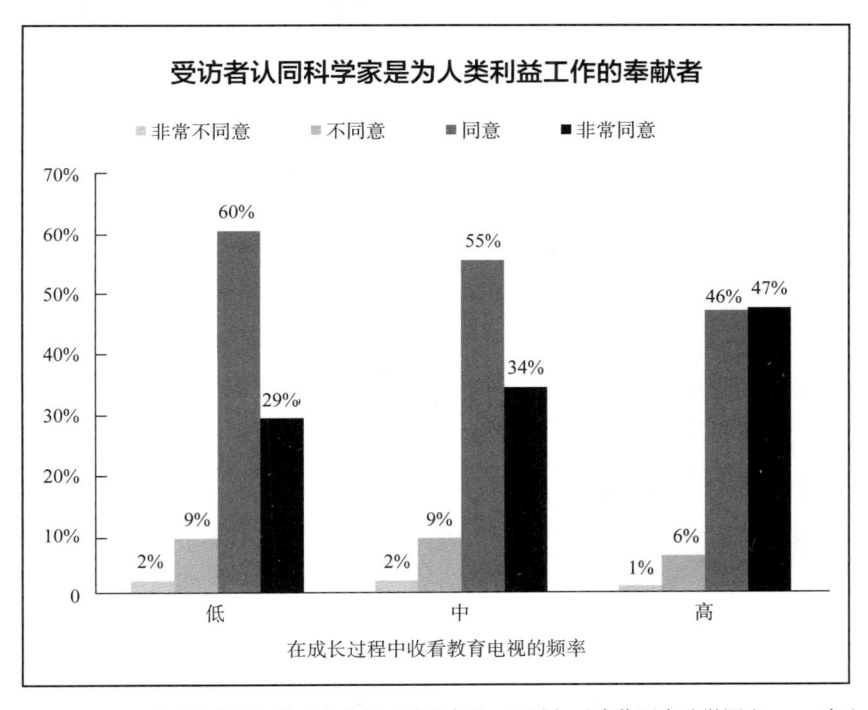

受访者认同科学家是为人类利益工作的奉献者

在成长过程中收看教育电视的频率	非常不同意	不同意	同意	非常同意
低	2%	9%	60%	29%
中	2%	9%	55%	34%
高	1%	6%	46%	47%

图10-1 通过收看教育电视节目产生的对科学家的正面认知(合作国会选举调查,2018年)

与比尔·奈、巫师先生、比克曼和弗里兹尔老师等人进行间接接触也可能有助于消除对科学家的负面刻板印象。例如,科教电视的忠实观众特别有可能拒绝"科学家往往是怪异的人"的观念。近四分之一(23%)的人强烈反对这种说法;在其他所有人中,这个比例低了大约10%(图10-2)。同样,忠实的观众特别有可能拒绝科学家是孤独的这一刻板印象。其中三分之一(33%)强烈反对"科学家倾向于独自工作",这一比例约是其他人的两倍(图10-3)。

受访者同意科学家总是怪异的人的百分比

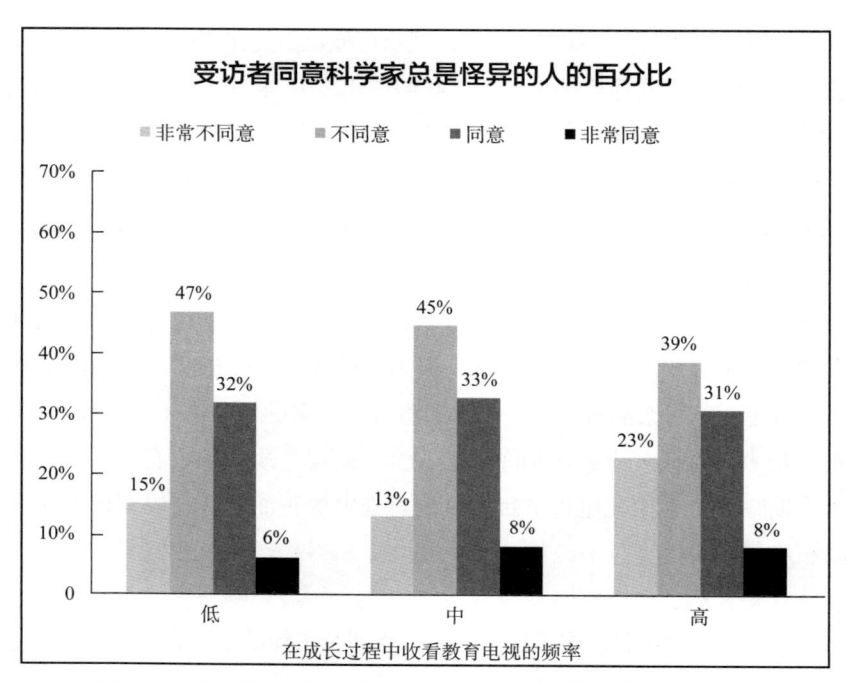

图 10-2　通过收看教育电视节目产生的科学家是怪人的看法（合作国会选举调查，2018年）

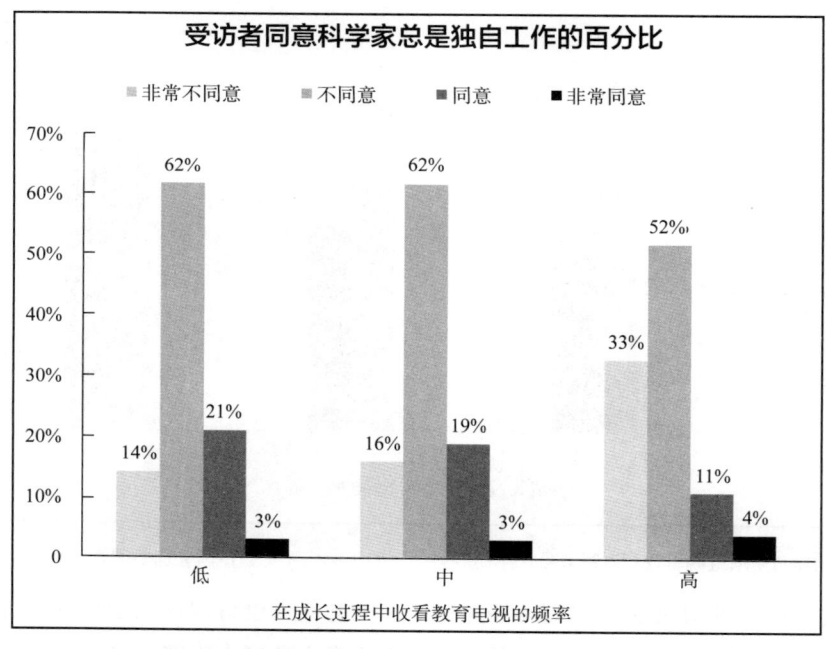

受访者同意科学家总是独自工作的百分比

图 10-3　通过收看教育电视节目产生的科学家独自工作的看法（合作国会选举调查，2018年）

即使我们在统计上考虑了包括人口统计、收看综合类电视和收看科幻电视等其他因素后，所有这些模式仍然存在。然而，有趣的是，我们没有发现儿童收看科教电视与对科学工作有多危险的认知之间存在任何联系。也许这种类型的节目根本不会影响观众对科学是否带来危害的看法。或者，也许像《比尔·奈教科学》《比克曼的科学世界》和《魔法校车》

这样的节目会传达一个更微妙的信息：只要你和一个值得信赖的成年人在一起并戴上你的安全护目镜，科学很可能是安全的。

我们还探讨了我们发现的模式是否因年龄组而异。在将科学家视为好人的情况下，答案是"不"，但在将科学家定性为孤独的怪才时，答案是"是"。相对年轻的观众，在成长过程中是科教电视的忠实观众的受访者强烈反对科学家是独自工作的怪人。这是有道理的：千禧一代应该对那些常常出现在少儿科教电视节目中的脚踏实地、彼此合作的科学家们记忆犹新。

总而言之，我们的发现完全符合乔斯林·斯坦克及其同事建立的框架。在童年时期收看科教电视与将科学家视为为善而工作、不单独工作、不怪异的人这一观点相吻合——这些模式反映了像《比尔·奈教科学》这样的节目如何展示科学家的正面榜样，并挑战一些常见的职业刻板印象。我们在此的研究结果并未说明这些节目是否也能驳斥对科学家的刻板印象，但一旦我们探索了另一种关键的电视类型：儿童娱乐电视节目，我们将重新审视这个问题，因为这类节目较少以推广科学为己任，而更多以高收视率带来高收入为动力。

儿童娱乐电视如何描绘科学

与教育电视领域的同行不同，儿童娱乐电视领域的科学家历来都是导师、英雄和恶棍混合体。从20世纪60年代和70年代开始，广播网络在周六早上开播卡通片，节目都是以上述3种原型为主。[31] 导师包括来自《波波鹿与飞天鼠》(Bullwinkle Show，1961~1964年)的皮博迪(Peabody)先生，他是一只会说话的狗，带领着男孩谢尔曼(Sherman)，与WABAC机器❶一起冒险；以及来自《乔尼大冒险》(Jonny Quest，1964~1965年)的本顿·奎斯特(Benton Quest)博士，他是该剧年轻主角的科学家父亲。动画版《星际迷航》(1973~1974年)中的斯波克先生是典型的科学家英雄，他是星舰进取号的副驾驶，利用自己的知识与邪恶作斗争并帮助有需要的人。与此同时，《超级英雄战队》(Super Friends，于1973~1974年首播并经历了多次重启)让蝙蝠侠、神奇女侠和超人这样的超级英雄，对抗好似永远不会消失的邪恶的或被误导的科学家，如巴佛斯(Baffles)教授和辛克奎克(Thinkquick)博士。

从20世纪80年代到90年代初，星期六晨间卡通片出现了新的邪恶科学家和新的英雄科学家。恶棍有《神探加杰特》(Inspector Gadget，1983~1986年)中英雄的克星——钢爪博士(Dr. Claw)，以及《X战警：动画系列》(X-Men: The Animated Series，1992~1997年)中的惊恶先生(Mister Sinister)；英雄的科学家包括《捉鬼特工队》(The Real Ghostbusters，1986~1991年)的超自然调查员和《忍者神龟》(Teenage Mutant Ninja Turtles，1987~1996年)的紫色眼带神龟多纳泰罗(Donatello)。这4个节目全都获得了很高的收视率，但20世

---

❶ 片中的一台虚构的时间机器。——译者注

纪90年代媒体行业的变化导致广播网络放弃了周六晨间卡通片。

但卡通网络（Cartoon Network）、尼克国际儿童频道和迪斯尼频道（Disney Channel）等有线电视网络用他们自己的节目填补了这个空白，这无疑是动画迷的福音。这些动画就像广播网络之前播出的节目一样，将科学家描绘成各种角色。有时，这些科学家是富有同情心的（如果性格上还有缺陷的话）年轻主角。例如，《德克斯特的实验室》（Dexter's Laboratory，1996~2003年）将片中总是戴着眼镜，穿着白色实验室外套的主角描绘成一个社交笨拙但心地善良的天才。同样，《天才小子吉米》（The Adventures of Jimmy Neutron，2002~2006年）讲述了一位年轻发明家的生活，他有神奇的设备，却总是弄巧成拙让自己陷入困境，但也能凭借它们摆脱困境。

20世纪90年代末和千禧年代初的其他卡通科学家很贴合导师角色。尤教授（Utonium）就是如此，他身穿着实验室白袍，创造了《飞天小女警》（The Powerpuff Girls，1998~2005年）中的年轻超级英雄花花（Blossom）、毛毛（Buttercup）和泡泡（Bubbles），并作为她们三人的父亲。他可能对很多事一窍不通，尤其是在女人身边，但他是一个善良而忠诚的父亲。诺拉·韦克曼（Nora Wakeman）博士在《我的青少年机器人时代》（My Life as a Teenage Robot，2003~2005年）中也扮演了同样的角色，如XJ-9的创造者和母亲。XJ-9是一个机器人女孩，她将自己重命名为珍妮·韦克曼（Jenny Wakeman）。尽管老韦克曼打破了男性科学家一贯的刻板印象，但却用她刺猬头式的白发、眼镜、略带欧洲口音和古怪的个性，对应了科学家刻板印象列表上的许多选项。[32]《幻影丹尼》（Danny Phantom，2004~2007年）的主角也有科学家父母，他们在片中是超自然调查员，却没有意识到自己的儿子拥有幽灵般的力量。

至于邪恶科学家原型则为千禧年代卡通片中的许多反派提供了模型。例如，一只名叫魔人啾啾（Mojo Jojo）的聪明变异猴子是飞天小女警的死对头，超自然现象研究员弗雷德·麦斯特（Vlad Masters）是幻影丹尼的主要对手。特工动画片《麻辣女孩》（Kim Possible，2002~2007年）中的怪博士杜肯（Dr. Drakken）尤为特别，令人过目不忘，他是一位留着鸡冠头、有着蓝皮肤的疯狂科学家，他不断计划征服世界。他的计划因明显的缺陷和不必要的复杂性［正如他那爱挖苦人的跟班席果（Shego）总是立马提醒他的那样］，往往会以惨烈的失败告终。

玛丽莉·朗（Marilee Long）和她的同事在2006年对《德克斯特的实验室》《麻辣女孩》《天才小子吉米》和《幻影丹尼》4部有线电视网络漫画进行了内容分析。[33]这些节目偶尔会将科学家呈现为暴力（杜肯博士喜欢射线枪和世界末日装置，而德克斯特则偶尔会在战斗中挥舞扳手）和独自工作（德克斯特喜欢的研究模式，尽管他的妹妹经常打断他的努力）的人，但很少将他们描绘成讷客或技术狂。

自2007年以来，卡通网络、尼克国际儿童频道和迪斯尼频道持续将科学家描绘成混合体。的确，那一年《飞哥和小佛》推出了讨人喜欢的年轻主角以及倒霉的海因茨·杜芬什米尔茨（他甚至有自己的充满邪恶的短曲："杜芬什米尔茨邪恶企业！"）。过去10年的其他儿童动画节目以各种性格丰富多彩的科学家为主角——《探险活宝》（Adventure Time，2010~2018年）里的糖果王国的亮粉色统治者泡泡糖公主就是如此。尽管她的实验偶尔会引起混乱，但她是一位仁慈的君主。《降世神通：科拉传奇》（The Legend of Korra，2012~2014年）中的发明家法力克（Varrick）在道德上更加模棱两可：在他坚韧的助手朱力的陪伴下，在帮助和阻碍剧中英雄之间摇摆不定，同时密谋赚钱。《怪诞小镇》（2012~2016年）以斯坦福·派恩斯（Stanford Pines）的卡通形象描绘了另一位令人难以捉摸的科学家，他与他的双胞胎兄弟斯坦利进行了毁灭性的争执，但也是年轻的超自然现象研究员迪普尔（Dipper）的导师。

2016年，我们对317名大学生进行了调查，以了解他们对有线电视动画片中一些最具标志性的科学家的看法。绝大多数（87%）的受访者对《天才小子吉米》中的吉米·纽特隆（Jimmy Neutron）持正面评价，《德克斯特的实验室》的德克斯特也很受欢迎（66%的人对他持正面评价）。受访者对《飞天小女警》中的尤教授不太熟悉，但知道他的人中，对他有好感的以3：1的优势（45%与15%）胜过对他没有好感的。

与此同时，两个表面上的反派在观众中引发了意见的分歧。熟悉《麻辣女孩》中怪博士杜肯的受访者对他有不同的看法（33%喜欢，37%讨厌），而熟悉《飞哥与小佛》中杜芬什米尔茨博士的受访者也是如此（38%喜欢，33%讨厌）。这些观点的分歧大概反映了作为动漫喜剧中从未真正伤害过任何人的反派人物的角色现状。杜芬什米尔茨是一个特别可悲的人物：从他父亲给家里的狗取名为"独生子"开始，他一生都遭受着侮辱。

测试卡通科学对年轻观众的影响

鉴于儿童娱乐电视节目呈现相对复杂的科学信息的方式，我们不应该期望这些节目以简单、片面的方式影响年轻观众对科学家的认知。收看卡通网络、尼克国际儿童频道或迪斯尼频道的年轻人可能会看到像尤教授这样的正派榜样和像吉米·纽特隆这样能引起共鸣的同辈中人，但他们也会遇到像怪博士杜肯这样的反面人物。同样，这些观众也会遇到强化了科学家是古怪或笨拙的刻板印象的一些角色，如杜芬什米尔茨博士，以及那些被刻画为挑战这种刻板印象的角色，如飞哥和小佛。

我们的调查结果与这种复杂信息保持一致，显示出过去收看儿童娱乐电视和对科学家的看法之间没有明确的联系。例如，在我们2016年的学生调查中，认可德克斯特、尤教授、吉米·纽特隆、杜肯博士和杜芬什米尔茨博士的受访者与其他所有人相比，在认为科学家是优秀的、古怪的、或单独工作等方面，没有太大的出入。同样，在我们的2018年全国调查中，看过《德克斯特的实验室》（占样本的30%）和《飞天小女警》（27%）的受访者在对科学家的看法上，与没有看过这两部卡通的观众也并没有什么不同。

然而，即使观看儿童娱乐电视不会长期对这些看法产生整体影响，但看到卡通片对科学家的具体刻画仍然可能影响观众对科学家的看法。例如，年轻观众可以通过收看《探险活宝》的泡泡糖公主用她的发明拯救世界而受到启发。或者，他们可能会因为看到德克斯特将他自己孤立于实验室，或者看到杜肯博士因他无能的诡计而让自己难堪而远离科学。

为了测试这些可能性，我们在2019年进行了一项实验，参与者观看了《飞哥与小佛》的不同剪辑版本。我们的样本包括303名大学生，其中大多数当时还是青少年。[34]这些参与者不属于观看《飞哥与小佛》的主要观众——学龄儿童，但他们完全契合该节目的流行文化参考和讽刺幽默所针对的次要观众。几乎所有学生（95%）都看过这个系列，大约3/4（72%）看过很多次。

我们将参与者随机分配为4组。其中，对照组没有观看《飞哥与小佛》的剪辑，相反，他们观看了另一部卡通片《海绵宝宝》（*SpongeBob SquarePants*）中的一个展示一对非科学家角色（章鱼哥和海绵宝宝本人）的场景。

第二组，观看条件设为"邪恶科学家"，观看了《飞哥与小佛》的"骑士的艰难一天"一集的剪辑版，其中秘密特工鸭嘴兽泰瑞潜入邪恶科学家的会议中，以挫败杜芬什米尔茨博士的最新阴谋。这个故事情节将杜芬什米尔茨和其他参加大会的人描绘成古怪而邪恶的，尽管并没有把他们描绘成孤独者；事实上，杜芬什米尔茨很高兴见到他自己成为楷模，并说这使他"很高兴被这样的邪恶包围"。

第三组，观看条件设为"亦正亦邪型科学家"，观看了《飞哥和小佛》的"特工D"一集的剪辑版，讲述了杜芬什米尔茨与泰瑞合作击败一个名叫迪米奴提夫博士（Dr. Diminutive）的邪恶科学家。在这个故事情节中，杜芬什米尔茨试图改变自己的行事方式（他甚至签署了一份《我放弃邪恶》的宣誓书），但事实证明他不擅长与他人合作。他最终因违反一长串人力资源政策而被泰瑞的间谍机构解雇。

最后一组，观看条件设为"善良科学家"，观看了《飞哥与小佛》的"米普编年史"一集的片段，两位年轻的科学家在测试一副电子棒球手套时，一个可爱的外星人坠毁在他们的后院，得到了他们的帮助。异父母兄弟使用两项发明来帮助受困的外星人：控制论控制的机械师平台和GPS"可爱追踪器"。

之后，我们向4个小组询问了一系列关于科学家的问题。答案显示，观看《飞哥与小佛》的剪辑对某些看法并不产生影响。例如，每个小组的参与者都倾向于同意科学家是为人类福祉而努力的奉献者（图10-4）。这些剪辑也没有明显影响科学家是怪异的这一认知。

与此同时，《飞哥与小佛》的视频确实影响了观众对科学家的其他看法。最引人注目的是，收看"邪恶科学家"视频的参与者认为科学家具有社交困难的可能性比观看"善良科学家"视频的参与者高出近20%（62%：43%）。考虑到两个剪辑中的刻画，这是有道理的：第一个剪辑显示杜芬什米尔茨对着伪装得很差的泰瑞瞎聊，而第二个显示飞哥和小佛正在进行正常、友好的对话。

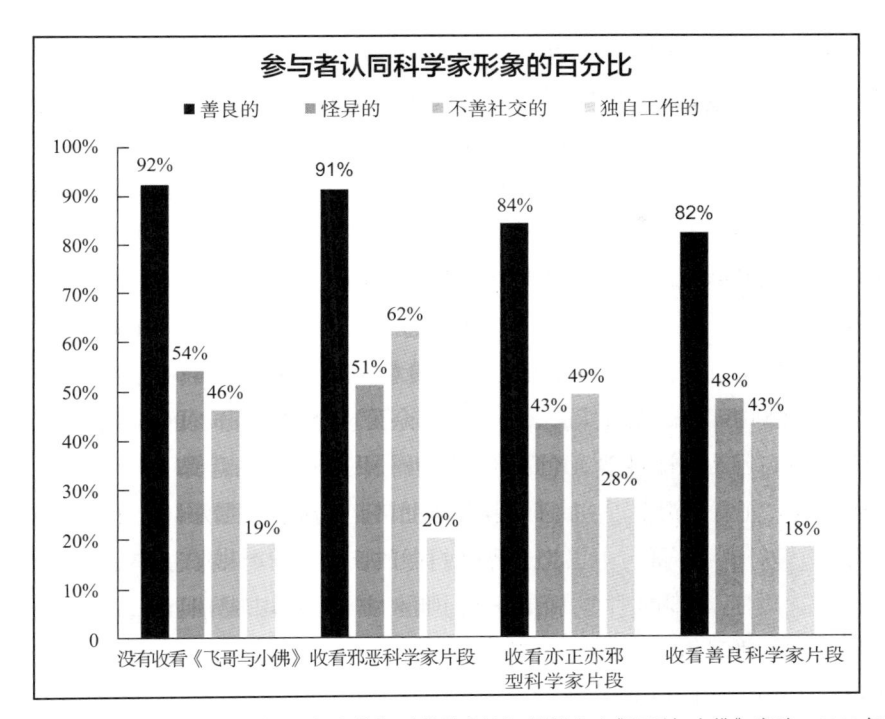

图10-4 设置收看条件下，《飞哥与小佛》对科学家认知的影响（《飞哥与小佛》实验，2019年）

"亦正亦邪型科学家"视频也有一个明显的效果：它对迪米奴提夫博士的反社会阴谋和杜芬什米尔茨博士糟糕的团队合作的刻画显然让观众更为认可孤独科学家的形象。观看此片段的参与者比对照组参与者更有可能认为科学家倾向于独自工作（28%：19%）。

总之，我们的实验结果提供了《飞哥与小佛》的复杂影响。从节目中节选的视频时而强化了对科学家的刻板印象，时而没有。尽管我们怀疑这些卡通在年轻、相对易受影响的儿童中的影响可能比对大学生的影响更大，但我们也怀疑从《德克斯特的实验室》到《怪诞小镇》等其他儿童娱乐卡通片也是如此。

媒体信息和年轻人对谁是潜在的科学家的认知

到目前为止，我们一直专注于教育节目和以娱乐为主的漫画如何影响人们对科学家的看法。然而，儿童电视也可以影响年轻观众对科学家是谁以及谁是潜在的科学家的看法。事实上，科学界普遍担心的是，媒体对科学家的刻板印象会阻止女孩和有色人种儿童将自己视为科学家。

我们有充分的理由——儿童电视大多数时候都强化了白人科学家的形象。例如，斯坦克和朗1994年对《巫师先生的世界》《牛顿的苹果》《比克曼的科学世界》和《比尔·奈教科学》的内容分析发现，在这些教育节目中，男性科学家的人数是女性科学家的两倍。[35] 此外，节目经常将妇女和女孩描绘成学生、学徒、实验室助理或科学记者，而不是真正的专家。

1996年后，朗和她的同事们研究了《牛顿的苹果》《比克曼的科学世界》《比尔·奈教科学》和《魔法校车》，他们发现性别更平衡。[36]这一次，大约一半的科学家是男性或男孩，另一半是女性或女孩。这些节目还描绘了男性和女性科学家的地位平等，并给予他们平等的荧幕时间。遗憾的是，儿童教育电视上的白人科学家出现的时间几乎是有色人种科学家的两倍。

2006年，朗和她的同事分析了以教育和娱乐为主的节目的科学人口统计数据。[37]结果揭示了这些节目类型之间的巨大差异。由美国国家科学基金会资助的两个教育节目《比·尔奈教科学》和《蜻蜓电视》在他们对科学的描述中实现了性别平等（尽管最杰出的科学家奈是男性）。与此同时，《德克斯特的实验室》《天才小子吉米》和《麻辣女孩》等娱乐节目中男性科学家的人数是女性科学家的两倍（例如，德克斯特、吉米·纽特隆和杜肯博士）。朗的团队还发现，儿童电视上近3/4的科学家是白人（包括奈、德克斯特和纽特隆）。

2007年后首映的《飞哥与小佛》也遵循同样的模式。3个主要的男性角色（飞哥、小佛和杜芬什米尔茨）具有倾向科学的爱好，而唯一的女主角坎迪斯（Candace）则对约会男孩、买衣服、煲电话粥和向妈妈"告密"她的弟弟更感兴趣。"谈到疯狂的科学，"漫画评论家玛格丽特·奥康奈尔（Margaret O'Connell）写道，"剧组中的女孩和女性往往被贬低为充满钦佩和具有相当科学素养的助手……或者由过气的明星客串。"[38]《飞哥与小佛》的主要科学家角色也都是白人，片中配角确实包括南亚数学天才巴吉特（Baljeet），但一些观察家认为，对他的刻画反映了印裔美国人是讷客的刻板印象。[39]

《飞哥与小佛》在按性别和种族对科学家进行归类方面，也如出一辙。吉娜·戴维斯研究所（Geena Davis Institute）在分析2007~2017年的少儿电视节目时发现，理工科角色中59%是男性，72%是白人。[40]此外，这些节目的女科学家倾向于在生命科学而不是其他理工科领域工作，这种模式反映并可能加强该行业历来的差异。[41]

吉娜·戴维斯研究所结合他们对儿童电视形象的研究，对初中女生、高中女生和大学女性进行了全国代表性调查。绝大多数受访者表示，在电视上将女孩和女性视为理工科角色对她们自己选择是否从事理工科职业有重要影响。几乎3/4的人将真人秀节目《青春相对论》（*Project Mc²*）中的角色麦凯拉·麦卡利斯特（McKeyla McAlister）视为她们求学理工科的激励，而略多于一半的人对儿童动画系列《小医师大玩偶》（*Doc McStuffins*）中的主角表示了同样的看法。

其他研究揭示了媒体形象如何形成年轻观众对科学家性别的刻板印象。在一项研究中，斯坦克和她的同事要求数百名七年级学生画一幅科学家的画像。[42]一半的女孩画了一位女科学家，而只有13%的男孩画了女科学家。当被问及他们从哪里得到这些绘画的灵感时，学生们称电视节目和电影是他们绘画灵感的主要来源。毫不奇怪，依靠媒体刻画获得灵感的学生特别有可能画出具有狂野头发、眼镜和实验室外套的刻板男性科学家。

几年后，斯坦克和她的团队探索了儿童电视如何影响年轻观众的可能的自我——即他们希望或害怕长大成为什么人的形象。[43]研究人员向一组七年级学生展示了来自各种电视节目的剪辑,包括教育节目(《比尔·奈教科学》《蜻蜓电视》和《流言终结者》)和娱乐节目(《德克斯特的实验室》《天才小子吉米》《麻辣女孩》和《幻影丹尼》)。在观看这些剪辑之前,研究中的男孩比女孩更有可能认为自己目前擅长科学。然而,观看这些剪辑使孩子们受到鼓舞,认为自己在未来也擅长科学。

斯坦克和她的同事进行的后续分析研究了年轻观众是否想像同一部电视剪辑中的科学家一样。[44]总体而言,研究中的男孩更有可能认同男性科学家角色(包括德克斯特、吉米·纽特隆和杜肯博士)而非女性科学家角色。与此同时,相较于被描绘成独自工作(如德克斯特)或试图支配他人(如杜肯)的男性科学家,女孩们对女性科学家表现出更大的"一厢情愿的认同"。这种模式可能会加剧想成为科学家的人的性别差异,尤其是考虑到男性科学家在儿童电视节目中的数量超过女性科学家。

布拉德利·邦德(Bradley Bond)最近进行的一项实验表明,儿童电视中的刻板印象甚至会影响小学生。[45]在这项研究中,一组6~9岁的女孩观看了女孩参与带有性别刻板印象的活动的电视片段:与仙女教母会面,谈论如何打动男孩,并讨论跳舞时穿什么。观看这些剪辑让学生们对具有性别刻板印象的职业表达了更大的兴趣,例如,教师、花店或全职妈妈。与不看任何视频的女孩相比,看过这些刻板印象视频的女孩也更有可能画出男性科学家。相比之下,观看女孩从事理工科活动——如建造机器人或火箭——的反刻板印象的电视剪辑对观众的职业兴趣或科学家的画像没有影响。

将这些研究放在一起揭示了一幅令人不安的画面,即儿童电视节目中的性别刻板印象如何影响年轻观众的科学认知。此类节目通常会强化科学家是男性的信息,年轻观众会接受这一点。而故事也不会到此为止。当谈到儿童科普电视节目中其他刻板印象的影响时,可能会出现类似的动态。鉴于这些节目倾向于将科学家描绘成白人,有色人种的年轻观众可能会觉得现实世界的科学不会欢迎他们。尤其是有色人种的女孩,可能会感同身受地体会到一种"双重束缚",这种束缚源于科学中基于性别和种族的歧视。最重要的是,儿童电视通常将科学家描绘成异性恋和身体健全的人。几乎没有任何卡通科学家有明显的残疾,而尤教授、飞哥和杜芬什米尔茨博士等角色都是清一色的异性恋者。[46]所有这些模式都可能使追求科学人生的人复制现有的差异。

尽管如此,儿童电视——尤其是教育节目制作——已经朝着更加平衡的方向转变,至少在描绘女科学家方面是这样。此外,许多年轻观众确实注意到卡通中以白人男性为主的科学界的例外情况,例如,麦克斯塔芬斯医生(Doc McStuffins,就是一个黑人女孩)。这就提出了一个更广泛的问题:如果有方法的话,最好的一种对抗儿童媒体对科学家的刻板印象的方法是什么?

挑战——并重新设想——儿童媒体对科学的描绘

消除这种刻板印象的一种潜在方法是教育年轻人批判性地思考他们在媒体上看到和听到的内容。"教师对青少年产生了相当大的影响，"丽莎·瑞安（Lisa Ryan）和乔斯林·斯坦克写道，"在这些孩子们的青少年时期，科学教师必须设法解决和挑战学生对科学和科学家的刻板印象的问题，以促进科学职业成为所有学生的可选项。"[47]

然而，正如教育学者托马斯·麦克杜菲（Thomas McDuffie）所指出的那样，教师可能需要反思自己对科学家的刻板印象，然后才能引导学生剖析媒体信息。[48]当他要求一群教师和岗培教师画科学家画像时，许多教师受访者给了他一些穿着实验室白袍、戴着眼镜、头发狂野的白人男性的图画。为了对抗这些刻板印象，麦克杜菲提倡不仅举行课堂讨论，而且要邀请科学家作为演讲嘉宾，并到科学工作场所进行实地考察，为年轻人提供真实的科学家榜样。

在某些情况下，以教育为主的方法可以奏效。我们最喜欢的成功案例是在费米粒子物理实验室（Fermilab）的实地考察计划。[49]参观该实验室并会见其研究人员启发了许多参与了该研究项目的七年级女孩，她们不再画出带有刻板印象的男性科学家（戴着眼镜、狂野的头发和实验室外套），而是随意画出女性科学家。[50]尽管如此，同样的案例也说明了教育计划的局限性。费米实验室之行并没有影响该项目中任何一个七年级男孩对科学的设想：他们在访问前后都画了男性科学家。

事实上，研究表明，挑战媒体对科学的刻板印象并非易事。当斯坦克和她的同事在一组七年级学生中测试基于讨论的媒体素养干预措施的影响时，他们发现这些措施对学生的科学态度或他们对科学界女性的认知没有影响。[51]干预措施也不影响学生画的科学家的性别。[52]

这些发现表明，教育本身并不能完全抵消媒体信息对年轻人心目中的科学形象的影响。这就是为什么斯坦克和朗等专家以及吉娜·戴维斯研究所等机构主张让科普电视节目更加多样化。[53]公共电视网的《科学探险女孩》、美国哥伦比亚广播公司的《不可阻挡的任务》和奈飞的《妙想科学秀》等节目的发展为多样化的科学形象提供了乐观的理由，但娱乐业在呈现包容性的科学画像方面仍有很大的提升空间。我们很喜欢和自己的孩子一起看《飞天小女警》《麻辣女孩》《飞哥与小佛》，但我们希望将来能看到更多像泡泡糖公主和麦克斯塔芬斯医生这样的科学家。

回顾案例研究，我们还可以清楚地看到，人口统计学上的科学刻板印象如何跨越许多不同类型的媒体。对奇怪甚至邪恶科学家的描述可能正在减少，但白人、男性、异性恋、顺性别、身体健全的科学家的标准形象仍然存在于好莱坞电影、黄金时段情景喜剧、油管视频和儿童动画节目中。鉴于这种模式的广度，促进更多样化的科学视野将需要一系列方法和参与者。鉴于此，我们不妨考虑3个群体——科学家、媒体制作人和观众——如何能不仅可以帮助促进科学的包容性，还可以支持科学事业，弥合科学家和普罗大众之间的差距，并鼓励对科学的批判性参与。

注释

[1] "Bill Nye: I took astronomy from Carl Sagan," *Secret Life of Scientists and Engineers*, PBS, March 21, 2014.

[2] Boss, Kitt, "The Bill Nye effect," *Seattle Times*, December 18, 1994.

[3] Boss, "The Bill Nye effect."

[4] 详见附录。

[5] Besley, John C., "Predictors of perceptions of scientists: Comparing 2001 and 2012," *Bulletin of Science, Technology & Society* 35, no. 1–2 (2015): 3–15; Losh, Susan Carol, "Stereotypes about scientists over time among US adults: 1983 and 2001," *Public Understanding of Science* 19, no. 3 (2010): 372–382; National Science Board, "The state of U.S. science and engineering 2020," National Science Foundation/National Science Board, 2020.

[6] 请参阅第1章。

[7] Long, Marilee, and Jocelyn Steinke, "The thrill of everyday science: Images of science and scientists on children's educational science programmes in the United States," *Public Understanding of Science* 5, no. 2 (1996): 101–120; Long, Marilee, Jocelyn Steinke, Brooks Applegate, Maria Knight Lapinski, Marne J. Johnson, and Sayani Ghosh, "Portrayals of male and female scientists in television programs popular among middle school-age children," *Science Communication* 32, no. 3 (2010): 356–382; Ryan, Lisa, and Jocelyn Steinke, "'I want to be like...': Middle school students' identification with scientists on television," *Science Scope* 34, no. 1 (2010): 44–49; Steinke, Jocelyn, Brooks Applegate, Maria Lapinski, Lisa Ryan, and Marilee Long, "Gender differences in adolescents' wishful identification with scientist characters on television," *Science Communication* 34, no. 2 (2012): 163–199; Steinke, Jocelyn, Maria Knight Lapinski, Nikki Crocker, Aletta Zietsman-Thomas, Yaschica Williams, Stephanie Higdon Evergreen, and Sarvani Kuchibhotla, "Assessing media influences on middle school-aged children's perceptions of women in science using the Draw-A-Scientist Test (DAST)," *Science Communication* 29, no. 1 (2007): 35–64; Steinke, Jocelyn, Maria Lapinski, Marilee Long, Catherine Van Der Maas, Lisa Ryan, and Brooks Applegate, "Seeing oneself as a scientist: Media influences and adolescent girls' science career possible selves," *Journal of Women and Minorities in Science and Engineering* 15, no. 4 (2009): 270–301.

[8] Bandura, Albert, "Human agency in social cognitive theory," *American Psychologist* 44, no. 9

(1989): 1175–1184; Bandura, Albert, "Social cognitive theory of mass communication," *Media Psychology* 3, no. 3 (2001): 265–299; Long and Steinke, "The thrill of everyday science."

[9] Steinke, Jocelyn, "A portrait of a woman as a scientist: Breaking down barriers created by gender-role stereotypes," *Public Understanding of Science* 6 (1997): 409–428; Steinke, Jocelyn, "Women scientist role models in television programming," *Journal of Broadcasting & Electronic Media* 42, no. 1 (1998): 142–151.

[10] Ryan and Steinke, "'I want to be like'"; Steinke et al., "Seeing oneself as a scientist."

[11] LaFollette, Marcel Chotkowski, *Science on American television: A history*, University of Chicago Press, 2013, 174.

[12] 详见附录。

[13] LaFrance, Adrienne, "The kids' show that taught me to ask, 'Why?'" *Atlantic*, April 30, 2016.

[14] LaFrance, "The kids' show that taught me."

[15] LaFollette, Science on American television; Mendoza, N. F., "PBS' science project: Newton's Apple begins its 10th year of making learning also interesting," *Los Angeles Times*, October 25, 1992.

[16] Boss, "The Bill Nye effect"; LaFollette, Science on American television.

[17] Moore, Scott, "The madcap scientist of Beakman's World," *Washington Post*, September 19, 1993.

[18] Gupta, Anita, "Meet Mr. Wizard, television's original science guy," *Smithsonian Magazine*, August 26, 2015.

[19] 详见附录。

[20] Ryan and Steinke, "I want to be like."

[21] Long et al., "Portrayals of male and female scientists."

[22] "DragonflyTV," Twin Cities PBS, January 28, 2021.

[23] Affo, Marina, "Wilmington's STEM Queen is now a series regular on CBS show *Mission Unstoppable*," *Delaware News Journal*, January 5, 2021.

[24] Garcia-Navarro, Lulu, "New Netflix show Brainchild makes science fun for kids," NPR, January 27, 2019.

[25] Bandura, Albert, Dorothea Ross, and Sheila A. Ross, "Imitation of film-mediated aggressive models," *Journal of Abnormal and Social Psychology* 66, no. 1 (1963): 3–11.

[26] Steinke, Jocelyn, "Cultural representations of gender and science: Portrayals of female scientists and engineers in popular films," *Science Communication* 27, no. 1 (2005): 27–63.

[27] Hoffner, Cynthia, "Children's wishful identification and parasocial interaction with favorite television characters," *Journal of Broadcasting & Electronic Media* 40, no. 3 (1996): 389–

402; Steinke et al.,"Seeing oneself as a scientist."

[28] Bem, Sandra Lipsitz, "Gender schema theory and its implications for child develop- ment: Raising gender-aschematic children in a gender-schematic society," *Signs: Journal of Women in Culture and Society* 8, no. 4 (1983): 598–616.

[29] Steinke, "Women scientist role models"; Long et al., "Portrayals of male and female scientists."

[30] Ruvolo, Ann Patrice, and Hazel Rose Markus, "Possible selves and performance: The power of self-relevant imagery," *Social Cognition* 10, no. 1 (1992): 95–124; Steinke et al., "Seeing oneself as a scientist."

[31] Burke, Kevin, Saturday morning fever: Growing up with cartoon culture, Macmillan, 1998; Perlmutter, David. *America toons in: A history of television animation*, McFarland, 2014.

[32] Hains, Rebecca C., "Inventing the teenage girl: The construction of female identity in Nickelodeon's My Life as a Teenage Robot," *Popular Communication* 5, no. 3 (2007): 191–213.

[33] Long et al.,"Portrayals of male and female scientists."

[34] 中位年龄为19岁。

[35] Steinke, Jocelyn, and Marilee Long, "A lab of her own? Portrayals of female characters on children's educational science programs," *Science Communication* 18, no. 2 (1996): 91–115.

[36] Long, Marilee, Greg Boiarsky, and Greg Thayer,"Gender and racial counter-stereotypes in science education television:A content analysis," *Public Understanding of Science* 10, no. 3 (2001): 255–269.

[37] Long et al.,"Portrayals of male and female scientists."

[38] O'Connell, Margaret,"Mad science for girls (and boys), part two: The mildly mad scientific world of *Phineas and Ferb*," *Sequential Tart*, October 29, 2012.

[39] Sharma, Paarth R.,"View: One of the main reasons why Indian-Americans are subjected to racial abuse in US," *Economic Times*, May 7, 2017.

[40] Geena Davis Institute on Gender in Media, "Portray her: Representations of women STEM characters in media," 2018.

[41] 请参阅第3章。

[42] Steinke et al.,"Assessing media influences."

[43] Steinke et al.,"Seeing oneself as a scientist."

[44] Steinke et al.,"Gender differences in adolescents' wishful identification."

[45] Bond, Bradley J., "Fairy godmothers > robots: The influence of televised gender stereotypes and counter-stereotypes on girls' perceptions of STEM," *Bulletin of Science, Technology &*

Society 36, no. 2 (2016): 91–97.

[46] 后一种模式中一个值得注意的例外是《探险活宝》的泡泡糖公主，她曾经与吸血鬼女王玛瑟琳有过一段感情关系。

[47] Ryan and Steinke,"'I want to be like,'" 49.

[48] McDuffie Jr., Thomas E., "Scientists—geeks & nerds?" *Science and Children* 38, no. 8 (2001): 16–19.

[49] Fermilab,"Who's the scientist? Seventh graders describe scientists before and after a visit to Fermilab," March 2, 2000.

[50] Quigley, Robert, "Trip to FermiLab teaches children not all scientists are beaker- toting male weirdos," *The Mary Sue*, June 23, 2010.

[51] Steinke, Jocelyn, Maria Lapinski, Aletta Zietsman-Thomas, Paul Nwulu, Nikki Crocker, Yaschica Williams, Stephanie Higdon, and Sarvani Kuchibhotla, "Middle school-aged children's attitudes toward women in science, engineering, and technology and the effects of media literacy training," *Journal of Women and Minorities in Science and Engineering* 12, no. 4 (2006): 295–323.

[52] Steinke et al.,"Assessing media influences."

[53] Steinke and Long, "A lab of her own?"; Long et al., "Portrayals of male and female scientists"; Geena Davis Institute on Gender in Media,"Portray her."

第11章
重塑流行形象和公众认知

> 特雷弗·诺亚（Trevor Noah）：这太棒了。有史以来第一张黑洞照片。而且，就像所有关于它的事情都令人难以置信，对吧？它的大小令人难以置信。它比我们整个太阳系还要大……而且我知道，你们中有些人可能会说，"特雷弗，有什么大不了的？我已经知道黑洞是什么样子了。"不，你看，它是那样的。你不知道，我们都不知道。你所知道的就是好莱坞编出来…事实证明他们基本上是对的。
>
> ——崔娃每日秀（*The Daily Show with Trevor Noah*，2019年4月10日）

> 这张图片不是一个算法或个人能制作的，它需要来自全球各地的科学家团队的惊人才能和多年的辛勤工作来开发仪器、数据处理技术、成像方法和分析技术，是他们这一切共同努力实现了这一看似不可能的壮举。
>
> ——凯蒂·布曼（脸书帖子，2019年4月10日）

2019年4月10日，参与"事件视界望远镜合作"（Event Horizon Telescope Collaboration）的研究人员公开发布了第一张黑洞照片。他们的成就立即成为当年轰动的科学新闻之一。主要的报纸在头版刊登了这张图片，《国家地理》等科学媒体组织深入研究了它背后的技术，三大有线新闻网络都围绕它进行了报道。在报道这个新闻时，许多媒体（有些是传统的，有些不那么传统）均使用了"新发现"的叙述框架，对这一项目的突破充满了惊讶。[1] 例如，《崔娃每日秀》就在节目中报道了这一发现，主持人特雷弗·诺亚对黑洞照片表达了他的惊讶。为了保持他深夜喜剧演员的角色，他随后开玩笑说该图像与1979年迪斯尼电影《黑洞》（*The Black Hole*）的海报相似。

媒体消息还聚焦在麻省理工学院主持了开发拍摄照片算法的计算机科学家凯蒂·布曼（Katie Bouman）身上。麻省理工学院的一个官方账户在推特上发布了一张她在电脑前掩嘴而笑的照片后，这张照片在社交媒体上迅速传播开来。[2] 贺锦丽（Kamala Harris）和亚历山德拉·奥卡西奥-科尔特斯（Alexandra Ocasio-Cortez）等政客转发了这条推文，《饥饿游戏》（*The Hunger Games*）的伊丽莎白·班克斯和科普主持人《艾米莉的神奇实验室》（*Emily's Wonder Lab*）的艾米莉·卡兰德雷利（Emily Calandrelli）等名人也转发了这条推文。许多观察家称赞布曼是在男性主导的理工科领域工作的女性的榜样，并将她与那些在她们那个时代并不那么受欢迎的早期开拓者进行了比较。例如，记者弗洛拉·格雷厄姆（Flora Graham）在推特上发布了一张布曼和美国宇航局阿波罗登月任务的首席计算机程序员玛格丽特·汉密尔顿（Margaret Hamilton）的照片。其他媒体将布曼比作2016年传记电影《隐藏人物》中描绘的美国宇航局的数学家：凯瑟琳·约翰逊、玛丽·杰克逊和多萝西·沃恩"。[3]

然而，就在这些观察家称赞布曼的贡献之际，一群互联网键盘侠正在通过性别歧视的骚扰运动来对她进行言论攻击。他们以她的名义创建了冒名的照片墙和推特账户，在红迪网上发布了贬低她的网络热梗，并上传了关于她的油管视频，标题为"女人做了6%的工作，但获得了100%的荣誉：黑洞照片"。[4]其中一些网络欺凌者声称她从参与该项目的另一位计算机科学家安德鲁·查尔（Andrew Chael）那里窃取了信用。然而，查尔在他自己的推特账户上反击了针对布曼的键盘侠。他在2019年4月11日写道："虽然我很感激你祝贺我多年努力取得的成果，但如果你祝贺我是因为你对凯蒂有性别歧视，请离开并重新考虑你生活中的重点。"然后，他自称是一名同性恋天文学家，凸显了理工科的另一个多样性维度。

对布曼的骚扰本身就成了新闻报道，美国全国广播公司新闻、《华盛顿邮报》、《大西洋月刊》（Atlantic）和科技前沿网站（Verge）等媒体都报道了互联网对她的强烈反应。[5]虚拟主播（Vox）网站的布莱恩·雷斯尼克（Brian Resnick）建议媒体应该继续展示"更多女性在科学领域的杰出形象"以反击常常让女性在科学界感到不受欢迎的性别歧视和其他歧视。[6]同时，一些观察家指出，媒体对布曼的狭隘关注强化了科学界孤军奋战的天才的文化神话。布曼本人在脸书上发表了一篇关于"事件视界望远镜合作"是一项集体努力的帖子，而《纽约时报》则引用了该项目的另一位科学家萨拉·伊桑（Sara Issaoun）的话，她"警告不要使用'孤狼的成功'的说法。"[7]同样，雷斯尼克描述了孤军奋战的天才比喻（这种比喻更常用于男性，而不是女性科学家）的历史并解释了"在当今时代，科学几乎从来不是一项个人的努力成果。"[8]

黑洞照片的例子说明了本书的两个关键主题。一是当代媒体对科学和科学家的描绘往往是赞许的，甚至是光彩照人的。媒体报道中对布曼和她的同事的祝贺式描绘与热门电影和电视剧中对虚构科学家的英雄式描绘相呼应。同样，它们与流行的纪录片节目、深夜喜剧节目和儿童教育节目中对真实科学家的正面描述也遥相呼应。近几十年来，"疯狂"或阴险的科学家在媒体对该行业的描述中一直是例外而非惯常做法。

然而，我们这本书的第二个主题是，媒体信息有时会强化一些可能会阻止观众参与科学的观念。科幻节目中经常将科学工作描述为危险的，而在黄金时段的情景喜剧和儿童卡通片中则将科学家描述为奇怪的和不善社交的。从大片到油管视频等媒体也倾向于将科学家定性为白人、异性恋、健全的男性。此外，互联网键盘侠和网络霸凌者经常针对科普博主进行类似于针对布曼的带有歧视的攻击。这些信息对培养更加多样化的科学界的努力构成了挑战。

本书中的证据也凸显了其他挑战。媒体信息通过其内容，可以促进或阻碍弥合科学家与公众之间分歧的尝试。例如，一些新闻媒体和社交媒体网站加强了对气候变化和疫苗接种等问题的科学共识，而另一些则传播了关于同一话题的不实信息。对于科学家和科普人士来说，接触那些对科学不感兴趣的"缺失的观众"，或者说服那些因为自己的世界观而抵制科学信息的人，也不是一件容易的事。

还有一个持续的挑战围绕着促进对科学的批判性接触和参与而展开。科学传播的许多努力都遵循自上而下的"缺失模型"（deficit model），将行外人士视为被动接受媒体传递信息的容器。该模型表明，任何涉及公众意识或行动的问题，其解决方案只是让科学家更清晰、更频繁地进行沟通。相比之下，"公众理解科学模式"（public understanding of science model）强调的是考虑受众成员如何积极利用自己的价值观和经验来回应媒体信息的重要性。此外，该模型强调了促进广泛和批判性参与科学的益处。

既然我们已经研究了媒体信息如何描绘科学以及这些描绘如何影响公众对科学的看法，现在是时候考虑我们可以从中汲取的教训了。具体来说，让我们看看科学家、媒体制作人和观众可以做些什么来帮助解决我们提出的关键挑战。在此期间，我们将讨论像我们这样的研究人员仍在从媒体中学习的科学知识，以及我们可以如何就该话题提出新的见解。

媒体制作人的经验教训

尽管许多不同类型的媒体都在传达有关科学的信息，但有两条广泛的传播原则适用于所有媒体。首先，媒体制作人（无论是导演、编剧、记者、喜剧演员，还是社交媒体内容创作者）在描绘科学和科学家时，首先应该确定和反思他们的目标。一些媒体制作人努力吸引观众、反击不实信息、鼓励行动主义或启发新一代科学家；一些制作人则旨在吸引票房回报、收视率、捐款者、追随者或订阅者；还有一些制作人则希望二者兼得，而这两组目标可能相互冲突或相辅相成。观众的考虑有时会导致媒体制作人的描述助长科学误解和刻板印象，但我们研究的一些案例说明了媒体制作人的描述在吸引观众的同时能促进对科学的参与和理解。

媒体工作者的第二个一般原则是根据他们的传播目标有策略地、有意识地设计信息。在这里，对于媒体制作人来说，了解他们的创作同仁如何描绘科学以及他们自己的信息如何影响观众是很重要的。例如，好莱坞电影和黄金时段电视节目的编剧和导演可以权衡他们的描述在培养对科学和科学家的认知方面所起的作用。同样，就像记者和社交媒体内容制作者可以考虑他们选择如何构建科学话题的后果一样，纪录片和真人秀节目的制作者也可以考虑他们所传达的信息如何引发观众心中的想法或恐惧。所有这些制作人，尤其是面向儿童的媒体制作人，也可以利用有关媒体模型的理论来了解他们的描绘如何塑造年轻观众对科学事业的渴望。

在制定了这些通用准则之后，让我们从科学家们的娱乐媒体形象和寓教于乐媒体形象开始，仔细捋捋我们的研究结果指出的具体教训。如果类似《生活大爆炸》的谢尔顿·库珀和《飞哥以及小佛》的杜芬什米尔茨博士这样的描述有时会强化科学界充满怪人的认知，那么，他们也可以将科学家塑造成可爱、值得信赖的，为社会的利益而工作的人。最近的电影和电视节目在这种模式下提供了各种模型，从虚构的模型（如《火星救援》的美国宇航局科学家）到真人的模型（如《不可阻挡的任务》中的年轻科学家）。娱乐媒体和寓教于乐媒体的描绘还可以培养人们对科学的认知，将其视为欢迎所有人参加的一种协作的事业。例如，《流言终结者》展示了一个由相关特效专家组成的团队，他们一起致力于快乐、有趣的科学项目。

在摆脱以弗兰肯斯坦博士为代表的"疯狂、邪恶的科学家"的旧形象时，媒体制作人应注意不要落入相反的极端：过度的英雄崇拜。[9] 媒体将科学家描绘成"巫师"或"大祭司"可能会强化对科学权威的不加批判的尊重，以及对科学界与其他人关系疏远的认知，这无异于通过描述凭借灵感闪现解决问题的"孤军奋战的天才"而使关于科学运作的方式的文化流言永存。[10] 同时，使科学家人性化的形象可以帮助观众将科学与他们的日常生活联系起来，并将其视为他们也可以参与的事情。《犯罪现场调查》中有缺陷但讨人喜欢的法医科学家和最近《新星》剧集中脚踏实地的研究团队，分别在电视剧和纪录片中提供了此类描绘的例子。

除了塑造对科学和科学家的普遍认知外，娱乐媒体和寓教于乐媒体还可以影响人们对从天文学到动物学等话题的看法。一方面，通过视觉和语言营造一种感知的实在论的好莱坞式描绘有时会促进对特定科学主题的扭曲理解，如《地心抢险记》的虚假地质学；另一方面，有缺陷但令人信服的科学描述也可以达到建设性目的。以《后天》为例：这部灾难电影并没有把气候学的一切都搞清楚，但它的创作者实现了初衷，既取得票房成功，又引起人们对气候变化的关注。

鉴于这种影响，娱乐媒体制作人应该考虑看起来和听起来可信与真实情况之间的细微差别。一些好莱坞场景，如《火星救援》中登陆火星的任务，不仅是看起来合理而且确实合理，而诸如《侏罗纪世界》中灭绝的恐龙复活等其他场景，使难以置信的事看起来可行甚至可能发生。同样，《犯罪现场调查》和其他犯罪剧所描述的快速且几乎无懈可击的法医技术与其在现实世界中的可靠性差异很大：对头发等物质的微量分析在科学上是有问题的，甚至法医学中的"黄金标准"技术（DNA测试）在现实中的检测速度通常比黄金时段影视作品中的慢。当然，与制作完全准确的科学描述相比，电影和电视制作人通常更感兴趣的是唤起观众主动放下怀疑。然而，咨询科学家可以帮助他们既达到讲故事的目的，也在娱乐和参与之间取得平衡。

就寓教于乐媒体节目而言，他们可以通过耸人听闻的信息播下愤世嫉俗的种子、加深误解和引发恐惧——或者，当故事情节过于简单时，通过增加其戏剧性和生动的图像来鼓励人们参与科学。批评者有理由认为,"纪实虚构电影"诸如《美人鱼:科学的假设》削弱了对科学专家的信任,《鲨鱼周》等纪录片节目夸大了对鲨鱼袭击的担忧,而《猎鬼者》等真人秀节目则赋予了超自然现象调查员一种科学合法性的虚假标签。尽管如此,此类节目的制作者和发行商可以通过与专家合作发布公共服务公告(就像《鲨鱼周》有段时间曾经做过那样),以及通过发布关于节目中虚构或未经证实的内容的免责声明(就像一些超自然主题节目所做的那样)来帮助减轻部分影响。同时,将更多信息量与其娱乐性相结合的节目可以覆盖广泛的观众,向观众传授科学方法和推理。为这种方法提供模型的就是结合了爆炸和实验的《流言终结者》。

相应地,在塑造对科学相关问题的看法时,科学新闻报道会产生双重影响。这种报道可以促进公众接受主流科学结论,但也可能拉大科学家所说的与公众所相信的之间的差距。鉴于此,记者应该权衡他们构建涉及科学话题的方式的潜在影响。例如,"科学异化"或"弗兰肯斯坦的怪物"框架具有戏剧吸引力,但会助长对纳米技术和人工智能等新兴技术的扭曲观点。[11] 同样,强调辩论策略和"赛后分析"的战略框架似乎是客观的,但可能会使人们将进化论和全球变暖等问题混为一谈。

基于这最后一点,记者应该反思他们如何以及向谁授予科学权威的外衣。"中立不倚的"报道可能有助于在没有科学支持的情况下使诸如智慧创造论的支持者、气候变化怀疑论者和反疫苗者提出的主张合法化。按照同样的逻辑,在不纳入专家反驳的情况下提出关于UFO或精神力量的说法的新闻报道,会给超自然现象研究人员带来科学可信度的虚假光环。当科学证据的权重更多落在话题的某一方时,记者不应该以客观的名义平等地呈现双方。相反,强调科学共识并揭穿虚假主张是他们的责任。一些新闻媒体在气候变化和疫苗阴谋论等话题上采取了积极主动的做法,但其他媒体——包括福克斯新闻的一些脱口秀节目——在这方面还做得不够。[12]

除了传统的新闻业,通过幽默将新闻和娱乐性融合在一起的媒体可以继续发挥——甚至扩大——它们作为科学门户的作用。在过去的二十年里,斯蒂芬·科尔伯特、约翰·奥利弗和萨曼莎·比等深夜电视主持人利用讽刺来促进观众参与科学,同时接受关于气候变化和接种疫苗等话题的科学共识。特别值得一提的是,这些喜剧演员展示了关于科学的幽默信息如何能够传达给对这个话题本身并不特别感兴趣或不了解的美国人。我们的研究结果还表明,幽默的力量不仅限于少数深夜电视主持人。例如,关于超感知的新闻报道中的诙谐信息可以帮助反驳超自然现象研究人员对科学权威的微不足道的主张。

诚然,媒体制作人应该谨慎使用讽刺工具。并非每个观众都一定会听懂每一个笑话,尤其是讽刺性的笑话。讽刺喜剧还可以为可疑的科学主张或对科学发现的轻蔑嘲弄提供平台——例如,当尼尔·杨在《深夜秀》中对转基因生物发表虚假陈述时,或者当《晚间秀》中的喜剧演员嘲笑比尔·奈对在火星上寻找水充满热情时。[13] 尽管如此,幽默还是为揭穿反科学声音和挑战新闻报道中的虚伪的中立立场(如《上周今夜秀》的"具有统计代表性的气候辩论"），以及为促进对科学方法和发现的批判性思考（如《上周今夜秀》的科学研究和法医学环节）提供了有潜力的途径。

至于社交媒体，它们为传统媒体制作人（如国家地理和探索频道）和许多新的内容创作者提供了讨论科学的平台。不幸的是，脸书、推特、照片墙、红迪网和油管等网站有时会助长耸人听闻的点击诱饵、有害的不实信息、两极化的讨论，以及性别欺凌等现象的发生，例如，针对凯蒂·布曼的骚扰。在更积极的发展中，社交媒体公司已开始尝试以事实检查和算法驱动链接到可信赖来源的做法来对抗科学不实信息。此外，个人内容创作者可以利用社交媒体提供的信息曝光机制，通过轻松的"新发现"描述框架促进人们参与科学，就像《我如此的爱科学》的伊莉丝·安德鲁和《大脑独家新闻》的艾米莉·格拉斯利所做的那样，大声疾呼科学中的性别歧视。

最后这点将我们带回到媒体描绘的更广泛问题：它们经常强化科学领域的从业人员结构方面的刻板印象，从而传达出只有白人、异性恋、身体健全的男性才能成为科学家的信息。从好的方面来说，我们已经看到媒体如何呈现更多样化的模型供观众效仿。例如，最近两部以黑人女性科学家为主角的电影——《黑豹》和《隐藏人物》——获得了票房成功和好评。在电视界，《X档案》和《识骨寻踪》表明了媒体行业如何展示女性科学家，它们激发了观众热切向往的认同感，特别是鼓励了年轻女性将"可能的自我"想象为未来的科学家。[14]与此同时，《宇宙》和《妙想科学秀》等节目提供了纪录片和教育电视节目制作者如何帮助培养更具包容性的科学愿景的例子。媒体制作人可以应用相同的原则来描绘更多的性少数群体科学家和残疾科学家这两个在流行电影和电视节目中基本上不可见的群体。事实上，如果媒体行业希望抵消其长期的刻板印象信息，它可能需要超比例地呈现代表性历来不足的群体的科学家。[15]

然而，要记住媒体信息有时会产生复杂的效果，这也很重要。以公众对科学领域性别差距的看法为例：长时间收看电视的观众对这种差距持乐观看法，这可能是因为科学家在黄金时段影视作品中的性别失衡仍然比现实生活中的性别失衡更为合理。整体数字固然关键，媒体描述的细节也很重要。如果电影和电视节目中的女科学家绝大多数是生物学家而不是物理学家或工程师，或者如果媒体中的亚洲科学家倾向于当讷客，或者如果性少数群体科学家和残疾科学家总是扮演助手角色，那么这些描绘可能会强化观众的刻板印象。这种复杂性需要深思熟虑的引导，但其对社会的好处证明了额外的付出是值得的。令人倍受鼓舞的是，有证据表明，媒体制作人可以在不牺牲观众中的受欢迎程度或节目的合理性的情况下，在他们对科学的描绘中表现出更丰富的多样性。

尽管如此，幕后的变化可能与镜头前的变化一样重要。如果媒体中的科学家可以反映我们社会的多样性，那么塑造媒体的编剧、导演、记者、讽刺作家和社交媒体制作人也可以如此。创意方的这种包容性对于观众接收到的信息很重要。例如，《黑豹》中对首席科学家舒里的描绘不仅反映了扮演她的黑人演员的表演，还反映了电影黑人导演瑞恩·库格勒

（Ryan Coogler）和他的黑人编剧伙伴乔·罗伯特·科尔（Joe Robert Cole）的愿景。同样，《不可阻挡的任务》中的科学形象反映了该剧由女性领导的，包括主持人（制片人）米兰达·科斯格罗夫（Miranda Cosgrove）、制片人吉娜·戴维斯（Geena Davis）和节目主持人安娜·韦格纳（Anna Wegner）在内的创意团队的工作。这些例子和其他类似例子都强调了促进媒体行业的多样性如何有助于促进科学界的多样性。

科学家的经验教训

我们为媒体制作人列出的广泛原则也适用于科学家和科学传播者。如果他们希望吸引观众、弥合与公众的分歧并招募更多不同的科学家，那么他们应该选择符合这些目标的媒体平台和媒体信息。正如我们所见，美国人从好莱坞电影和黄金时段情景喜剧到深夜节目和社交媒体等各种媒体渠道了解科学。为了接触他们的目标受众，特别是那些忽视或拒绝有关科学信息的"缺失"受众，科学家及其盟友应该通过尽可能多的这类渠道进行交流——只要这些渠道符合他们的目标。我们探索的媒体效应理论为如何做到这一点提供了指导。

当然，并不是每个科学家都需要去好莱坞，但那些获得顾问机会的人可以影响娱乐业对科学和科学家的描绘。例如，与《火星救援》的制作者合作的美国宇航局科学家帮助制作了对登陆另一个星球的任务的合理且引人入胜的描述——这是航天局的真实目标。同样，电视节目顾问可以帮助塑造媒体培养科学认知的方式，并帮助开发激励未来科学家的媒体模式：考虑收看《X档案》在年轻女性中的"斯卡利效应"和学生对法医学的兴趣上的潜在的"CSI效应"。尽管媒体制作人和观众可能倾向于认为合理性和娱乐性比准确性更重要，但担任顾问角色的科学家在这些限制范围内可以发挥作用，产生影响。

参与纪录片和教育项目的科学家可以吸取类似的教训。在某些情况下——如《宇宙》《新星》《流言终结者》和《比尔·奈教科学》——他们会找到机会来培养人们对科学是令人兴奋的伟大事业的认知，并且来自不同背景和各行各业的人们都能够参与进来，共同努力造福社会。此类节目还可以提供平台，以促进对科学方法和推理的更深入理解，以及培养对科学本身的一种更多参与性而非单一性的愿景。在其他情况下，科学家可能希望使用跨媒体策略来挑战或情境化那些助长误解、引发恐惧并破坏对科学机构的信任的寓教于乐媒体的描述。安德鲁·大卫·泰勒（Andrew David Thaler）和大卫·希夫曼（David Shiffman）试图揭穿探索频道的两部纪录片《巨齿鲨》和《黑暗鲨鱼》，为利用社交媒体消息传播和搜索引擎优化来对抗对科学的歪曲描述提供了一种策略。

科学家们与新闻媒体交流时，应该意识到他们是如何构建手头上的科学话题的报道框架，以及记者又是如何构建科学话题的报道框架。许多记者寻找与新闻价值产生共鸣的角度，例如，戏剧性和新颖性，并且所有记者都需要讲述观众能够理解的故事。如果科学家们嘲笑构建框架是一种公共关系的噱头，并呼吁新闻媒体"坚持事实"，那么他们这种做法将会事与愿违，因为构建框架是记者和科学家本身交流的基本组成部分。一个更具建设性的方法是遵循传播研究者和科学传播者关于有效框架策略的建议。例如，杰森·罗森豪斯（Jason Rosenhouse）和格伦·布兰奇（Glenn Branch）建议在媒体上讨论进化论的科学家们，准备好反驳那些呼吁"公平"或讲授"双方观点"的报道框架。[16] 在气候变化问题上，马修·尼斯贝特建议科学传播者重新构建他们的信息框架，旨在扩大对行动的支持并克服价值驱动的阻力；他特别建议在报道中强调应对气候变化带来的经济和公共卫生利益。[17] 同样，泽内普·图费奇（Zeynep Tufekci）认为，公共卫生专家应该从过去在构建公共卫生问题时犯的错误中吸取教训：她警告不要过分强调疫苗的限制因素，并建议采取更多措施来突出它们的社会效益。[18]

除了与传统记者交谈外，科学家还可以通过幽默的渠道接触到观众——包括那些参与度较低的人。《深夜秀》和《正面交锋》等喜剧类媒体经常为科学家们提供机会，让他们能够详细而非简短地谈论他们的工作。此外，幽默的媒体和讽刺性的信息可以帮助揭穿不实信息，并加强从气候变化和疫苗到超感知等话题的科学共识——这反过来又可以改变公众的看法。这并不意味着科学家自己总是需要滑稽好笑；有时与经验丰富的喜剧演员一起表演足以将信息传达给观众。

与其他类型的媒体相比，社交媒体平台脱颖而出，因为它们让科学家有能力通过自己的文字和图像直接与公众交流。在使用这些平台时，科学家们应该记住，不同的平台提供不同的信息曝光机制。科学家可能希望使用推特分享有关他们的研究和生活的信息，就像尼尔·德格拉斯·泰森和帕梅拉·盖伊等天文学家所做的那样，同时他们可以使用红迪网通过以科学为主题的子版块（subreddit）和"你问我答"选题与外行就任何话题进行对话。他们还可以使用社交媒体帖子或评论来帮助纠正诸如#令人分心的性感等有关重要问题和主题标签的错误信息，以挑战自己职业中的歧视。此外，他们可以使用图像共享社交媒体平台来使科学家人性化，并消除关于谁是潜在的科学家的刻板印象。"自拍的科学家"项目表明，女科学家在照片墙上发布自己的照片有助于提升科学家的亲和力和可信度，同时消除将科学视为"男性"活动的看法。[19]

随着社交媒体网站的发展和新网站的出现，科学家们应该相应地调整他们的传播策略。以抖音（TikTok）为例：这个短视频平台在21世纪10年代末和20年代初的流行度激增，为科学家与其年轻的用户群交流创造了新的机会。例如，达里恩·阮（Darrion Nguyen）创建了自己的帐户，目的是好玩，但利用其日益普及来促进其用户参与化学研究，并"表明并非所有科学家都是男性和白人。"[20] 截至2021年2月，他的粉丝数量超过了50万。TikTok的另一位"科学明星"是生物工程师安娜·布莱克尼（Anna Blakney），发布了舞蹈视频以及揭穿关于疫苗不实信息的视频。她的一个假装打翻了一瓶疫苗的视频到2021年的观看次数已经超过1600万次。[21] 这些账户和许多其他账户说明了科学家通过使用抖音等新平台使自己人性化，并使他们的工作更容易为普通人所接受。

这并不是说通过媒体进行交流是科学家与公众接触的唯一途径。如果在媒体上与科学家的"准社会"接触可以为年轻人提供榜样，帮助他们打破对这一职业的刻板印象，那么以课堂访问或实地考察的形式进行的人际接触也可以做到。同样，科学家和其他专家的个人参与可以通过"两级信息流"（"two-step flow of information"），即信息经由对话在公众之间传播，从而直接或间接影响人们对气候变化等问题的看法。[22]简言之，科学家应将媒体宣传视为用于与更广泛的受众交流的众多工具之一。

公众成员的经验教训

正如媒体制作人和科学家可以从我们的发现中吸取教训一样，公众，包括我们的读者也可以。通过了解媒体信息对科学的描绘和培养科学认知，我们每个人都可以成为更为熟悉此类信息的批判性消费者。例如，熟悉媒体报道科学新闻的比喻手法和媒体对科学家的刻板印象可以帮助我们在观看电影和收看电视节目时识别这些元素。当科幻电影和电视节目描述释放杀手恐龙或召唤致命外星人的研究项目时，我们可以记住，现实世界的科学很少如此危险。当情景喜剧和少儿卡通片呈现的科学家是不善社交的极客时，我们可以在早前的影视作品中看到他们的身影，包括最初的《肥佬教授》《回到未来》的布朗博士和《生活大爆炸》的谢尔顿·库珀。

在更为"具体细节"的层面上，了解好莱坞电影、黄金时段电视和寓教于乐纪录片的视觉和声音技术可以帮助我们识别这些技术的实际应用。例如，我们可以发现漫威电影宇宙（Marvel Cinematic Universe）中的超级英雄电影如何通过精心设计的场景、计算机生成的图像以及关于"量子纠缠"的令人印象深刻的对话营造一种貌似合理的印象，或者《鲨鱼周》之类的以自然为主题的节目如何通过不祥的音乐、慢镜头和水中的血腥镜头来引发恐惧。我们还可以领悟到诸如《犯罪现场调查》等法医犯罪剧通过酷蓝色灯光、推进式音乐节奏和快速剪辑来美化和压缩实验室工作，或者像《猎鬼者》中的那些超自然调查员试图通过使用电子磁场（EMF）探测器并谈论"电子噪声现象"（"EVP"）来将他们的调查装扮成科学研究。

同样，理解框架理论可以帮助我们识别和权衡新闻报道和社交媒体信息中的常见描述框架。在任何给定的科学话题上，媒体可能会呈现许多不同的故事情节。这每一个描述框架都强调对问题的特定解释——并且在这样做时，不强调其他可能的解释。因此，我们不仅应该问自己手头的描述框架暗示了什么，还应该问它遗漏了什么。例如，将转基因食品称为"科学怪食"是否会炒作恐惧，从而忽视科学家对此类食品可以安全食用的保证？同样，强调对疫苗的少量不良反应的报道是否会提高风险认知，同时淡化此类疫苗的益处？我们应该特别警惕一些描述框架，例如，进化论的"讲授争议话题"的描述框架和气候变化的"尚无定论的科学"的描述框架,这些框架低估了有关问题的现有科学共识。

转向媒体模型,我们对社会认知理论的了解可能会帮助我们抵制阻碍我们追求理想的信息,并帮助我们找到能够增强我们可以成为什么人的更具包容性的愿景的模型。当我们将科学家的"标准形象"视为身穿白色实验室外套的白人时,我们可以认清它的本质,然后超越它寻找更广泛的可能性。此外,我们可以寻找帮助我们想象自己新的可能性并培养对科学家热切向往的认同的描绘。一些观众可能会关注真实的媒体模型,例如,凯蒂·布曼和《不可阻挡的任务》的"理工科女王"杰奎琳·敏思。其他人则可能会从虚构角色中汲取灵感,例如,《黑豹》中的舒里、《识骨寻踪》中的唐普兰斯·贝伦或《闪电侠》中的西斯科·雷蒙。还有一些人可能会在卡通科学家身上看到他们潜在的未来,例如,《魔法校车》的弗里兹尔老师或《探险活宝》的泡泡糖公主。

然而,反思媒体信息和媒体影响只是朝着积极变化迈出了一步。希望在科学传播中发挥更积极作用的观众可以从我们的证据中获得进一步的指导,以了解如何抵制有害信息并巩固建设性信息。例如,当我们在脸书、推特或红迪网上看到有关气候变化和疫苗等主题的不实信息时,我们可以对其进行纠正。同样,我们可以使用社交媒体帖子和标签来大声疾呼对科学传播者的性别歧视或种族主义者的互联网欺凌行为。我们还可以分享使用"新发现"描述框架的内容轻松的帖子来促进人们参与科学,以及鼓励对科学信息进行批判性思考的讽刺幽默。在线下世界中,当家人和朋友就科学话题引用戏剧化或误导性的媒体框架时,我们可以提出不同的解释。我们这些看护孩子的人还可以引入更多不同的科学家的媒体模型。

话虽如此,通过个人主义方法对抗带有扭曲或刻板印象的媒体信息最终能达到的效果非常有限。作为受众,我们根本无法抗拒我们遇到的每一条媒体信息。我们的注意力也面临着太多相互矛盾的要求,以保持对媒体影响的持续警惕,而且我们收到了太多需要仔细审查的信息以至于已经目不暇接,更不用说积极挑战它们。[23]雪上加霜的是,许多媒体信息具有增强其绕过关键审查的能力的特征。对虚构科学的感知现实主义描绘可以诱导我们自愿放下怀疑,与我们的世界观产生共鸣的描述框架可以为我们的判断带来额外的影响,幽默可以卸下我们的防御,媒体的刻板印象可以轻易地融入我们童年时期形成的心理结构。

批判性思维也不是对抗媒体影响力的万灵药。在某些情况下,它甚至扮演相反的角色:媒体可以而且确实利用我们的动机推理倾向作为工具,促进我们对科学的曲解。想想政客和利益集团经常使用宣传使受众将基于意识形态或宗教信仰的立场合理化的宣传框架。例如,创造论者和"智慧创造论"的支持者主张就进化论"讲授争议话题",而气候变化怀疑论者则声称"科学尚未有定论"足以证明政策行动的合理性。同样,关于从神秘动物学到疫苗等话题的阴谋论的支持者也利用了动机性推理,吸引并可能加强了对美国国家海洋、大气管理局以及美国疾病控制和预防中心等科学机构的冷嘲热讽。因为我们经常在媒体信息中看到和听到我们想要的东西,所以接触更多的科学信息并不一定意味着我们会更接受科学对任何特定话题的解释。我们的观点甚至可以塑造我们如何理解对科学话题的讽刺，如斯蒂芬·科尔伯特对气候话题的讽刺幽默。

诸如公益公告和媒体素养培训计划之类的努力可以帮助教育受众，但它们并不是万试万灵的解决方案。看了科学专家为《鲨鱼周》做的公益公告，可能增加了对鲨鱼保护工作的支持，但并没有消除对鲨鱼的被夸大的恐惧。同样，课堂干预可能会帮助学生认识到媒体对科学家的刻板印象，但并不总能抵消其对认知的影响。[24]

最后，媒体对科学的描述与公众的科学认知之间的联系发生任何根本性转变，都需要系统性地改变我们所看到的信息和媒介，以及由谁来创建信息和选择媒介。那么，普罗大众在促进这种变化方面可以发挥什么作用呢？首先，我们可以支持对科学家、科学推理和科学方法进行引人入胜和多样化描述的媒体——尤其是当它们由不同的创作者制作。在某些情况下，还能以看电影或电视节目的形式来提高它们的生命力。在社交媒体平台上，这可能包括点赞帖子、分享视频和订阅频道。我们还可以使用社交媒体来组织线上和线下的集体行动，挑战媒体的不实信息或刻板印象，并倡导在未来出现不同的内容。[25]

我们可以超越自身作为科学信息的受众角色，在科学本身中变得更加活跃。公众理解科学模型突出了公民参与从设计研究项目到根据其结果做出决策的科学过程的每一步的潜在变革性影响。这种"公民科学"可以采取公民通过网站或移动应用程序参与的众包研究等多种形式。[26]此外，该模型强调了公民更广泛地参与科学传播的价值——特别是在促进科学家之间以及科学家与普罗大众之间的双向对话，而不是自上而下的信息传递这一方面。尽管社交媒体平台存在固有的局限性和一些用户的不良行为，但它们可能是促进公民科学的特别有力的工具：它们为就研究结果进行交流以及与普罗大众进行咨询和参与提供了信息曝光机制。[27]

将公众理解科学模型扩展到我们自己的领域，我们认为鼓励公民参与科学传播研究也很重要。事实上，我们预见到公民科学在本书中提出的话题上大有作为。

科学传播研究人员面临的持续挑战

尽管我们所描述的理论和证据从方方面面阐明了媒体信息如何呈现科学以及这些信息如何影响受众，但我们仍有许多难题需要解决。例如，我们对电影和电视节目如何从性别和种族方面描绘科学家的了解相当多，但对此类描绘的影响的了解却远远不够——在描绘性少数群体科学家、残疾科学家或面对职业交叉障碍的"双重束缚"的科学家方面知之甚少。我们也不太了解社交媒体关于科学信息的多样性或缺乏多样性如何影响观众对该职业的看法。

此外，科学传播研究可以受益于更多地关注积极参与信息而不是被动接收信息的受众。我们在本书中提供的大部分证据都来自内容分析、调查和实验。然而，这些方法只提供了一组了解公众对科学的看法和行为的窗口。我们从深度访谈、焦点小组研究和参与观察中了解到，普罗大众在涉及该主题时会以复杂的方式思考、交谈和行动：他们利用自己的经验和世界观以及媒体信息来理解科学以及自身与科学的关系。[28]更多结合定量和定性方法的研究将为我们提供更丰富的描述以了解受众如何对媒体的科学信息做出反应。此类研究对于帮助我们更好地了解如何促进更广泛的公民参与科学和科学传播尤为有效。

最后要考虑的一点是，我们的证据提供了一个时期内有关科学及其影响的媒体信息的简要说明。科学在不断变化，媒体景观亦如此；因此，对两者之间联系的研究也必须进行下去。在过去的十年里，随着奈飞和"迪士尼+"（Disney +）等流媒体视频服务的兴起，我们见证了公众观看电影和收看电视习惯的转变。同样，我们也看到了一些流行的社交媒体平台的崩溃和其他社交媒体平台的爆炸式增长，例如，推特、照片墙，以及最近的抖音。我们还经历了影响观众价值观和媒体环境的更广泛的社会转变和社会事件，包括不断加深的政治两极分化、凸显了持续的性骚扰和系统性歧视的社会运动，以及一场将医学置于公众关注的中心，同时改变了日常生活的方方面面的流行病。我们在本书中探讨的理论可以帮助我们理解媒体对科学的描述以及这些描述在社会发展中产生的影响，但理论的一些应用及含义将不可避免地随着时代而改变。

在我们看来，我们以谨慎乐观的态度期待媒体中的科学的未来。我们讨论过的许多旧模式无疑将在21世纪20年代及以后持续下去。电影将描绘不太可能的科学场景，娱乐电视节目将挖掘危险科学的巨大潜力，而寓教于乐的节目将通过耸人听闻的方式炒作恐惧和愤世嫉俗的情绪。新闻报道会将新兴技术视为弗兰肯斯坦博士的怪物或潘多拉的盒子，并以平衡"双方"的名义为有问题的主张提供播出时间，而不实信息和基于身份的网络欺凌将在社交媒体上持续存在。然而，我们希望新一代的媒体制作人能够将科学重新想象为一个更具包容性的社区；新一代科学家将找到创造性的方式通过媒体平台吸引普罗大众；新一代的观众将挑战未来的科学传播者，使他们做得更好。我们也希望我们的学生和读者能够助力实现这些转变。

注释

[1] Hitlin, Paul, and Kenneth Olmstead, "The science people see on social media," Pew Research Center, March 21, 2018.

[2] Mervosh, Sarah, "How Katie Bouman accidentally became the face of the Black Hole Project," *New York Times*, April 11, 2019.

[3] Resnick, Brian, "Male scientists are often cast as lone geniuses. Here's what happened when a woman was," *Vox*, April 16, 2019; Willingham, A.J., "We cheer on women in the sciences, but recruiting and retaining them is still a differ- ent story," CNN, April 12, 2019.

[4] Collins, Ben,"The first picture of a black hole made Katie Bouman an overnight celeb- rity. Then internet trolls descended," NBC News, April 12, 2019; Elfrink,Tim,"Trolls hijacked a scientist's image to attack Katie Bouman. They picked the wrong astrophysicist," *Washington Post*, April 12, 2019; Griggs, Mary Beth,"Online trolls are harassing a scientist who helped take the first picture of a black hole," *The Verge*, April 13, 2019; Koren, Marina,"The dark saga of Katie Bouman: How a young scientist got sucked into the black hole of the internet," *Atlantic*, April 15, 2019; Resnick,"Male scientists."

[5] Collins,"The first picture of a black hole"; Elfrink,"Trolls hijacked a scientists' image"; Griggs,"Online trolls"; Koren,"The dark saga."

[6] Resnick,"Male scientists."

[7] Mervosh,"How Katie Bouman became the face of the Black Hole Project."

[8] Resnick,"Male scientists."

[9] Haynes, Roslynn D.,"Whatever happened to the 'mad, bad' scientist? Overturning the stereotype," *Public Understanding of Science* 25, no. 1 (2016): 31–44.

[10] Gross, Rachel E., "The Martian and the cult of science," *Slate*, October 1, 2015; Hornig, Susanna, "Television's NOVA and the construction of scientific truth," *Critical Studies in Media Communication* 7, no. 1 (1990): 11–23.

[11] Bingaman, James, Paul R. Brewer, Ashley Paintsil, and David C. Wilson, "'Siri, show me scary images of AI': Effects of text-based frames and visuals on support for artificial intelligence," *Science Communication* 43, no. 4 (2021); Scheufele, Dietram A., and Bruce V. Lewenstein,"The public and nanotechnology: How citizens make sense of emerging technologies," *Journal of Nanoparticle Research* 7, no. 6 (2005): 659–667.

[12] Feldman, Lauren, Edward W. Maibach, Connie Roser-Renouf, and Anthony Leiserowitz, "Climate on cable:The nature and impact of global warming coverage on Fox News, CNN, and MSNBC," *International Journal of Press/Politics* 17, no. 1 (2012): 3–31; Romer, Daniel, and Kathleen Hall Jamieson,"Conspiracy theories as barriers to controlling the spread of COVID-19 in the US," *Social Science & Medicine* 263 (2020): 113356.

[13] Abad-Santos, Alex, "Watch: the segment that made me stop watching The Nightly Show," *Vox*, August 16.

[14] 21st Century Fox, Geena Davis Institute on Gender in Media, and J. Walter Thompson Intelligence, "The 'Scully effect': I want to believe … in STEM," Geena Davis Institute on Gender in Media, 2019; Gonzalez, Sandra, "How Bones bred a new generation of female scientists," CNN Entertainment, March 27, 2017; Ryan, Lisa, and Jocelyn Steinke, "'I want to be like…': Middle school students' identification with scientists on television," *Science*

Scope 34, no. 1 (2010): 44–49; Steinke, Jocelyn, Maria Lapinski, Marilee Long, Catherine Van Der Maas, Lisa Ryan, and Brooks Apple- gate,"Seeing oneself as a scientist: Media influences and adolescent girls' science career possible selves," *Journal of Women and Minorities in Science and Engineering* 15, no. 4 (2009): 270–301.

[15] Long, Marilee, Jocelyn Steinke, Brooks Applegate, Maria Knight Lapinski, Marne J. Johnson, and Sayani Ghosh, "Portrayals of male and female scientists in television programs popular among middle school-age children," *Science Communication* 32, no. 3 (2010): 356–382.

[16] Rosenhouse, Jason, and Glenn Branch, "Media coverage of 'intelligent design,'" *BioScience* 56, no. 3 (2006): 247–252.

[17] Nisbet, Matthew C., "Communicating climate change: Why frames matter for public engagement," *Environment: Science and Policy for Sustainable Development* 51, no. 2 (2009): 12–23.

[18] On the Media,"The perils of pandemic doomsaying (and other COVID messaging mix-ups),"WNYC Studios,January 29,2021.

[19] Jarreau, Paige Brown, Imogene A. Cancellare, Becky J. Carmichael, Lance Porter, Daniel Toker, and Samantha Z.Yammine,"Using selfies to challenge public stereotypes of scientists," *PloS one* 14, no. 5 (2019): e0216625.

[20] Lemonick, Sam, "Chemists are finding their place on TikTok," *Chemical & Engineering News*, February 21, 2020.

[21] Trujillo, Anne, "Colorado native shares COVID-19 research using TikTok," *Denver Channel*, February 9, 2021.

[22] Nisbet, Matthew C., and John E. Kotcher, "A two-step flow of influence? Opinion- leader campaigns on climate change," *Science Communication* 30, no. 3 (2009): 328–354.

[23] Eagly,Alice H., and Shelly Chaiken, *The psychology of attitudes*, Harcourt Brace Jovanovic, 1993; Petty, Richard E., and John T. Cacioppo, *Communication and persuasion: Central and peripheral routes to attitude change*, Springer, 2012.

[24] Steinke, Jocelyn, Maria Knight Lapinski, Nikki Crocker, Aletta Zietsman-Thomas, Yaschica Williams, Stephanie Higdon Evergreen, and Sarvani Kuchibhotla, "Assessing media influences on middle school–aged children's perceptions of women in science using the Draw-A-Scientist Test (DAST)," *Science Communication* 29, no. 1 (2007): 35–64.

[25] Ley, Barbara L., and Paul R. Brewer, "Social media, networked protest, and the March for science," *Social Media+ Society* 4, no. 3 (2018): 2056305118793407.

[26] Bonney, Rick,Tina B. Phillips, Heidi L. Ballard, and Jody W. Enck,"Can citizen science

enhance public understanding of science?" *Public Understanding of Science* 25, no. 1 (2016): 2–16; Lewenstein, Bruce V., "Can we understand citizen science?" *Journal of Science Communication* 15, no. 1 (2016).

[27] Hargittai, Eszter, Tobias Füchslin, and Mike S. Schäfer, "How do young adults engage with science and research on social media? Some preliminary findings and an agenda for future research," *Social Media+ Society* 4, no. 3 (2018): 2056305118797720.

[28] Bates, Benjamin R., John A. Lynch, Jennifer L. Bevan, and Celeste M. Condit, "War- ranted concerns, warranted outlooks: A focus group study of public understandings of genetic research," *Social Science & Medicine* 60, no. 2 (2005): 331–344; Bauer, Martin, and Ingrid Schoon,"Mapping variety in public understanding of science," Public Understand- ing of Science 2 (1993): 141–155; Gamson, *Talking politics*.

附录

调查

本书的分析原文使用了来自以下美国成年居民调查数据。

政治传播调查中心（Center for Political Communication Survey，2016年）

这项调查由特拉华大学政治传播中心（University of Delaware Center for Political Communication）赞助，由普林斯顿国际调查研究协会（Princeton Survey Research Associates International）进行。2016年7月6~13日，调查人员通过电话采访了具有美国代表性的900名受访者样本。

合作国会选举调查（Cooperative Congressional Election Survey，2016年）

这项调查由特拉华大学政治传播中心赞助，是舆观调查网（YouGov）开展的一个更大项目的一部分。2016年9月28日~11月2日，调查人员对具有美国代表性的1000名受访者进行了在线访谈。此外，其中的855名受访者于2016年11月9日~12月13日再次接受了在线访谈。

合作国会选举调查（2018年）

这项调查由特拉华大学政治传播中心赞助，是舆观调查网（YouGov）开展的一个更大项目的一部分。2018年9月27日~11月5日，调查人员对具有美国代表性的1000名受访者进行了在线访谈。此外，其中的836名受访者于2018年11月7日~12月3日再次接受了在线访谈。

政治传播调查中心（2020年）

这项调查由特拉华大学政治传播中心赞助，由Qualtrics在线调查软件公司进行。1052名受访者从美国Qualtrics小组中抽样，并于2020年5月6日~8日接受在线采访。

致谢

我们感谢布赖恩·埃施里奇（Brian Eschrich）、格兰特·沙茨曼（Grant Schatzman）以及劳特利奇出版社的其他所有为本书付出心血的人。我们还要感谢我们的研究合作者：包括詹姆斯·宾加曼（James Bingaman）、娜塔莉·扬科夫斯基（Natalie Jankowski）、D.J.麦考利（D. J. McCauley）、杰西卡·麦克奈特（Jessica McKnight）、艾米莉·马夸特（Emily Marquardt）、露西·奥博津采夫（Lucy Obozintsev）、阿什利·潘斯蒂尔（Ashley Painstil）、克林特·汤森（Clint Townson）和大卫·怀斯（David Wise），以及所有对书中描述的研究给予帮助的学生。

我们感谢特拉华大学（University of Delaware）和威斯康星大学密尔沃基分校（University of Wisconsin-Milwaukee）对我们的研究给予的支持。我们特别感谢特拉华大学的文理学院（College of Arts & Sciences）、传播系（Department of Communication）、妇女与性别研究系（Department of Women & Gender Studies）、政治学与国际关系系（Department of Political Science & International Relations），以及威斯康星大学密尔沃基分校的新闻、广告和媒体研究系（Department of Journalism, Advertising, and Media Studies）。

我们感谢特拉华大学政治传播中心(Center for Political Communication）为本书中提到的许多研究提供资助。此外，我们感谢威斯康星大学密尔沃基分校的调查和政策研究所（Institute for Survey and Policy Research）、文化指标项目（Cultural Indicators Project）和南希·西诺里利（Nancy Signorielli）为我们提供数据。

如果没有我们的研究参与者，就没有这本书的面市。我们感谢他们为参与我们的研究付出的时间和精力。

最后，我们感谢父母的支持，也感谢孩子们让我们观看一些电影和电视节目来获得本书写作的灵感。